Markus Kellermann

Affiliate Marketing INSIGHTS

Die Geheimnisse erfolgreicher Affiliate-Manager

Auflage 1 - August 2013

Verlag und Autor:
Markus Kellermann, Wiesenweg 34a, 86647 Pfaffenhofen
www.markus-kellermann.de

ISBN-13: 978-1489581938
ISBN-10: 1489581936

Printed in Germany by Amazon Distribution GmbH, Leipzig

Bibliografische Informationen der Deutschen Nationalbibliothek
Die Deutsche Nationalbibliothek verzeichnet diese Publikation in der Deutschen Nationalbibliothek; detaillierte bibliographische Daten sind im Internet über http://dnb.d-nb.de abrufbar.

ÜBER DEN AUTOR

Sein erstes Partnerprogramm setzte Markus Kellermann 2001 für einen großen Versandhändler bei affilinet, Superclix und adbutler auf.

2005 wechselte er zur Performance-Agentur explido nach Augsburg und baute dort sieben Jahre lang eine der größten Affiliate-Agenturen Deutschlands mit auf, mit 30 Affiliate-Managern und über 70 Kunden-Kampagnen in 10 Ländern.

Parallel zu den Agentur- und Advertiser-Aufgaben war er von Beginn an auch als Affiliate aktiv und dabei zeitweise auch als Premium-Publisher für verschiedene Partnerprogramme.

Mit der Affiliate TactixX, der Affiliate NetworkxX und der Affiliate Conference organisiert er drei der bedeutendsten Affiliate-Veranstaltungen Deutschlands mit insgesamt 1500 Besuchern jährlich.

Zudem betreibt er das Branchen-Portal AffiliateBLOG.de, die Partnerprogramm-Suchmaschine AffilixX.com, sowie den monatlich erscheinenden Podcast Affiliate MusixX. Ausserdem schreibt er eine Vielzahl von Fachartikeln für Zeitschriften und Publikationen und ist jedes Jahr auf zahlreichen Konferenzen als Speaker aktiv (wie z.B. auf der SEOkomm, OMCap, SEMSEO, Affiliate TactixX, OM Rockstars, MMID…)

2013 machte er sich mit seiner Unternehmensberatung MK:NETmedien selbständig und gründete anschließend mit low.budget.affiliate den ersten Affiliate-Management-Outsourcing-Anbieter in Deutschland. Zudem berät MK:NETmedien Unternehmen im Bereich strategische Planung und Weiterbildung.

Unabhängig von seinen Aufgaben im Affiliate Marketing investiert er in verschiedene Startups und Onlineshops und berät Unternehmen als Businessangel zu strategischen und operativen Möglichkeiten im Online-Marketing.

Internet: www.markus-kellermann.de

INHALT

Interviews mit Affiliate-Experten

Interviews mit Affiliate-Veteranen

VORWORT

Erzählungen zufolge wurde Affiliate Marketing bereits 1996 auf einer Cocktail-Party "erfunden". Dort soll sich nämlich der Amazon Gründer Jeff Bezos mit einer Frau unterhalten haben, die eine Homepage zum Thema Scheidungen betrieben hat. Die Frau soll damals Bezos angeboten haben, Bücher von Amazon zu eben diesem Thema auf ihrer Website vorzustellen und zu vertreiben. Als Gegenleistung forderte sie eine Verkaufsprovision. Ob diese Geschichte wirklich die ursprüngliche Entstehung des Affiliate Marketings war, wird wohl ein Mythos bleiben, denn bereits 1994 gab es schon im Adult-Bereich ähnliche Online-Vertriebsmodelle.

Sicher ist aber, dass Amazon mit dem Amazon PartnerNet 1996 eines der ersten großen Online-Vertriebs-Netzwerke gründete und somit erstmals Partnern Provisionen für vermittelte Produkte anbot.

Somit begann dann auch der Siegeszug des Affiliate Marketings rund um den Globus und mit affilinet und Superclix starteten Ende der neunziger Jahre dann auch die ersten Affiliate-Netzwerke in Deutschland.

Seit dieser Zeit hat sich die Branche von Jahr zu Jahr

weiterentwickelt. Durch immer neue Affiliate-Geschäftsmodelle, Werbemittel und vielen technischen Änderungen hat sich der Markt im Laufe der Zeit professionalisiert und vorübergehend auch konsolidiert. Das Thema wurde dadurch in den vergangenen Jahren auch immer komplexer und vielfältiger, so dass Affiliate Marketing mittlerweile eines der flexibelsten und innovativsten Segmente im Online-Marketing darstellt.

Mein Buch "Affiliate Marketing INSIGHTS" richtet sich daher an Online-Marketer, die bereits Erfahrung mit Affiliate Marketing haben oder sich zumindest schon einmal mit der Thematik auseinandergesetzt haben.

Wer sich grundsätzlich zuerst einmal über das Thema Affiliate Marketing informieren möchte, dem empfehle ich vorab das e-Book Affiliate Marketing von der Leipziger Online-Marketing-Agentur Projecter GmbH, welches unter www.projecter.de/affiliate-ebook.html kostenlos als Download erhältlich ist.

Sie erhalten in diesem Buch in den ersten drei Haupt-Kapiteln umfangreiche Informationen über die neuesten Trends und Entwicklungen, sowie Insights über die technischen Weiterentwicklungen der Branche.

Im zweiten Abschnitt teilen dann führende Experten der Affiliate-Branche ihr Wissen mit Ihnen. Sie erhalten dadurch einen intensiven Einblick über die häufigsten Fehler im Affiliate-Management, Erfahrungen mit den verschiedenen Publisher-Modellen, Tipps, wie man sich vor Betrug und Missbrauch schützen kann, bis hin zu Detailinformationen über die Auswahl der richtigen Affiliate-Netzwerke, Werbemittel, die beste Frequenz und die richtigen Inhalte für einen Partner-Newsletter, sowie den richtigen Aufbau für ein Affiliate-Reporting mit den wichtigsten KPIs.

Anschließend kommen dann noch die Veteranen des deutschen Affiliate Marketings zu Wort. Hierzu habe ich Interviews mit Branchen-Gurus geführt, die bereits seit Anfang an dabei sind und Ihnen interessante Geschichten erzählen, und durch ihr jahrelanges Wissen Insider-Informationen aus erster Hand vermitteln können.

Im letzten Kapitel finden Sie dann noch eine Auflistung von hilfreichen Ressourcen. Nachdem Affiliate Marketing extrem vielfältig und schnelllebig ist, muss man sich als Affiliate-Manager immer auf dem Laufenden halten. Deswegen kann ich in meinem Buch auch gar nicht auf alle Themen der Branche eingehen, da dies sonst den Rahmen eines druckbaren Buches sprengen würde.

Umso wichtiger ist es daher, dass Sie sich über die genannten Quellen in Blogs, Portalen, Podcasts, e-Books, Zeitschriften, Büchern und v.a. auf den Affiliate-Stammtischen und -Konferenzen ständig weiterbilden und dadurch auch ihre eigenen Erfahrungen sammeln, um dadurch weiteres Know-how aufzubauen.

Ich wünsche Ihnen nun viel Spaß beim Schmöckern in meinem Buch "Affiliate Marketing INSIGHTS" und hoffe, dass Ihnen die Informationen weiterhelfen, Ihr Business weiter auszubauen.

Mit schönen Grüßen
Markus Kellermann

News und Entwicklungen im Affiliate Marketing

NETWORKING

Wie Sie später noch in den Interviews lesen werden, fällt im Zusammenhang mit Affiliate Marketing sehr häufig das Wort "People´s Business". Das liegt daran, dass Affiliate Marketing ein vertriebsorientierter Marketing-Kanal ist und man wie auch im Offline-Vertrieb mit vielen Partnern zu tun hat.

Deswegen ist es auch wichtig, viele Kontakte zu haben, um dadurch Informationen, neue Empfehlungen und wichtige Insights zu erhalten.

Viele Kontakte in der Affiliate-Branche können ein Türöffner zu neuen Publishern oder neuen Geschäftspartnern sein. Je größer Ihr Netzwerk ist, desto größer ist auch die Wahrscheinlichkeit, dass Sie darüber Interessenten für Ihr Partnerprogramm oder Ihre Dienstleistungen finden.

Sie müssen sich vorstellen, dass 50 Prozent der Bevölkerung sich auf Social Networks befinden. Dadurch haben Sie natürlich die Möglichkeit, diese gezielt anzusprechen und zahlreiche neue Kontakte aufzubauen.

Wichtig in diesem Zusammenhang ist dann natürlich, dass Sie auch die Kommunikation mit Ihrem Netzwerk führen. Teilen

Sie Informationen, die Ihnen wichtig erscheinen, platzieren Sie sich als Experte zu einem bestimmten Thema und versuchen Sie mit möglichst vielen neuen Affiliates / Agenturen / Netzwerken / Advertisern in Kontakt zu kommen, die Ihnen später vielleicht einmal helfen könnten.

Dasselbe gilt natürlich auch für das persönliche Networking. Besuchen Sie Affiliate- und SEO-Stammtische, gehen Sie auf Konferenzen und Messen und lernen Sie auch darüber neue Kontakte kennen.

Ab Seite 336 finden Sie eine Liste mit relevanten Veranstaltungen der Affiliate-Branche, die Sie besuchen sollten. Die neuesten Informationen, Trends und Entwicklungen der Branche erfahren Sie v.a. durch Vorträge von Experten auf den bekannten Konferenzen und Messen im Affiliate Marketing.

Auf den folgenden Seiten finden Sie Zusammenfassungen der neuesten Trends von den größten Affiliate-Konferenzen in Barcelona, New York und München.

Sie können dabei sicherlich einen guten Eindruck gewinnen, wie wichtig es ist, auf solchen Veranstaltungen vertreten zu sein, um immer auf dem Laufenden zu bleiben.

TRENDS AUF DER A4U EXPO 2012 IN BARCELONA

Erstmals traf sich die europäische Affiliate Marketing-Branche 2012 zur a4u expo Europe in Barcelona. Am 19. und 20. Juni fanden sich über 800 Teilnehmer im Palau de Congressos des Fünfsterne Hotels Rey Juan Carlos ein, um sich an zwei Konferenztagen in 40 Vorträgen und Workshops in drei parallelen Slots weiterzubilden und sich über Trends und neue Entwicklungen auszutauschen. Aus über 30 Ländern kamen die Besucher nach Barcelona, darunter auch viele Affiliate-Marketer aus Deutschland.

If more were less

Ein immer wieder polarisierendes Thema ist der Mitnahmeeffekt und die Kanalüberschneidung von Sales im Affiliate Marketing. Dieser Problematik widmeten sich Kevin Edwards und Matt Swan von Affiliate Window anhand der Publisher-Kanäle Cashback, Gutscheine und Re-Targeting. Gerade im Zusammenspiel mit anderen Marketingkanälen wie E-Mail, Display, Preisportale und SEM kann es zu Überschneidungen kommen. Eine De-Duplizierung der Sales sei allerdings keine Lösung, um doppelte Sales zu analysieren. Deswegen sei ein Cross-Channel-Reporting unumgänglich, um

Kanaleffekte zu verstehen und zu bewerten. Man sollte hierzu beachten, dass Affiliates auch vor dem Salesabschluss eine Werbewirkung liefern, die andere Marketingkanäle positiv beeinflussen kann. In einem konkreten Beispiel zeigten die beiden Referenten, dass beispielsweise die Branding-Wirkung über Cashback-Sites wesentlich günstiger sei als über andere Werbekanäle auf TKP-Basis. Zudem waren laut einer internen Studie bei 73 Prozent der Sales über Cashback-Partner keine anderen Affiliates beteiligt gewesen, was die Nachhaltigkeit der Sales belegt. Bei Gutscheinen sollte man beachten, dass man nicht ausschließlich mit Standard-Codes arbeitet, sondern dass es viele weitere Vouchermöglichkeiten gibt, wie Versandkostenfrei-Codes, Codes zur Abschlusssteigerung bei Kaufabbrüchen ("10 Prozent Rabatt beim Abschluss der Bestellung"), Schnellkauf-Codes ("10 Prozent Rabatt nur Heute"), Warenkorberhöhung ("10 Euro Code bei 70 Euro Warenwert"). Um eine größere Kontrolle der Gutschein-Affiliates zu erwirken, zeigt beispielsweise der Onlineshop redletterdays.co.uk seine Gutscheinbox im Warenkorb nur an, wenn die Kunden über eine spezielle referrer-URL für ausgewählte Publisher geleitet werden. Zudem muss die Deal-ID mit der Affiliate-ID übereinstimmen. Bei Re-Targeting sollte man darauf achten, dass die Werbemittel im sichtbaren Bereich angezeigt werden und die Werbeflächen an die Zielgruppe angepasst sind. Auch das Frequency-Capping, sowie der Zeitraum der Anzeigenauslieferung seien wichtige Faktoren für eine signifikante Sales-Steigerung durch Re-Targeting. Um die Frage der Kanalüberschneidungen final zu beantworten, war laut der Auswertung von Affiliate Window bei über 92 Prozent der Affiliate-Sales jeweils nur ein Publisher beteiligt.

Ebenfalls um Gutscheine ging es in der Paneldiskussion "Voucher Codes - Market Overview". Dabei waren sich die Teilnehmer einig, dass der Gutscheinmarkt auch in den nächsten Jahren weiter wachsen wird. Wie in den USA, gewöhnen sich in Europa immer mehr Kunden an die

Rabattmöglichkeiten über Online-Vouchers. Bei der Frage nach den Mitnahmeeffekten von Gutscheinen war die Meinung, dass durch die Bekanntheit der großen Gutscheinportale sehr wohl ein Mehrumsatz erzielt werden kann und Gutschein-Affiliates über weitere Kanäle wie E-Mail-Marketing oder Social-Media zusätzliche Besuchergruppen ansprechen können. Auch Mobile Codes sind weiter im Kommen. So sieht Jochen Vroom von Imbull vor allem einen Trend bei Gutscheinen im FMCG-Bereich. Anhand von Rabattcodes wird man schon bald über die American Express-Kreditkarte Online-Gutscheine in Supermärkten nutzen können. Starbucks, sowie Procter&Gamble machen dies bereits vor.

Wachstumsmärkte - Where next for Performance Marketing?

Dominik Johnson von Yamondo/explido und Yunus Güvenen von Digitouch Performance Media referierten in ihrem Vortrag über potentielle Wachstumsmärkte und strategische Ansätze für Länder wie Russland, Polen, China oder die Türkei. So liegen die Werbeausgaben in Russland im Online-Marketing beispielsweise bei 10 Prozent. Die Zunahme der Suchanfragen in Suchmaschinen steigerte sich allerdings von 2005 bis 2010 um 1908 Prozent, was das schnelle Marktwachstum in Russland belegt. Anders sind jedoch die Marktanteile im Suchmaschinenmarkt. So führt die russische Suchmaschine Yandex mit 56 Prozent vor Google mit 31 Prozent und Mail.ru mit 8 Prozent. Im Bereich Social Media zeigt Russland ebenfalls Unterschiede, so sind im beliebtesten Netzwerk VK.com rund 100 Millionen Nutzer angemeldet, bei Facebook vergleichsweise ungefähr sieben bis neun Millionen User. Das Top-Vertical in Russland ist Real Estate und die Affiliate-Netzwerke neben den bekannten Playern sind AdmitAD, CPA Network Russia und MixMarket.

Interessant ist ebenfalls der hohe Anteil an weiblichen Internetnutzern von 69 Prozent in den Vereinigten Arabischen Emiraten, der mit der hohen Migrationsrate in Verbindung gebracht wird. Der Anteil der Werbeausgaben im Online-Bereich liegt allerdings lediglich bei 2 Prozent vom gesamten Werbevolumen. Die Steigerung der Suchanfragen liegt bei 1080 Prozent in den Jahren 2005 bis 2010. Die meisten Suchanfragen generieren Themen wie Sport (92 Prozent Steigerung), Reisen (81 Prozent) und Beauty/Wellness mit einem Uplift von 76 Prozent.

In Polen liegt der Online-Werbeanteil bei 13 Prozent. Interessant ist auch hier das Social-Media-Verhalten. So liegt Facebook mit 59 Prozent Marktanteil nur auf Platz zwei hinter Nasza-Klasa.pl mit 83 Prozent.

In China liegt der Online-Werbeanteil bei 19 Prozent. Dominik Johnson nannte den Begriff CTC, der so viel bedeutet wie "Copy-to-China". Hintergrund sind die eigenentwickelten Portale, die in China dominieren. So hat die Suchmaschine Baidu mit 77 Prozent den größten Marktanteil, vor Google mit 18 Prozent und Sogon mit 3 Prozent. Im Ranking der sozialen Netzwerke taucht Facebook aufgrund der Zensierung überhaupt nicht auf. Mit 250 Millionen Usern führt dort weibo vor renren mit 160 Millionen angemeldeten Usern.

Zum Schluss präsentierte Yunus Güvenen den türkischen Markt. Der Online-Werbeanteil liegt dort bei 13 Prozent. Das massive Wachstum der Suchanfragen von 1900 Prozent von 2005 bis 2010 verdeutlicht den rasanten Anstieg im Online-Bereich in der Türkei und das dort vorherrschende Potential. Bei den Suchmaschinen dominiert ähnlich wie in Deutschland Google mit 98 Prozent Marktanteil, vor Bing und Yahoo mit jeweils 1 Prozent. Zudem analysierte Yunus den Affiliate-Markt in der Türkei. Aktuell gibt es ca. 15.000 eCommerce-Sites, die hauptsächlich von Retailern dominiert werden. Der Travelmarkt steckt mit Turkish Airlines gerade noch in den

Kinderschuhen. Und auch Telko, Finance und Versicherungen sind noch ganz am Anfang. Aus diesem Grund haben Advertiser gute Chancen, das rasante Wachstum zu nutzen, um sich zu positionieren. Bei den Affiliate-Netzwerken ist GelirOrtaklari das älteste Netzwerk. Zanox folgte im Jahr 2011 und TradeDoubler ist über eine Kooperation in der Türkei aktiv. Zudem gibt es noch einige kleinere Netzwerke. Vor allem Affiliates haben sehr gute Aussichten, um vom Wachstum zu profitieren. Aktuell gibt es lediglich fünf Couponing-Sites, fünf Cashback-Sites, drei Preis-Vergleichsseiten, fünf E-Mail-Publisher und noch keine Produktbewertungsportale und Meta-Suchmaschinen.

In-Facebook Affiliate Marketing über Social Games

Andrew Sittermann von Columbus Internet präsentierte die Facebook-App "Choose with me", die man zur Aggregation von Freunden als Empfehlungsmarketing im Affiliate Marketing nutzen kann. Im Beispiel wurde anhand von hotels.com gezeigt, wie Affiliates die App auf ihrer Fanpage einbinden können, um damit beispielsweise gemeinsam mit anderen Freunden über eine Chatfunktion ein Hotel zu buchen. Nach der Installation der entsprechenden App kann der Publisher ein Affiliate-Netzwerk auswählen und erhält darüber, im Anschluss an eine erfolgreiche Empfehlung, die Provisionen vergütet.

Pete Newman von Found gab zudem allgemeine Empfehlungen für das F-Commerce. Im Vergleich zur Display-Werbung auf Google sind die Klickraten in Facebook geringer und die Preise für die Ads teurer. Deswegen sollte man sich zur Lead-Generierung eher auf kreative Werbeanzeigen fokussieren. Als Beispiel zeigte er Anzeigen mit exklusiven Angeboten, die nur für einen Tag gültig waren und aufgrund der Verknappung zu höheren Klickraten führten. Des Weiteren kann man beispielsweise über Verlosungen und Gewinnspiele den Facebook-Usern Anreize bieten, die

Facebook-Ads zu sharen oder zu liken. Als Trends sah Pete die Interaktion verschiedener Mobile Devices, wie z.B. bei über das iPad genutzter Fußball-Tippspiele - bei gleichzeitiger Betrachtung des Fußball-Spiels am TV. Auch das Messen der Social-Media-Aktivitäten via Google Analytics und das gezielte Optimieren der Maßnahmen, auf Basis favorisierter Sharing-Themen, wird weiter wachsen. Reale Social-Games (auch Gamification bezeichnet), wie Chromaroma, seien ein absolutes Trend-Thema.

The end of the Wild-West of Data

So lautete der Titel des Vortrages von Christian Hauth von affilinet. Er wies darauf hin, dass das weltweite Datenvolumen bis 2015 um das 61-fache ansteigen wird (im Vergleich zu 2011). Das Wachstum resultiert hauptsächlich aus den steigenden Social-Media-Aktivitäten, der Mobile-Entwicklung und der weiterhin wachsenden eCommerce-Entwicklung. Für Kunden sei bei der zunehmenden Bedeutung der Datensammlung vor allem die Sicherung der Privatsphäre wichtig. Aus diesem Grund entstand auch die EU Privacy Richtlinie. Das Ziel ist eine größere Transparenz und bessere Kontrolle der Daten für den Endverbraucher. In England und den Niederlanden sind bereits erste Lösungsansätze der Richtlinie umgesetzt worden. Als Vorreiter in Europa bieten viele eCommerce-Anbieter in den beiden Ländern Informationen über Cookies an: Löschfunktionen, eine Datenverwaltung, sowie die Erlaubnis für 3rd-Party-Cookies. Als Beispiel zeige Hauth mehrere Websites, die hierzu unterschiedliche Lösungsansätze bereits implementiert haben. Bei VoucherCodes.co.uk wird ein Overlay mit weiteren Cookie-Informationen angezeigt. Zudem findet man in der Navigationsleiste ebenfalls einen Link mit einer detaillierten Übersicht, welche Informationen von den Cookies gespeichert werden, um dadurch dem User mehr Transparenz zu bieten. Einen Schritt weiter geht die Seite www.bt.co.uk. Hier erhält der Besucher die Möglichkeit, über das Overlay direkten

Einfluss auf die Cookie-Einstellungen zu nehmen und als User selbst zu entscheiden, welche Daten gespeichert werden dürfen.

Generell ist es allerdings so, dass bisher noch kein EU-Land die komplette EU-Richtlinie vollständig umgesetzt hat. Dennoch wird die Datensicherheit immer wichtiger und das Bewusstsein, mit Kundendaten vorsichtiger umzugehen, wird immer größer. Insofern wird sich generell zukünftig bei der Marketing-Strategie auch etwas ändern, was allerdings auch zur Folge haben wird, dass das Profiling von Kunden immer schwieriger werden wird.

Lösungsansätze zur Customer-Journey-Vergütung?

Dieser Frage stellten sich in einer Diskussionsrunde zum Thema „Customer Journey Commissioning: Curse or Cure?" die Teilnehmer von myThings, Zanox und DC Storm. Die Referenten waren sich darüber einig, dass Affiliates mit einer hohen Werbewirkung für Advertiser besser vergütet werden sollten. Allerdings fand sich auch diesmal keine einheitliche Lösung, wie ein Provisionsmodell anhand verschiedener Touchpoints eine direkte Provisionierung von Affiliates liefern könnte. Fleur Lamers von Zanox NL fügte zudem hinzu, dass beispielsweise niederländische Affiliates noch sehr skeptisch sind, was eine aufgeteilte Provisionierung anbelangt, da sich für viele Publisher aufgrund der Intransparenz daraus keine Vorteile ergeben. Lewis Lenssen von DC Storm sieht dabei nicht die technischen Möglichkeiten als Problem, vielmehr die Problematik für alle Affiliates ein gutes und vor allem transparentes Provisionsmodell zu erstellen. Erst wenn es möglich ist, allen Affiliates transparent darzulegen, wie die Provision berechnet wurde, könnte man darüber auch das Vertrauen der Partner gewinnen. Erschwerend kommt hinzu, dass mittlerweile 80 Prozent der User gar nicht mehr auf Banner klicken, was eine Attribution der Budgets weiter erschwert. Deswegen sollten bei einer Customer-Journey-

Betrachtung auch die Views gezählt werden, um darüber Erkenntnisse über Push-Faktoren zu gewinnen. Der Trend jedoch geht in die Richtung, dass immer mehr Advertiser die Customer-Journey messen, auch wenn darüber aktuell noch keine Provisionszuordnung erfolgt. Es wird daher noch ein langer und laufender Prozess sein, ein entsprechend faires und transparentes Vergütungsmodell zu definieren.

Kreative Mobile-Ansätze

Scott Seaborn von XS2TheWorld präsentierte in einer unterhaltsamen und eindrucksvollen Keynote die Entwicklung der Handygeschichte. Die aktuellen Mobile-Trends sind dabei v.a. interaktive Apps, die beispielsweise über Overlays die Möglichkeit bieten, Informationen über Sehenswürdigkeiten oder Museen zu erhalten. Die App iButterfly stellt den Usern Wissenswertes über fotografierte Schmetterlings-Arten zur Verfügung. Am Beispiel von Goldrun, einer neuartigen Augmented Reality-App, zeigte Seaborn, wie man über das Sharen von Produkten und Fotos Rabatte erhalten kann. Generell geht der Trend hin zu immer interaktiveren Mobile-Lösungen. So sieht der Referent für das Mobile Advertising 2020 Themen wie "Hyper Connected Software". Dabei können Nutzer Produkte im TV fotografieren und direkt über das Smartphone bestellen. Die Übertragung von fehlenden Lebensmitteln aus dem Kühlschrank zum Smartphone, um diese anschließend im Supermarkt kaufen zu können, ist für Seaborn ebenfalls ein Mobile-Trend Thema der Zukunft.

Calling an international expansion?

Unter diesem Titel stand der Vortag von Susan Jamie und Aaron Shaw. Beide referierten über die internationale Strategie von Skype.com. Susan und Aaron gaben Erfahrungen und Überlegungen zur internationalen Expansion des Partnerprogramms preis und erläuterten, wie sie die für Skype wichtigsten Schlüsselmärkte USA, Europa und Russland erschlossen haben.

So wurden einzelne Herausforderungen in den Märkten genannt, denen sie sich stellen mussten. In Europa beispielsweise waren es die unterschiedlichen Zahlungsmöglichkeiten. Als Lösung bot sich eine Zusammenarbeit mit lokalen Zahlungsanbietern wie Paypal an, um den Affiliates die Provision auch möglichst in der eigenen Landeswährung auszubezahlen. In Russland wiederum bestanden große Probleme im Fraud. Durch eine Verlängerung der Validierungszeit und einer Zusammenarbeit mit einem Netzwerk mit lokalem Know-how überwand Skype.com auch diese Hürde.

Als interessante Merkmale nannten Susan und Aaron unter anderem, dass europäische Affiliates das CPO-Modell favorisieren und in diesem Markt Textlinks, Banner, Datafeeds sowie Gutscheincodes sehr beliebt sind. In den USA hingegen ist die Brand Awareness ein Schlüsselfaktor für die Entscheidung eines Publishers, ein Partnerprogramm zu bewerben. Wichtige Eckpfeiler, um ein Programm international erfolgreich zu machen, sind, neben der Bezahlung der Publisher in Landeswährung, eine möglichst zeitnahe und transparente Bearbeitung der generierten Leads und Sales, die regelmäßige Kommunikation mit den Affiliates, sowie den Aufbau von Beziehungen mit lokalen Affiliate-Netzwerken.

Denke global, handle lokal – es ist zwingend notwendig, die Eigenheiten des Affiliate Marketings für jedes Land getrennt zu recherchieren, um gegebenenfalls eine individuelle Strategie für jeden Markt zu entwickeln.

Wie soll man Partner Traffic bewerten?

„Valuing Partner Traffic through the evolution of e-commerce“ - mit diesem Thema startete Christian Erhard vom eBay Partner Network die erste Session des zweiten

Konferenztages.

Die Werbeformate und Möglichkeiten im eCommerce ändern sich kontinuierlich. Der Bereich Mobile wächst sehr stark. Off- und Online-Kampagnen verschmelzen immer mehr ineinander. Dadurch verändern sich auch die Ausgaben für Werbemaßnahmen. Der Trend, dass immer mehr Budget weg von klassischen Marketingmaßnahmen hin zum Online-Marketing fließt, ist bereits zu erkennen. Doch wie tätigt man als Unternehmen nun die richtigen Investitionen?

Zuerst müssen Unternehmen einen bestimmten Erfolgswert definieren und festlegen, wie dieser auszusehen hat. Als weiteren Schritt muss man sich darüber im Klaren sein, wie der Erfolg gemessen werden kann. Es gilt hierfür Indikatoren (KPIs) festzulegen. Anhand der Messung lässt sich nun die Qualität bestimmen und daraufhin eine individuelle Zahlungsstruktur einführen. So die Theorie - in der Praxis unterhält eBay ein variables Bezahlsystem, das den Publisher nach der Qualität des Klicks provisioniert. Das Unternehmen entschied sich bereits vor drei Jahren zu dem Schritt, den durch Affiliates generierten Traffic individuell zu bewerten. Dadurch lässt sich nach Angaben Erhards der Wert eines Klicks besser verstehen.

Messbare Indikatoren jeder Kampagne stellen für eBay beispielsweise der ROI, der strategische Value (Brand Awareness), Incrementality sowie die Qualität der Sales und Leads dar. Ebenfalls relevant sind weitere Qualitätsfaktoren wie das Kaufverhalten des Kunden, dessen langfristiger Wert sowie der legitimierte Traffic. Wichtigster Faktor bei der Bewertung ist die Frage, ob der Kunde durch Partnerinteraktion auf das Unternehmen aufmerksam geworden ist oder er ohnehin im Shop eingekauft hätte.

Als Inkrementell definiert Christian Erhard in seiner Präsentation vorrangig User generated Content, Editorial

Content, Shop Vergleiche, Gutscheine sowie das Emailmarketing. „Incrementality“ stellt der Referent nochmals als sehr wichtige Facette heraus, da immer mehr Druck auf den Affiliates lastet, ob der Sale nun wirklich durch sie generiert wurde. Durch eine Überprüfung entstehe auf beiden Seiten eine Win-win-Situation, da nachgewiesen werden kann, ob der Publisher aktiv an der Kundenhandlung beteiligt war.

Social Media und Affiliate Marketing

Unter diesem Gesichtspunkt fanden gleich mehrere Präsentationen auf der a4u statt. So versuchte Kevin Gibbons, den Publishern und Advertisern in nur 60 Minuten 50 nützliche SEO- und Social Media-Tools vorzustellen. Darunter waren Programme aus den Bereichen Competitor und Link Analysis, Twitter, Google Analytics, Blogger Outreach, Keyword Research und viele weitere mehr.

Die Frage, ob Social Media Marketing wirklich funktioniert, stellte sich Martino Matijevic und präsentierte die Ergebnisse seines Selbstversuches mit 400.000 Twitter-Followern der Unternehmensseite Whichbudget.com. Zuerst erklärte Martino den Teilnehmer, dass man seinen Followern unterschiedliche Angebote machen soll, um herauszufinden, worauf diese stehen und was sie begeistert. Nur so kann man die Menschen dazu bringen, selbst über das Produkt zu reden. Eine gute Möglichkeit ist auch, den Followern Fragen zu stellen, um Retweets zu generieren.

Social Media Marketing ist kein Massenwerbemedium wie Banner-, Fernseh- oder Radiowerbung. In den sozialen Medien geht es um einzelne Menschen. Daher müssen die geplanten Aktivitäten zielgruppengerecht ausgerichtet sein, um erfolgreich zu sein. Social Media kann nur funktionieren, wenn das Unternehmen eine Beziehung zu seinen Followern aufgebaut hat. Soziale Kanäle können zudem wunderbar genutzt werden, um den Kundenservice auszubauen und ihn dorthin zu verlagern, wo mittlerweile ein Großteil der User die Zeit im Netz verbringt – in den sozialen Medien. Als Fazit aus dem Vortrag lässt sich mitnehmen, dass die Sozialen Medien keine dauerhaften Sales generieren, sie sich jedoch wunderbar als direktes Kommunikationsmedium zwischen Unternehmen und Kunden etabliert haben.

Im Vortrag „Social, Google+ & Affiliate Authority in search – It´s starting to seriously hold you back" ging Bas van den Beld, der Gründer von Stateofsearch.com, besonders auf die psychologischen Gesichtspunkte von Social Media Marketing ein: Social Media ist nichts neues, sondern im Grunde nur eine Art Word-of-Mouth. Google macht sich diesen Aspekt durch die Entwicklung der Social Search zu nutze. Ziel ist es nicht, nur bestimmte Einheiten, sondern Menschen zu vernetzen, um nichts anderes zu tun, als Daten zu sammeln. Bas findet folgende Signale als maßgeblich: Die Identität – das Profil des Users, seine Freunde und Kontakte, seine Hobbys und Tätigkeiten, sowie zu welchen anderen Einheiten Verbindungen bestehen. Van den Beld zieht als Resümee der Präsentation, dass Google sich mit den gesammelten Daten eine eigene „Umwelt" schafft, auf das Verhalten der User reagiert und personalisierte Suchergebnisse liefert.

From Start-up to exit strategy

Mary Keane-Dawson von Murneen Consulting beschreibt in ihrem Vortrag, wie sich die Teilnehmer ein eigenes Business aufbauen können, um es anschließend gewinnbringend wieder zu verkaufen. Gründe für einen Verkauf gibt es viele, Mary nannte vor allem die Langeweile im täglichen Arbeitsalltag und dem großen Interesse, etwas Neues entdecken und aufbauen zu wollen. Einige Inhaber möchten sich durch den Verkauf auch ein Empire erschaffen.

Wichtige Aspekte eines erfolgreichen Business seien, immer über genügend Kapital zu verfügen, einen Erfolgsplan zu besitzen sowie immer zu wissen, was funktioniert und was nicht. Unternehmer sollten sich ebenfalls im Klaren darüber sein, was ihr Alleinstellungsmerkmal ist und sich einen Raritätswert schaffen. Des Weiteren ist die Aufstellung eines „einfachen“ Businessplanes, einer einzigartigen Vision und der daraus abgeleiteten Strategie und Taktik für ein funktionierendes Geschäftsmodell unabdingbar.

Abschließend nannte May Keane-Dawson einige Do´s und Dont´s im täglichen Umgang mit Mitarbeitern und Kunden, wie beispielsweise Motivation schaffen sowie ehrlich und transparent mit Geschäftspartnern umzugehen. Geschäftsinhaber sollten sich auch mehrere voneinander unabhängige Standbeine schaffen, um auf mögliche Krisen vorbereitet zu sein.

Als weiteren Vortrag zum Thema Strategie gaben Wulfric Light-Wilkinson (Forward3D), James Maley (Tradedoubler) und Julia Stent (uSwitch) bereits am ersten Tag der a4u den Affiliates zehn Ratschläge, wie sie selbst professioneller und erfolgreicher arbeiten können, als ihre Kollegen. Publisher sollen ihre Seitenbesucher sehr gut kennen – genauer gesagt, welchen Hintergrund hat der Kunde und welche Kanäle sind für die Ansprache die richtigen. Darüber hinaus ist es essentiell, die Absichten des Merchants zu verstehen. Was will dieser erreichen? Geht es ihm um Traffic-Volumen, Sales oder zählt für ihn die Brand Awareness? Ein Affiliate sollte sich auch möglichst über das Budget des Kunden informiert haben. Wo kommt es her? Wie ist es aufgeteilt und wird es durch CPA oder CPC beeinflusst?

Sich selbst professionell darzustellen und zu präsentieren, die Konkurrenz zu kennen, zu wissen, wo man sich momentan im Markt befindet, sowie das Aufspüren und Ausweiten von funktionierenden Nischen sind weitere Tipps, welche die Referenten den Besuchern gaben.

The evolution of Publishers

In der Podiumsdiskussion mit Andrew Copeland (Tradedoubler), Ewan Darby (Neo@Ogilvy), Andrew Girdwood (Bigmouthmedia) und David Klement (Quisma) wurde diskutiert, wie sich Publisher zukünftig entwickeln werden und womit sie ihr Geld verdienen können. In einigen Punkten waren sich die Teilnehmen alle einig: Die Branche wird zunehmend professioneller, Publisher tätigen immer mehr Investitionen in neue Technologien und übernehmen diese als erste. Die Angst vor einer Datensammlung und der nahenden EU Privacy Richtlinie erschweren den Affiliates das Geschäft.
Weiterer Diskussionspunkt war das Thema Budget. Publisher, die nebenbei im Affiliate Marketing tätig sind, geben sich oft mit einer CPA-Vergütung zufrieden, da sie keine oder nur geringe Ausgaben haben. Professionelle Publisher hingegen investieren, wie bereits erwähnt, viel in neue Technik. Aus diesem Grund sollten ihrer Meinung nach Merchants das Vergütungsmodell entsprechend anpassen. Wobei andererseits die Ausgaben der Advertiser für Affiliates bereits deutlich zugenommen haben. Zukünftig ist geplant, die Vergütung über das Modell der Customer Journey abzubilden, bis es hierbei jedoch zu einer Einigung aller Beteiligten kommt, dürfte noch einige Zeit vergehen. Des Weiteren wurde noch erwähnt, dass die Affiliates den Kundenservice der Merchants für sich als USP nutzen sollten. Die User wollen Interaktion und Service, darauf sollten sich die Publisher spezialisieren.

(Co-Autor des Artikels: Wolfgang Polzer, explido)

TRENDS AUF DER AFFILIATE SUMMIT 2012 IN NEW YORK

Zweimal jährlich findet in den USA die Affiliate Summit statt. Im Januar findet die Affiliate Summit West in Las Vegas und jeweils im August die Affiliate Summit East in New York statt. Vom 11. bis 13. August 2012 fanden sich hierzu über 4300 Teilnehmer im Hilton Hotel ein, um sich an den drei Konferenztagen in über 40 Vorträgen, Diskussionspanels und Keynotes in vier parallel laufenden Panels weiterzubilden und sich über die neuesten Trends des Affiliate Marketings in den USA zu informieren.

5 Ways to Reactivate Latent Affiliates

Michael Ni, CMO des Netzwerks Avangate, präsentierte im ersten Vortrag zur Einleitung aktuelle Zahlen aus dem US-Markt. Demnach sollen bis 2016 in den USA 4,5 Mrd. US-Dollar Werbeausgaben im Affiliate Marketing generiert werden. Laut Forrester sind Affiliate-Programme nach PPC und E-Mail-Marketing der drittgrößte Werbebereich in den USA, mit einem Wachstum von jährlich 17 Prozent in den Jahren 2011 bis 2016. 23 Prozent der Online-Sales werden über Affiliate Marketing generiert (lt. Affiliate Benchmark) und 12 Prozent bis 15 Prozent der digitalen Güter werden über

Affiliate Marketing erzielt. Kunden, die über Partnerprogramme generiert werden, geben 7 Dollar mehr aus als andere Online-User und Bestellungen über Affiliatelinks haben eine 43 Prozent höhere Conversion (lt. Jupiter Reasearch).

Anschließend ging Michael auf das eigentliche Thema ein, nämlich wie man inaktive und neue Affiliates aktivieren kann und welche Faktoren für einen Affiliate wichtig sind. Dabei sollten Advertiser den Affiliates Produkte kommunizieren, die sich gut verkaufen lassen. Zudem sollte man in seiner Programmbeschreibung die Conversions und den EPC mitteilen, damit der Affiliate einen besseren Benchmark für das Affiliateprogramm erhält. Wichtig ist auch eine faire Zusammenarbeit mit dem Partner, eine entsprechende Vergütung und auch der Brand und das Produkt an sich. Desto höher die Marketingausgaben für ein Produkt sind, desto höher ist auch die Wahrscheinlichkeit, dass der Kunde den Shop kennt und dort einkauft.

Michael Ni präsentierte zudem ein interessantes Beispiel für ein innovatives Provisionsmodell, um damit Affiliates zu motivieren, das Partnerprogramm zu bewerben. Demnach zahlt der Software-Anbieter VSO-Software aus Frankreich eine Standardprovision von 30 Prozent. Desto aktiver der Affiliate das Partnerprogramm bewirbt, desto mehr Provision kann er verdienen. So zahlt VSO für die Vermittlung eines direkten E-Mail-Kontakts weitere 5 Prozent. Wenn die Kontakt-Informationen über Instant Massanger beworben werden nochmals 5 Prozent. Wenn der Affiliate individuelle Links über den VSO-Linkgenerator verwendet, gibt es 5 Prozent und wenn die Produkte direkt auf der Startseite beworben werden weitere 5 Prozent. Damit hat der Partner die Möglichkeit, bis zu 50 Prozent Provision zu verdienen, wenn er das Partnerprogramm sehr aktiv bewirbt (Beispiel: http://www.vso-software.fr/affiliate.php).

Ein weiterer Anreiz für inaktive Affiliates kann es auch sein, wenn man seinen Top-Partnern exklusive Produkte anbietet, die man nur über den Affiliate kaufen kann, wie beispielsweise limitierte Artikel oder Restposten. Hierzu kann man eine spezielle Landingpage anlegen, die dann nur an ausgewählte Affiliates kommuniziert wird. Oder auch kostenlose Produkte oder Giveaways. Damit haben v.a. Content-Affiliates die Möglichkeit, darüber Testberichte oder Case Studys zu schreiben, oder auch Verlosungen durchzuführen, um damit potentielle Kunden auf den Advertiser aufmerksam zu machen.

Eine wichtige Arbeit, um inaktive Affiliates überhaupt zu finden, ist daher die regelmäßige Überwachung seiner Partner. Dabei sollten KPIs wie Sales, Klicks, Conversions und auch der zeitliche Abstand zwischen den Sales überwacht werden.

Optimizing WordPress for Speed and Conversions

Dass die Geschwindigkeit von Websites wichtig ist, wissen wir nicht erst seit den letzten Google Updates. Wordpress ist eines der beliebtesten Content-Systeme für Affiliates. Hierzu präsentierten in einem Panel-Vortrag Nicholas Reese, Willie Jackson und David Vogelpohl verschiedene Möglichkeiten, um die Geschwindigkeit zu erhöhen. Um die Serverzeit zu reduzieren, kann man die Daten beispielsweise auf ein CDN-System wie maxCDN auslagern, da diese mit mehreren Serversystemen arbeiten. Seinen Programmiercode sollte man zudem regelmäßig auf W3C Kompatibilität überprüfen, z.B. mit http://validator.w3.org. Zudem sollte man Javascript auf seiner Seite reduzieren, oder zumindest ans Ende der Seite direkt über den </body> - Tag setzen, um bei möglichen Ladefehlern die eigentliche Website nicht zu verlangsamen.
Des Weiteren sollte man die Bilder auf seiner Website optimieren und eher jpg-Bilder anstatt png-Bilder benutzen. Hierzu bietet sich auch das Tool www.smush.it von Yahoo an. Damit kann man die Bildgröße reduzieren, ohne die Qualität

zu beeinflussen. Für Bilder kann man auch CSS verwenden, um die Ladezeiten zu verringern und die http-Requests zu reduzieren. Hierzu wurden die kostenlosen Tools spriteme.org und css-tricks.com/csssprites.com empfohlen.

Aber auch Wordpress-Plugins führen häufig zu Ladefehlern. Wenn man Plugins nicht mehr benötigt, sollte man diese auf jeden Fall löschen und nicht nur deaktivieren, weil auch deaktivierte Plugins weiterhin http-Requests verursachen können.

Google Making Changes

Eines der Hauptthemen in New York waren sicherlich auch die vergangenen Google Updates, die es für Affiliates immer schwieriger machen, ein gutes Ranking zu erreichen. Vor allem das Panda- und Penguin-Update führe für viele Partner zu einem großen Verlust. Will Reynolds (SEER Interactive), einer der unterhaltsamsten Speaker in den USA zum Thema SEO, präsentierte hierzu einige Ansätze, wie man sich als Affiliate zukünftig vor Updatens schützen kann. Seine Kernaussage war, dass man bzgl. Penguin seine zukünftigen Linkpartner ganz genau analysieren sollte, auf welcher Seite man einen Link setzt. Hierzu empfiehlt er verschiedene Tools wie Google Webmaster Tools, bing Webmaster Tools, SEOmoz oder Majestic SEO. Auch den Opensiteexplorer.com kann man verwenden, um die Linkseiten besser zu bewerten. Zudem sollte man die Linktexte natürlich aufbauen und nicht nur das Hauptkeyword im Linktext verwenden. Viele Websites wurden in den Google-Updates u.a. deswegen abgestraft, weil immer dasselbe Keyword im Linktext verwendet wurde. Der Besucher kauft ja in einem bestimmten Onlineshop und nicht bei einem Produkt, wie "Trampolin", ein. Ein gutes Tool, das man hierzu verwenden kann, ist z.B. www.ahrefs.com. Für private Websites ist dieses Tool kostenlos und man kann damit sehr gut die Keywords analysieren.

Auch guter Content ist extrem wichtig für nachhaltige Websites. Hierzu sollte man keine günstigen Textredaktionssysteme verwenden, sondern auf hochwertigen redaktionellen Content setzen. Um bessere Klickraten zu erhalten, sollte man sich in seinen Google Account als Author eintragen, um damit bei den Suchergebnissen auch als Author mit seinem Foto angezeigt zu werden. Damit steigt das Vertrauen und somit auch die Klickraten.

Social Signals werden laut Will Reynolds immer wichtiger und nach seiner Meinung wird Google Plus immer mehr an Bedeutung gewinnen.

Building Profitable Partnerships with Daily Deal Sites

Im Diskussionspanel "Building Profitable Partnerships with Daily Deal Sites" diskutierten Teilnehmer von Groupon, HasOffers und PocketYourDollars über die neuesten Trends im Couponing-Bereich.

GEO-Targeting für lokale Deals wird dabei immer wichtiger. Des Weiteren sollte man als Advertiser den Affiliates regelmäßig neue Aktionen liefern, worüber sie berichten können. Optimal wäre es auch, wenn man den Affiliates gleich schon den genauen Input für einen entsprechenden Blogbeitrag vorbereiten könnte.

Eine wichtige Message war auch, dass die Advertiser die Kunden, die über Couponing-Sites generiert werden, im Nachgang noch weiter bearbeiten können. Wenn also z.B. ein Kunde über Groupon einen Wellnessgutschein kauft, dann könnte man dem Kunden ja anschließend zusätzlich noch ein Zusatzangebot für eine Gesichtspflege anbieten. Und wenn der Kunde den Gutschein eingelöst hat, könnte man ihm auch noch ein Wellnessabo oder eine Folgeanwendung anbieten. Damit lässt sich mit einem Couponing-Kunden auch nachhaltig weiter Umsatz generieren.

Trends der Affiliate-Netzwerke

Interessant war auch die Diskussionsrunde zum Thema "Ask the Networks". Hierzu waren allen relevanten Netzwerke aus den USA vertreten, wie Google Affiliate Network, PepperJam, ShareASale, Commission Junction und Linkshare.

Als Trend-Themen sehen die Netzwerke hierbei v.a. die Themen Mobile/Local Mobile, Customer-Journey-Attributionen, Erhöhung der Transparenz, Professionalisierung der Publisher-Modelle durch Venture Capital und die Verknüpfung von Offline mit Online (Online-Coupons für Offline-Geschäfte).

Die Publisher-Modelle der Zukunft sind nach Ansicht der Netzwerke: Virtual Currency (zwar nicht neu, aber weiter am wachsen), Mobile Traffic (Barcodes), Neue Social-Sharing Plattformen, Social-Shopping und ein weiteres Wachstum der Couponing-Seiten.

Auch Content-Publisher sind weiter ein wichtiger Wachstumsfaktor. Hier war man der Meinung, dass man Content-Partnern höhere Provisionen bezahlen sollte, da diese eine aktive Werbeleistung generieren. Zudem sollten Content-Publisher auch von sich aus proaktiv auf den Advertiser oder das Netzwerk zugehen, da das Netzwerk auch nicht alle Publisher kennen kann.

Schutz vor Betrug durch Fraud-Protection

Qualitätssicherung und Betrug im Affiliate Marketing ist nicht nur in Deutschland ein Thema. Deswegen ging es in der Diskussionsrunde "Affiliate Compliance – Best Practise, Issues and Options“ auch um Möglichkeiten, wie man sich vor Betrug schützen kann. Die Teilnehmer des Panels waren Vertreter von BrandVerity, RhinoFish Media, Deluxe Corp und AffiliateFairPlay.com.

Dabei ging es vorwiegend um verschiedene Betrugsmöglichkeiten wie Domainsquatting und Directlinking, Adware/Spyware mit Forced Clicks oder Forced Redirects, BrandHijacking und pay-per-call-Betrug.

Als Empfehlung waren sich die Teilnehmer einig, dass man die Teilnahmebedingungen immer klar und eindeutig kommunizieren sollte, damit die Affiliates wissen, was sie bewerben dürfen und was nicht. Zudem sollte man Fraud-Tools wie BrandVerity zur Fraud-Protection nutzen. Des Weiteren sollten die Affiliates immer proaktiv kommunizieren, was sie machen und woher der Traffic kommt, um hier eine gegenseitige Transparenz zu schaffen. Die Sales sollten immer kontrolliert werden, ebenso wie Convesionrates. Der Advertiser sollte seine Top-15-Affiliates immer genau kennen und jederzeit wissen, wie diese das Partnerprogramm bewerben.

Zudem sollte man Betrugs-Muster erkennen und darauf reagieren (z.B. bei pay-per-call-Betrug und Anrufen mit immer demselben Muster). Auch von Sub-Affiliates wurde abgeraten, weil die Herkunft des Traffics oftmals sehr intransparent ist.

Ein interessanter Ansatz ist auch die Affiliate Watchlist von BrandVerity. Dabei werden Affiliates, die beispielsweise bei mehreren Advertisern über BrandHijacking auffällig wurden, auf einer Blacklist kommuniziert, so dass die Advertiser auch programmübergreifend schwarze Schafe erkennen können.

TRENDS AUF DER AFFILIATE TACTIXX 2013 IN MÜNCHEN

Den Auftakt in das zweitägige Branchen-Highlight am 18. und 19. März 2013 machte nach der offiziellen Begrüßung durch die Veranstalter Markus Kellermann (MK:NETmedien) und Tobias Bartl (explido) die CEO von affilinet, Dr. Dorothea von Wichert-Nick. In ihrer Keynote "Vom Affiliate Handwerk zur Kunst des Performance Marketing" präsentierte sie Perspektiven zur Weitentwicklung des Marktes. Demnach steht das klassische Affiliate Marketing derzeit etwas unter Druck. Vorbei die Zeit, in der es genügte, einfach nur messbar zu sein und viele Sales zu liefern. Heute ist alles Performance: Alle Online Marketing Kanäle sind transparent und vergleichbar. Relevant bleiben nur Kanäle, die die Kunst beherrschen, den ROI für den Kunden laufend zu optimieren.

Dabei stellte Frau Wichert-Nick auch die Frage "Wie schaffen wir die Kunst des Performance Marketing?". Durch die optimale Kombination von folgenden Faktoren: die richtige Technologie, Kreativität und Intelligenz sowie Qualität. Zukunftssichere Performanceplattformen vereinfachen die Systemintegration und automatisieren nicht wertgenerierende Aufgaben. Mit Kreativität und Intelligenz schafft man individuelle Kundenlösungen für jede Phase des

Kundenlebenszyklus: für Online-Starter, Sales Fighter oder Optimierer. Auf Basis eines profunden Verständnisses der individuellen Kundenbedürfnisse kann man den Partnern helfen, nachhaltiges und profitables Wachstum zu erreichen. Und das alles unter dem Primat höchster Qualität: Die richtigen Partner, exzellenter Service und intelligent optimierte Vermarktungsergebnisse. Alles zusammen schafft mehr Wert und damit mehr Wachstum.

Diskussionsthema: Gutscheine im Affiliate Marketing

Mit Spannung erwartet wurde auch der Vortrag von Sascha Schafbuch (SportScheck GmbH) zum Thema "Tracking und Analyse des Wertbeitrages von Gutscheinen in der Customer Journey". Der Vortrag wurde exklusiv auf der Affiliate TactixX präsentiert und sorgte bereits im Vorfeld für einige Diskussionen, da die Nachhaltigkeit und der Mehrwert von Gutscheinen über den Affiliate-Kanal seit Jahren immer wieder diskutiert wird.

Hierzu wurden von SportScheck über 6.000 Bestellungen analysiert, in denen ein Werbekontakt mit einem Gutscheinpublisher gemessen wurde. Grundlage war ein Testsetup, das sowohl Customer-Journey- als auch Webanalytics-Daten kombinierte. Die signifikanteste Erkenntnis lieferte die Differenz zwischen gesamter Kaufprozessdauer und letztem Klick auf einer Gutscheinwebseite. Der Unterschied von durchschnittlich 19 Minuten deutete darauf hin, dass die Kunden sich bereits im Bestellprozess befanden und anschließend nach Rabattgutscheinen suchten. Diese These wird durch eine Movement-Studie unterstützt, die anhand von Mausbewegungen zeigte, dass das Gutscheinfeld im Warenkorb eine besonders hohe Aufmerksamkeit erregte. Im Schnitt testete jeder Kunde mit Kontakt zu einem Gutscheinpublisher bis zu drei verschiedene Gutscheincodes im Bestellprozess. Aufgrund des hohen Suchvolumens nach

„sportscheck gutschein“ kann der Rabattgutschein bei austauschbaren Artikeln dennoch den entscheidenden Impuls im Kaufprozess auslösen.

Interessant in diesem Zusammenhang war auch ein Vortrag von Nikolaus Spitzy (deals.com) auf der Speakers Corner mit dem Thema "Couponing Reloaded". In Deutschland etabliert sich gerade neben dem Group Buying Modell das Couponing Modell, mit einer langfristigeren Ausrichtung. In Deutschland noch in den Kinderschuhen, und mit der Ausnahme von vier bis fünf Publishern sehr unprofessionell durchgeführt, hat sich das Modell in den USA und UK hingegen längst etabliert. Aus diesen Märkten lassen sich auch die Trends für Deutschland für die kommenden Jahre ableiten. Hier wird man verstärkt auf Mobile- und InStore-Couponing, mit einem speziellen Fokus auf Geo-Fencing, setzen, um sowohl für Shop-Betreiber als auch für Endverbraucher ein Höchstmaß an relevanten Angeboten zu offerieren. Advertiser müssen also früher oder später eine robuste mobile Strategie entwickeln und sich der Relevanz von Paid Search bewusst werden.

Search Roundtable für Affiliates

Eines der Highlights für die Affiliates war der schon seit Jahren traditionelle und mit Experten besetzte Search Roundtable mit Stefan Fischerländer, Marcus Tandler, Uwe Tippmann, Jens Fauldrath, Marc Hoeft und Tom Schuster. Die Erkenntnis dabei war, dass der Longtail sehr wichtig ist, im Hinblick darauf, dass Google immer mehr Vergleiche und Funktionen in die Suche mit aufnimmt. Auch die immer größer werdende Relevanz von Content ist ein entscheidender Faktor für die Nachhaltigkeit von Affiliate-Seiten. Links sind dabei nach Ansicht der Experten nicht mehr so stark ausschlaggebend wie noch vor einigen Jahren. Bei der Verwendung von Linktexten sollte darauf geachtet werden, dass mehr auf Brands und URLs verlinkt wird und nicht mehr so oft auf die Keywords. Ein wichtiges Thema für die Affiliates war natürlich auch die

Bestrafung von Seiten durch das Google Penguin Update. Hierzu war die Meinung der Experten, dass man die schlechten Links alle abbauen, oder im schlimmsten Fall evtl. sogar das Projekt abschreiben und eine neue Seite mit sauberer Struktur und qualitativen Content aufbauen sollte. Und auch Social Media-Faktoren wie verifzierte Social Media Accounts, sowie Google-Plus-Autorenprofile werden ein immer wichtiger werdender Teil, als Indikator für eine seriöse und hochwertige Affiliate-Website.

Betrug im Affiliate Marketing

Im Merchant-Panel ging es u.a. um das Thema "Betrug im Affiliate Marketing". Jens Altmann präsentierte hierzu Betrugs- und Missbrauchsmöglichkeiten im Affiliate Marketing. Dabei stellte er Maßnahmen zur Vermeidung von illegalem Erwerb von Provisionen vor. V.a. Cookie-Dropping ist immer noch ein gängiges Mittel, um Provisionen abzugreifen, wie Fabian Rossbacher erklärte. Dabei werden Klicks auf Werbemittel künstlich erzeugt, ohne dass der User eine aktive Handlung ausübt. Dadurch wird ein Cookie gesetzt und bei einem anschließenden Kauf erhält der Affiliate eine Provision ohne aktive Werbeleistung. Jens Altmann präsentierte dann einige Sicherheitsmaßnahmen, um sich vor Betrug zu schützen. So sei v.a. eine gezielte Vorauswahl der Affiliates immer noch sehr wichtig. Auch ein Alarmsystem anhand von verschiedenen Metriken ist eine Methode vor Betrug. Hierzu sollten die Leistungskennzahlen (KPIs) sehr detailliert dargestellt werden, wie z.B. eine IP-Lokalisierung oder die durchschnittlichen Seitenaufrufe pro Besuch.

Internationales Affiliate Marketing

Luis Hanemann (Rocket Internet) hat die Teilnehmer in seinem Vortrag „Affiliate Marketing in emerging markets" in fernentlegene Ecken entführt. Er zeigte auf, wie rasant sich der Affiliate Markt in Brasilien in den letzten drei Jahren entwickelt hat. In dem sechstgrößten Wirtschaftsraum der Welt, mit über 190 Millionen internetaffinen Einwohnern, gab es dort mit Loomade erst ein Affiliate-Netzwerk, das allerdings Netzwerkgebühren von bis zu 100 Prozent verlangte. Gemeinsam mit Zanox BR startete Rocket Internet dann den Markteintritt in Brasilien, um die Netzwerkkosten zu reduzieren. Neben den großen Chancen der emerging markets wie hohe Wachstumsraten, stark wachsende Mittelschicht, schnelle Digitalisierung, wenig Konkurrenz im eCommerce wies er auch auf die vielen Herausforderungen hin. Hier ist besonders die Auszahlungsproblematik im Affiliategeschäft über Ländergrenzen hinweg zu erwähnen. Zudem präsentierte Hanemann auch noch weitere exotische Affiliate-Netzwerke wie AffiliateCurry in Indien oder Jumia in Nigeria.

Um internationale Kampagnen, allerdings SEO-Kampagnen, ging es auch in dem Vortrag "Internationales SEO" von Siwen Zhang (explido). International agierende Unternehmen stehen vor der besonderen Herausforderung, Webseiten gleichzeitig in zahlreichen Ländern und Sprachen zu verwalten. Das Erfolgskriterium für globale Suchmaschinenoptimierung ist das richtige Geo-Targeting, d.h. den Suchmaschinen die richtigen Signale setzen, sodass der jeweiligen internationalen Zielgruppe die passende Webseite angezeigt wird. Dabei sollte man sich nicht in jedem Land ausschließlich auf die Suchmaschine Google fokussieren. In China zum Beispiel ist Baidu die führende Suchmaschine, in Russland ist es Yandex. Für das richtige Geo-Targeting sollte man vier Bereiche berücksichtigen - Domainstrategie, Keywordstrategie, Contentstrategie sowie Local Backlinks und Social Signals. Gerade bei komplexen, internationalen Projekten ist das Projektmanagement fast genauso wichtig. Entscheidend ist das Standardisieren von Dokumenten, mit allen Beteiligten zu kommunizieren und Erfolge miteinander zu teilen.

Neue Ansätze für Mobile Affiliate Marketing

Den internationalen Vortrag auf der Affiliate TactixX präsentierte Sri Sharma von NetMedia Planet aus UK. Unter dem Titel "Harness the full potential of mobile search" präsentierte er Mobile Affiliate Marketing Ansätze und Lösungen. Die Haupterkenntnis dabei war, dass die mobile Suche oftmals anders genutzt wird, als die Suche über Desktop-PCs oder Notebooks. V.a. die lokale Suche über mobile Devices ist dabei ein wichtiger Faktor. Auch die digitale Vernetzung von TV und Internet bzw. Mobile wird eine wesentliche Entwicklung sein. Der User sitzt auf dem Sofa und möchte weitere Infos zu TV-Themen im Internet recherchieren oder sich parallel auch mobile eine Pizza bestellen. So wird der weltweite Werbeanteil in Mobile-Marketing bis 2015 bei 25 Prozent in West-Europa liegen.

Zukunft des Affiliate Marketings

Den Abschluss des ersten Konferenztages machte wieder der große Trend-Panel zur "Zukunft des Affiliate Marketings" mit Vertretern der Affiliate-Netzwerke, Advertiser, Agenturen und Affiliates, der wie jedes Jahr von Michael Kruse (AD:C Media) moderiert wurde. Die Meinung der Panel-Experten war dabei, dass sich das Affiliate Marketing neu definieren muss und neue Geschäftssegmente wie Performance Display gezielter integriert werden sollten. Ein wichtiger Zukunftstrend sei demnach das profildatengetriebene Displaymarketing, da die Affiliate-Netzwerke nach den Kreditkarteninstituten den größten Schatz an Profildaten besäßen. Damit besteht die Möglichkeit, eine höhere Relevanz im Display-Bereich zu erzielen und damit zusätzliches Wachstum zu generieren.

Ulrich Bartholomäus, Geschäftsführer von affilinet, stellte zudem fest, dass es im Markt zwar derzeit einen Umsatzrückgang gibt, allerdings keine Stagnation der Branche. Des Weiteren wurde darüber diskutiert, dass sich eine

Customer Journey-Provision innerhalb des Affiliate Marketings bisher noch nicht durchgesetzt hat. Hendrik Seifert von Kupona war hierzu der Meinung, dass man sich zukünftig evtl. wieder von der Cookieweiche abwenden und Adnetworkähnliche Trackingmöglichkeiten nutzen sollte. Tom Rother von o2 war der Meinung, dass die Notwenigkeit der Customer Journey sehr wohl besteht, um darüber die Provisionen auf Mikroebene auszusteuern. Das Last-Cookie-Wins-Prinzip ist demnach aufgrund der fehlenden Nachhaltigkeit für die Affiliates nicht optimal. Aus Advertisersicht ist ein gesundes Wachstum zwar wichtig, allerdings nicht auf Basis einer Kanibalisierung der Kanäle. Deswegen sei eine Attribution nötig, zwar nicht für alle Affiliates, aber für ausgewählte Partner über individuelle Vergütungsmodelle.

Michael Pietsch von Zanox meinte, dass die Konsolidierung der Branche zu mehr Professionalität führt und man deswegen ganzheitlich über Performance-Marketing sprechen wird. Ingo Kamps von cayada sieht den Trend im Mobile-Marketing. Das Problem sei derzeit allerdings noch das Tracking, welches noch nicht geräteübergreifend abgebildet werden kann. Das sieht auch Manuel Kester, Geschäftsführer von belboon, so. Der Mobile Traffic wächst aktuell rasant an. Der Trend ist dahingehend, dass in 2-3 Jahren 50 Prozent des Traffics über mobile Devices kommen wird. In 4-5 Jahren wird man deswegen nicht mehr über "Mobile" sprechen, sondern über "Digital". Zudem war er der Meinung, dass es einen Strukturwandel in der Basis der Affiliates gibt und der Anteil der Midtail-Affiliates (Einzelkämpfer) derzeit rückläufig ist.
Dino Leupold von Löwenthal von explido sieht die Zukunft des Affiliate Marketings im Realtime-Bidding, sowie in der Verschmelzung von Affiliate Marketing mit Display, welches immer performancegetriebener wird. Zudem steht man immer noch vor der Herausforderung, mehr Transparenz zu gestalten, v.a. hinsichtlich der Netzwerk-APIs, um den Kunden mehr Daten zur Verfügung zu stellen.

Partner-Management

TREND-JOB AFFILIATE-MANAGER

Ein gutes Partner-Management ist das A und O im Affiliate Marketing. Doch hierzu bedarf es v.a. der Expertise eines erfahrenen Affiliate-Managers.

Der Affiliate-Manager ist deswegen im Online-Marketing ein absoluter Trend-Job.

Gegenüber anderen Spezialisierungen im Bereich Performance Marketing sind Experten im Affiliate Marketing genau genommen spezialisierte Allrounder. Sie müssen Know-how in den verschiedensten Disziplinen haben, wie SEA, SEO, Preisportale, E-Mail-Marketing, Social-Media, Trafficbroking und Display-Advertising, um die Werbeaktivitäten der Affiliates zu kennen, zu verstehen und zu analysieren.

Ein Vorteil ist auch das aufgebaute Wissen in den unterschiedlichen Kundenbranchen wie Travel, Finance, Retail/Shopping und Telekommunikation. Und auch die Sprachbegabung wird immer wichtiger im Beruf. Englisch ist Pflicht und weitere Sprachen sind ein großer Vorteil. Das liegt v.a. an der zunehmenden Internationalisierung der Kunden und Agenturen.

Generell zeichnet sich der Arbeitsalltag eines Affiliate-Managers vor allem durch Abwechslung aus. Er hat mit vielen unterschiedlichen Menschen zu tun, da er einerseits viel mit den Kunden (Advertisern/Merchants) im Dialog steht, aber natürlich auch mit den Vertriebspartnern (Affiliates/Partner).

Aber auch innerhalb der Agentur muss der Affiliate-Manager ebenfalls kommunizieren, mit Technikern und Spezialisten anderer Disziplinen. Dewegen ist kommunikatives Geschick eine wichtige Voraussetzung für den Job.

Da allerdings die technischen Möglichkeiten im Affiliate-Marketing immer komplexer werden und auch die Kunden bzw. Vorgesetzten fundiert beraten werden müssen, ist es wichtig, dass ein Affiliate-Manager auch die Technik versteht. Deswegen schadet es keinesfalls, wenn man den HTML-Code lesen kann und weiß, wie die verschiedenen Trackingmöglichkeiten funktionieren (Postview, Sessiontracking, Cookietracking, Fingerprint, Flash-Cookies, Evercookies…).

Zusammenfassend kann man also sagen, dass der Job des Affiliate-Managers auf jeden Fall ein zukunfsweisender Trend-Job ist, der einem alle Möglichkeiten bietet.

PARTNER-AKQUISE - NEUE AFFILIATES GEWINNEN

Bei 440 Millionen Euro Umsatz hat der Online-Vermarkterkreis OVK im Bundesverband Digitale Wirtschaft für den Affiliate-Markt in 2013 ein Wachstum von 7 Prozent prognostiziert. Die Wachstumstreiber dürften dabei neben dem Umsatztreiber Mobile Affiliate Marketing auch neue Publisher-Modelle wie Real-Time-Advertising oder auch Erkenntnisse der Datenerhebungen via Big Data sein.

Ein wichtiger Faktor ist aber auch weiterhin die Akquise neuer leistungsstarker Affiliates. Knapp 71 Prozent der Werbetreibenden im Affiliate Marketing planen in den nächsten drei Monaten weitere Akquise-Maßnahmen. Das ist das Ergebnis einer Erhebung, die MK:NETmedien unter 101 Advertisern und Affiliate-Agenturen durchgeführt hat. (Download der Studie unter: http://www.mknetmedien.com/studie-affiliate-akquise/).

Demnach haben zudem 64 Prozent der Werbetreibenden schon einmal Akquise-Maßnahmen umgesetzt. 39 Prozent haben allerdings den Erfolg der Akquise nicht ausgewertet, was den häufig immer noch fehlenden Strategie-Ansatz für Akquise-Umsetzungen verdeutlicht.

Als Erfolgsquote haben 21 Prozent der Advertiser angegeben, dass sich durch die Akquise 25 bis 50 Prozent der angeschriebenen Affiliates bei dem Partnerprogramm angemeldet haben, von denen die meisten Werbetreibenden allerdings weniger als 100 potentielle Partner kontaktiert haben (69 Prozent).

Die Hauptstrategie für die Gewinnung neuer Partner war für die meisten Werbetreibenden die Erhöhung der Marktdurchdringung durch möglichst viele neue Affiliates (39 Prozent), gefolgt von der Programmentwicklung durch den Ausbau bestehender Publisherkanäle (30 Prozent) und der Marktentwicklung durch den Aufbau neuer Publishersegmente (14 Prozent).

Die Kontaktaufnahme erfolgte hauptsächlich über E-Mail (53 Prozent) und Telefon (30 Prozent) sowie persönlich über Events (14 Prozent).

Problematische Ausgangslage

Das größte Problem einer nachhaltigen Affiliate-Akquise entsteht oftmals bereits in der Planung. Viele Marketingleiter oder Vorgesetzte unterschätzen die Bedeutung und den notwendigen Aufwand einer professionellen Partnergewinnung. Aktionen werden unzureichend vorbereitet, zu ungünstigen Zeitpunkten durchgeführt oder sie richten sich an die falschen Personen.

Oftmals sind Erfolge oder Misserfolge auch durch mangelnde Dokumentation von Durchführung und Reaktion nicht vollständig nachvollziehbar oder messbar. Schnell ist dann die Rede davon, dass Akquise-Aktionen nichts bringen. Häufig fehlt auch die langfristige Auswertung und Analyse der Partnerakquise.

Tatsächlich ist die moderne Form der Affiliate-Akquise ein

ganzheitlicher Prozess und eine der größten Herausforderungen im Affiliate-Management. Sie ist mehr als nur mal schnell „Kontakte machen", oder 1000 E-Mails an potentielle Affiliates zu versenden. Daher sollte die Akquise auch nicht als lästige Pflicht angesehen werden, sondern als Chance, mit Partnern ins Gespräch zu kommen und so das Partnerprogramm für den Markt weiterzuentwickeln. Denn wenn ein potentieller Affiliate aufgrund der Akquise-Maßnahmen nicht als neuer Partner akquiriert werden kann, dann hat das oftmals auch einen bestimmten Grund. Durch die genaue Kenntnis dieser hat man die Möglichkeit, das Partnerprogramm entsprechend zu optimieren.

Die 5 Etappen der Affiliate-Akquise

Schritt 1: Festlegung der richtigen Strategie

Ausgangsbasis für eine erfolgreiche Akquise-Strategie ist eine umfassende Akquiseplanung. In fast allen Unternehmen wird für das Geschäftsjahr eine Umsatzplanung mit Zielvorgaben erstellt. Diese Umsatzziele sollten Bestandteil der Akquise-Strategie sein, denn um den geplanten Umsatz im Kanal Affiliate Marketing bis zum Jahresende zu erreichen, bedarf es natürlich auch neuer Affiliates.

Weitere Bestandteile der Jahresplanung sind eine mögliche Fluktuation von Bestandsaffiliates, sowie saisonale Schwankungen.

Des Weiteren sollte man zwischen quantitativen und qualitativen Zielen unterscheiden. Quantitative Ziele sind klar messbar und über einen Erfüllungsgrad gut zu kontrollieren, da sie oftmals auch einen betriebswirtschaftlichen Hintergrund haben. Diese könnten beispielsweise sein: Steigerung der Affiliate-Umsätze, Anzahl neuer Affiliates, Umsatz pro Affiliate im Monat, Anzahl der durchgeführten Kontakt-E-Mails, Telefonate, Gespräche oder Steigerung des Marktanteils des Partnerprogramms. Bei qualitativen Zielen geht es hauptsächlich darum, aus den gewonnenen Erkenntnissen in den Gesprächen mit den Partnern das Affiliateprogramm zu verbessern und weiterzuentwickeln. Denn durch das Feedback der Affiliates erhält man häufig aufschlussreiche Informationen, die zu folgenden Programmoptimierungen führen können: Verkürzung des Sales-Bearbeitungszeitraums, Optimierung des Provisionsmodells oder des Werbemittel-Portfolios, Verbesserung des Publisher-Services, bis hin zur Produktoptimierung im Onlineshop selbst.

Sobald die Strategie soweit entwickelt wurde, geht es im nächsten Schritt darum, das Jahresziel in kleine leicht erreichbare Teilschritte zu unterteilen. Wichtig dabei ist, die Jahresziele soweit herunterzubrechen, bis sie eine überschaubare Größe bilden, die motivierend wirkt. Denn nur wenn die Zielerreichung für den ausführenden Affiliate-Manager auch realistisch ist, kann sie zielführend umgesetzt werden.

Hierzu sollte man also berechnen, wie viel Umsatz man im Halbjahr, im Monat, in der Woche und am Arbeitstag grundsätzlich benötigt, damit man am Ende beim errechneten Ergebnis ankommt. Dabei sollte man diese vorläufigen Teilschritte auf das Gesamtjahr verteilen. Zudem sollte man auch den Urlaub oder saisonale Peaks berücksichtigen und auch Pufferzeiten mit einberechnen.

Schritt 2: Das richtige Akquise-Anschreiben

Um einen Affiliate von dem eigenen Partnerprogramm zu überzeugen, ist eine der wichtigsten Voraussetzungen die genaue Kenntnis aller Faktoren. Der Affiliate-Manager sollte deswegen ein umfassendes Wissen über sein Partnerprogramm, den Markt und vor allem den Produkten und Leistungen seines Programms haben. Hinzu kommt der Überblick über die Konkurrenz mit seinen Angeboten, Provisionen und Aktionen.

Nur wenn der Affiliate-Manager alle Fragen des potentiellen Affiliates beantworten kann, ist die Basis geschaffen, um den Partner von dem Affiliateprogramm zu überzeugen. Grundlegend ist daher auch die genaue Analyse des Affiliates und dessen Publishermodells.

Wichtige Faktoren sind daher zum einen ein umfangreiches Know-how über den eigenen Onlineshop bzw. den Dienstleistungen des Advertisers. Auch wenn man der Meinung ist, den eigenen Shop perfekt zu kennen, sollte man sich dennoch von Zeit zu Zeit wieder mit dem eigenen Unternehmen beschäftigen, da es ja regelmäßig auch Änderungen beim Produkt- oder Leistungsportfolio gibt. Details, die man kennen sollte, sind z.B. Produktpreise, Anzahl der Produkte, Produkt-Kategorien, kostenlose Artikel, Rabatte oder Gutscheine, Versandkosten, Lieferzeiten, Storno- und Zahlungsausfallquote, Umsatzstornoquote, durchschnittlicher Warenkorbwert, Neukundenquote, Reichweite des Shop, Zielgruppen… Dies sind nur ein paar Faktoren, die immer wieder von potentiellen Affiliates hinterfragt werden, um dadurch auch das Potential des Advertisers abschätzen zu können.

Natürlich sind in der Überzeugungsarbeit gegenüber dem Affiliate auch Argumente wichtig, warum dieser genau dieses Partnerprogramm bewerben sollte. Hier helfen Alleinstellungsmerkmale wie USPs, Joker-Artikel, evtl. patentgeschützte Innovationen und weitere Vorteile für den Affiliate.

Und zuletzt sollte man sich auch umfangreich über das Affiliate-Programm selbst auskennen, also was sind die Eigenschaften des Partnerprogramms wie Stornoquoten, Angabe von Stornogründen, Salesbearbeitungszeitraum, Cookie-Lifetime, Einstellung der Cookieweiche, eCPM, Premium-Provisionen, Endkundenaktionen, conversionstarke Werbemittel…

Aber auch die Betrachtung und Analyse der direkten Wettbewerber im Affiliate Marketing gehört zu einem guten Programm-Management dazu. Hierzu sollte man regelmäßig folgende Leistungen des eigenen Partnerprogramms, mit denen der Konkurrenten vergleichen: Provisionen, Aktionen, Sales-Rallyes, Gutscheine, Produkte im Shop, Unterschiede in den Angeboten, Marktanteile…

Und erst wenn man wirklich alle Kenntnisse über sein Partnerprogramm hat, den Markt analysiert und die eigenen Stärken herausgestellt hat, kann man festlegen, welche Schwerpunkte man in den nächsten Werbemaßnahmen setzen möchte. Wo liegen die Marktchancen, die bislang vielleicht ungenutzt waren und welche potentiellen Affiliates kann man daraus ableitend ansprechen.

Schritt 3: Instrumente der Akquise

Meist kommen bei der Affiliate-Akquise verschiedene Instrumente zum Einsatz. Der optimale Ablauf ist, dass der potentielle Affiliate zuerst einen Brief oder eine Kontakt-E-Mail mit der Vorstellung des Partnerprogramms, mit den aus Schritt 2 gewonnenen Informationen, erhält. Zudem sollte dabei bereits ein weiterführender Anruf angekündigt werden. Anschließend erfolgt das Telefonat mit einer Terminvereinbarung und bestenfalls kommt nach dem persönlichen Gespräch die Partneranmeldung zustande.

Bei einem Akquise-Anschreiben per Post hat man den Vorteil, dass man dabei evtl. sogar gleich ein kleines Geschenk oder ein Topseller-Produkt mitschicken kann, um einen positiven Eindruck zu hinterlassen und zudem den Affiliate schon einmal von der Produktqualität überzeugen kann.

Bei einem telefonischen Akquise-Anruf ist darauf zu achten, dass werbliche Anrufe bei Privatpersonen generell nicht erlaubt sind. Daher sollte man sich vorher die Erlaubnis per E-Mail einholen, auf Grundlage eines Terminvorschlages.

Wenn man es dann bis zu einem persönlichen Gespräch geschafft hat, und dabei dem Affiliate z.B. anhand einer Powerpoint-Präsentation alle Vorteile des Partnerprogramms vermitteln konnte, dann ist die Chance sehr groß, dass der potentielle Partner sich auch für das Programm anmeldet.

Vor allem Affiliate-Stammtische oder –Konferenzen bieten natürlich eine gute Gelegenheit, um darüber Kontakte zu Affiliates zu knüpfen. Allerdings geht es dabei oft mehr um informelle Gespräche und ein erstes Kennenlernen. Die konkrete Akquise wird dann meistens im Nachgang vereinbart. Natürlich kann man bei der Kontaktaufnahme auch bestimmte Tools nutzen.

So bietet sich für die Kontaktaufnahme per E-Mail z.B. das E-Mail-Tool SuperMailer an. Mit der Newsletter Software wird die Erstellung und der Versand von personalisierten Akquise-Anschreiben und Newslettern zum Kinderspiel. Das Newsletter Programm ermöglicht es einfach Newsletter im Text- und HTML-Format (mit WYSIWYG-Editor) zu erstellen, Empfänger leicht aus verschiedenen Quellen (z.B. Microsoft Outlook, SQL-Datenbanken, Dateien) zu importieren und die E-Mails schnell zu versenden. Das Tool ist als kostenlose Freeware-Version erhältlich und mit erweiterten Funktionen auch als kostenpflichtiges Tool.

Um den Erfolg der Akquise zu dokumentieren, empfehlen sich verschiedene CRM-Tools. Sehr sinnvoll ist dies auch für das Anfragemanagement in der Akquise. Ein Tool, das diesen Ansprüchen gerecht wird, ist z.B. Highrise von 37signals. Durch eine E-Mail-Adresse an einen potentiellen Affiliate wird dabei ein neuer Kontakteintrag im System angelegt und an eine vom jeweiligen Highrise-Account generierte E-Mail-Adresse weitergeleitet. Sobald der Kontakt dann integriert ist, erkennt Highrise die E-Mail-Adresse und ordnet weitere E-Mails automatisch zu, sobald diese vorzugsweise auf BCC auch an Highrise geschickt wird. Wenn man dieses System konsequent nutzt, entsteht rund um den Kontakt eine lückenlose E-Mail-Dokumentation, in der sich dann auch später noch Informationen wiederfinden lassen. Zudem kann man auch Gesprächsnotizen hinterlegen oder im Team Informationen zu Angeboten und Abstimmungen diskutieren.

Schritt 4: Finden von neuen Affiliates

Nachdem man also eine umfassende Strategie festgelegt, die Programmvorteile und –details herausgearbeitet hat und verschiedene Akquise-Instrumente definiert hat, geht es nun darum, potentielle neue Affiliates zu finden, um diese dann auch kontaktieren zu können.

Auch bei der Suche nach neuen Affiliates gilt es allerdings, vorab eine Strategie zu definieren. Man unterscheidet nämlich auch bei der Akquise zwischen vier grundlegenden Marketingstrategien:

a) Marktdurchdringung

Wenn die Strategie vorsieht, den Marktanteil im Affiliate Marketing für die Produkte des Advertisers zu steigern, dann sollte es das Ziel sein, mehr Marktanteile und mehr Affiliates als die Konkurrenz zu haben. Hierzu könnten dann auch kleine und lokal orientierte Affiliate-Webseiten eine Lösung sein. Für die Akquise heißt das, dass möglichst viele Affiliates angesprochen werden sollen und größere Differenzierungen entfallen. Der Nachteil ist, dass sich Affiliates oftmals nicht mehr individuell und zufriedenstellend betreut fühlen und dadurch große Streuverluste entstehen könnten, d.h. es werden viele Affiliates angesprochen, für die das Angebot nicht interessant ist.

b) Marktentwicklung

Das Ziel ist es dabei, neue Märkte und Publishersegmente zu erschließen. Wenn ein Advertiser sich z.B. als Spezialist für bestimmte Produkte in einem kleinen Markt mit sehr speziellen Anforderungen positioniert. Die Schwierigkeit besteht dann darin, die Affiliates mit diesen besonderen Interessen zu erreichen. Hier ist die Adressqualifizierung von besonderer Bedeutung. Wer sich aber einmal als Anbieter einer außergewöhnlichen Lösung etabliert hat, kann auf Mund-zu-Mund-Propaganda bauen und viel Akquisebudget sparen.

c) Programmentwicklung

Ein Advertiser möchte sein Wachstum dadurch sichern, dass er sich auf bestehende Publisherkanäle konzentriert. Möglichst viele neue Affiliates müssen hier möglichst schnell gewonnen werden. Oft ist das Auftreten am Markt dadurch aggressiv. Da in der Regel wenig Erfahrung mit den neuen Affiliates und deren Anforderungen vorliegen, ist das Risiko groß, die falschen Ansprechpartner anzusprechen.

d) Diversifikation

Der Advertiser versucht dabei, mit neuen Produkten auf einem neuen Markt Fuß zu fassen. Diese mit hohem Risiko verbundene Strategie bedeutet also, dass das Sortiment des Shops erweitert wird und neue Kundengruppen und somit auch Affiliates angesprochen werden. An die Akquisestrategie stellt die Diversifikation daher sehr hohe Anforderungen.

Nachdem man dann die Strategie der zu akquirierenden Affiliates festgelegt hat, geht es darum, diese zu finden. Hierzu ist es hilfreich, erst einmal ein ausführliches Brainstorming durchzuführen, um, über die Zielgruppen des Advertisers aufbauend, die entsprechenden Affiliates zu identifizieren.

Bei einem Brainstorming empfiehlt es sich, mit einem inneren Bild die potentiellen Käufers des Advertiser-Shops zu identifizieren. Vielleicht ist es auch hilfreich, für das Brainstorming weitere Kollegen hinzuzunehmen, oder auch Verwandte oder Bekannte, die noch nicht voreingenommen für das Thema sind und den Advertiser-Shop evtl. mit ganz anderen Augen sehen.

Es gibt natürlich zahlreiche Möglichkeiten für ein effektives Brainstorming. Hierzu muss sicherlich jeder seine eigene Methode herausfinden, sei es über ein „Mind-Mapping“ oder auch andere kreative Ansätze.

Das Ergebnis sollte letztendlich sein, alles aufzuschreiben, was einem im Zusammenhang mit der Zielgruppe und der vorab definierten Marketingstrategie dazu einfällt. Anschließend wird man bemerken, dass sich aus den Ideen und Erkenntnissen eine natürliche Ordnung einstellt und sich darüber natürliche Beziehungen ergeben.

Nachdem man anschließend eine bestimmte Struktur geschaffen hat, kann man daraus potentielle Affiliatemodelle erkennen.

Nehmen wir als Beispiel das Partnerprogramm des Modehändlers Zalando. Zalando verkauft in seinem Onlineshop nicht nur Schuhe, sondern eine Vielzahl weiterer Produkte. Durch das Brainstorming ergeben sich dabei ggfls. Schlagworte wie Sportschuhe, Babyschuhe, Taschen, Jacken und weitere Ideen, von denen man anschließend verschiedene potentielle Affiliates ableiten kann.
Nachfolgend ein paar Beispiele von möglichen Publisher-Gruppen, welche durch das Brainstorming ermittelt wurden:

Sportschuhe:
Hierzu wären z.B. Webseiten geeignet, die sich auf das Thema Joggen, Fitness, Fussballvereine usw. fokussiert haben.

Babyschuhe:
Es gibt eine Vielzahl von Webseiten, die sich auf Themen wie Kindererziehung, Ratgeber für werdende Mütter, Kindergärten usw. spezialisiert haben. Alle Besucher dieser Seiten brauchen früher oder später auch Babyschuhe und sind somit die perfekte Zielgruppe für die Produkte von Zalando.

Taschen:
Modeblogs, Webseiten über VIPs oder auch Frauenseiten durchleben derzeit einen regelrechten Hype. Die perfekte Zielgruppe also für taschenaffine Onlinekäufer.

Jacken:
In den letzten Jahren erleben v.a. Outdoor-, Wander- und Kletterseiten ein großes Wachstum. Auf solchen Seiten lassen sich perfekt Jacken und Outdoor-Klamotten verkaufen.
Man kann dabei nun schon gut erkennen, dass Zalando also nicht nur für Affiliates mit schuhaffinen Websites in Frage kommt, sondern dass es noch hunderte und tausende potentielle Partner-Websites gibt, die man ebenfalls akquirieren könnte.

Die Frage ist nun natürlich, wie findet man nun diese potentiellen Affiliates.

Hierzu hat die Studie „Affiliate Akquise" ergeben, dass als Basis für die Ermittlung neuer Partner hauptsächlich die Recherche anhand von Keywords über Suchmaschinen (31 Prozent) dient, gefolgt von der Nutzung von Netzwerk-Tools wie affilinet match master oder zanox Marketplace (16 Prozent), der direkten Partner-Empfehlung der Affiliate-Netzwerke (16 Prozent) sowie der Nutzung von SEO-Tools wie Xovi, Searchmetrics oder Sistrix (16 Prozent).

Es gibt eine Vielzahl von Möglichkeiten, um Affiliate-Webseiten zu finden. Hierzu haben sich mittlerweile auch einige Dienstleister spezialisiert. Das Suchmaschinen-Tool

Xovi bietet z.B. mit dem Affiliate-Feature eine Möglichkeit an, anhand der Publisher- und Werbemittel-ID die Bestands-Affiliates der Wettbewerber zu analysieren. Mit SEO DIVER kann man sehr gut nach potentiellen Publisher-Keywords recherchieren. Oder Scoutixx.de, ein Anbieter, der eine Datenbank mit über 48.753 themenaffinen Publisher-Adressen anbietet, kategorisiert nach 46 Themen-Kategorien wie Familie, Kosmetik, Automotive oder Finanzen aus derzeit sieben Ländern.

Qualifizierung der Adressen

Egal wie man an die URLs der potentiellen Affiliates gelangt, entscheidend ist vor allem eine Qualifizierung der Adressen. Nicht die Anzahl der Kontakte ist für den Erfolg entscheidend, sondern vielmehr das Detailwissen über die einzelnen Affiliates.

Je intensiver die vorhandenen Daten mit weiteren Informationen angereichert werden, desto wertvoller werden sie für die Akquise-Maßnahmen.

Hilfreiche Informationen könnten dabei sein: der richtige Ansprechpartner, Durchwahlnummern, Hobbys des Affiliates als Gesprächsaufhänger, Vorlieben des Affiliates (mehr Provision, schnelle Salesfreigabe, persönlicher Kontakt…), um nur mal ein paar Beispiele zu nennen.

Wer eine große Akquiseaktion mit mehreren hundert Aussendungen plant, wird den Aufwand, die Adressen einzeln zu qualifizieren, vermutlich nicht auf sich nehmen. Handelt es sich aber um eine überschaubare Menge, lohnt sich die Arbeit – spätestens dann, wenn die Einladung zu einem persönlichen Gespräch vorliegt.

Schritt 5: Erfolgreiche Umsetzung und Neujustierung

Nachdem nun in den Schritten 1 – 4 die Grundlagen für eine nachhaltige Affiliate-Akquise geschaffen wurde, geht es dann um die Umsetzung.

Dabei ist zu bedenken, dass vorab auch die benötigten Ressourcen und Zeiten festgelegt werden müssen. Jede Maßnahme verlangt den Einsatz gewisser Mittel: Zeit, Geld, Personal und Technik. Deswegen ist die Umsetzbarkeit in Bezug auf die Ressourcen zu überprüfen. Keine Strategie nutzt etwas, wenn die Umsetzung an mangelnden Reserven scheitert, wenn z.B. das Geld oder die Zeit für individuelle Gespräche fehlt.

Sind dann die einzelnen Schritte sinnvoll aufeinander abgestimmt, die Kontrollinstrumente und die Ressourcen geklärt, dann sollte man sich bewusst für die ausgearbeitete Akquise-Strategie entscheiden und diese -zeitnah- umsetzen.

Und der letzte Schritt der Affiliate-Akquise ist gleichzeitig auch wieder der erste Schritt in der Neujustierung. Man sollte regelmäßig Bilanz über die zurückliegenden Akquise-Tätigkeiten ziehen und kann sich anhand der Ergebnisse kontinuierlich verbessern. Eine Rückschau ist dabei allerdings nur so gut, wie die Konsequenzen, die man daraus zieht. Wenn die Schlussfolgerung aus den Daten vorliegt, ist es an der Zeit, diese auch umzusetzen. Alleine schon um Eintönigkeit in den Mailings, langweilige Formulierungen in Telefonaten und uninteressante Folien in Präsentationen zu verhindern, sollte jedes Instrument nach der Akquise-Aktion, aber mindestens einmal im Jahr auf den Prüfstand gestellt werden.

PARTNER-BINDUNG

Neben der Akquise neuer Partner gehört auch die Partnerbindung zu den wichtigen Faktoren für ein erfolgreiches Partnerprogramm.

Der Grund dafür ist, dass ca. 5 Prozent der Werbepartner für 95 Prozent des Umsatzes sorgen. Bei manchen Programmen können es auch 10 Prozent - 15 Prozent sein, das hängt jedoch immer von dem einzelnen Partnerprogramm und dem jeweiligen Segement ab.

Es ist meist ein sehr kleiner Teil der Partner, die ziemlich aktiv sind und durch große trafficreiche Seiten, sich entweder auf das Thema des Partnerprogamms spezialisiert haben, oder besuchsstarke Websites wie Preisvergleiche oder Shoppingportale betreiben.

Neue Partnerprogramme mit immer wieder neuen attraktiven Provisionsmodellen schießen täglich aus dem Boden. Dazu gibt es Affiliate-Netzwerke, die versuchen, neue Programme exklusiv zu akquieren und die Partner werden ein immer wertvolleres Gut. Es ist also nicht selbstverständlich, dass die Werbepartner für immer ein Partnerprogramm bewerben, denn auch die Partner schauen sich nach neuen Programmen um und werden zudem von Affiliate-Netzwerken und den Affiliate-Agenturen umworben.

Deswegen ist es wichtig, das wertvolle Gut "Werbepartner" langfristig an ein Partnerprogramm zu binden. Wenn 95 Prozent des Umsatzes von 5 Prozent der Partner generiert wird, kann man sich ja ausrechnen, was passiert, wenn ein Teil der 5-Prozent-Partner wegfallen würde.

Schon im Jahr 1999 hat das Franchise-Institut für Deutsche Wirtschaft in Hannover (FIW) in seinen Spezialseminaren das Thema Partner-Führung und -Bindung ins Zentrum seiner Aktivitäten gestellt und dadurch die Bedeutung der Partner-Bindungsinstrumente unterstrichen. Und das nicht umsonst.

Doch welche Möglichkeiten gibt es, Werbepartner langfristig an das Partnerprogramm zu binden?

Zum einen ist v.a. der **persönliche Kontakt** mit den Partnern sehr wichtig. Persönliche Kontakte, Partnerbesuche vor Ort, Einladungen zu Events und telefonische Betreuung sind unverzichtbar.

Man baut damit eine persönliche Beziehung zwischen Partner und Programmbetreuer auf und weiß immer, was der Partner für Wünsche und Probleme hat. Zudem führt es dazu, dass die Partner seltener das Partnerprogramm wechseln, weil sie von dem Konkurrenz-Partnerprogramm ggfs. noch keine Kontaktperson kennen und die Bindung dadurch noch nicht so eng ist.

Eine weitere Möglichkeit der Partnerbindung sind natürlich auch die verschiedenen **Kommunikationstools**. Man sollte die Partner immer mit neuen Informationen des Partnerprogramms per E-Mail, Skype oder sonstigen Internet-Portalen auf dem Laufenden halten. Die Partner wollen genau wissen, was es Neues gibt in dem Partnerprogramm, das sie gerade bewerben, um schnell auf Änderungen reagieren zu können.

Schulungen sind eine weitere Möglichkeit der Partnerbindung. Was spricht dagegen, die Werbepartner in bestimmten Abständen zu Workshops einzuladen, um ihnen Neuigkeiten des Partnerprogramms detailliert vorzustellen und natürlich auch um die persönliche Bindung zu stärken.

Die **Provisionen** sind natürlich durchaus auch ein wichtiger Faktor. Was spricht dagegen, den Top-Partnern eine Premium-Provision zu bezahlen, oder ihnen für ihre geleistete Arbeit einfach zusätzlich eine monatliche Fix-Provision ontop zu geben. Die Partner freuen sich und kommen dadurch seltener auf den Gedanken, nach alternativen Verdienstmöglichkeiten oder Partnerprogrammen in diesem Bereich zu suchen, denn wer weiß, ob dessen Programmbetreiber ebenfalls so spendabel ist.

Gerade zur Weihnachtszeit ist es natürlich auch eine nette Geste, wenn man den Partnern als Anerkennung ihrer geleisteten Arbeit ein kleines **Weihnachtsgeschenk** schickt. Dies kann auch eine Kleinigkeit sein, aber die Partner merken dadurch, dass der Programmbetreiber ihre Arbeit schätzt und die Partner ihm wichtig sind.

Zusammenfassung:

Wie man sieht, kann man mit ein paar innovativen Ideen die vorhandenen Partner auch langfristig an ein Partnerprogramm binden. Persönlicher Kontakt, Schulungen, ansprechende Provisionen und eine kleine Anerkennung oder Wertschätzung und die Partner werden noch sehr lange den Programmbetreibern eine Freude bereiten und umgekehrt.

PARTNER-AKTIVIERUNG

Im letzten Kapitel zum Thema „Partnerbindung" habe ich geschrieben, dass 5 Prozent der Partner für 95 Prozent des Umsatzes sorgen und diese Partner mit Partnerbindungsmaßnahmen langfristig an das Partnerprogramm gebunden werden sollten.

Andererseits bedeutet das aber auch, dass 95 Prozent der Partner nur für 5 Prozent und weniger des Umsatzes sorgen.

Aufgabe der Partneraktivierung ist es deswegen, genau diese 95 Prozent der inaktiven und kleinen Partner zu aktivieren und zu motivieren, entweder für das Partnerprogramm aktiv zu werden oder ihre Werbemaßnahmen zu intensivieren, um dadurch mehr Umsatz zu generieren.

Doch mit welchen Partneraktivierungsmaßnahmen kann man die Partner motivieren?

Dazu gibt es sehr viele Möglichkeiten. Manchmal reicht es schon aus, den Partnern per Newsletter noch einmal die Vorteile des Partnerprogramms zu erläutern. Viele der Partner melden sich automatisch bei den unterschiedlichen Partnerprogrammen der verschiedenen Affiliate-Netzwerke einfach an, weil sie ja das Programm irgendwann einmal bewerben möchten. Mit der Zeit gerät das Partnerprogramm dann in Vergessenheit, oder die Partner hatten noch keinen Bedarf danach.

Eine Maßnahme wäre deswegen, die Partner anzuschreiben, um sie nochmals daran zu erinnern, wie viel Provision sie eigentlich mit dem Partnerprogramm verdienen können und welche Vorteile die Partner und deren Kunden doch eigentlich von dem Programm haben.

Als Beispiel möchte ich Ihnen einen Beispielnewsletter zur Partneraktivierung nennen:

Lieber Partner,

wir freuen uns über Ihre Teilnahme an unserem MODE-Partnerprogramm.

Leider wurde über Ihre Website bisher noch kein Klick generiert. Deshalb möchten wir Ihnen die Vorteile des Affiliate-Programms noch einmal vorstellen:

Attraktive Provisionen für Sie

Sie verdienen 20% pay-per-Lifetime Provision, d.h. innerhalb von 2 Jahren erhalten Sie jedes Mal eine Provision, sobald Ihr geworbener Kunde in unserem MODESHOP bestellt.

Ihre Vorteile bei MODESHOP

Sie profitieren als Partner von der Seriosität unseres Mutter-Konzerns. Dazu bieten wir Ihnen jede Menge Werbemittel, wie Banner in vielen Standardgrößen und Textlinks für alle Rubriken an. Zudem finden Sie Microsites verschiedener Topseller-Produkte, sowie einen Werbemittelgenerator, mit dem Sie sich ihr eigenes White-Label-Werbemittel für Ihre Website erstellen können. Dazu gibt es auch eine csv-Produktdatei mit über 5000 Angeboten.

Persönlicher Ansprechpartner

Sie haben Fragen, Wünsche oder Anregungen zum MODESHOP-Partnerprogramm? Wir sind für Sie da. Sie erreichen uns per E-Mail unter partner@domain.de oder telefonisch unter der kostenlosen Partner-Hotline 0800-123456.

Tipps für mehr Erfolg

Binden Sie passenden Produkte zum Thema Ihrer Website ein. Über den White-Label-Werbemittel-Generator können Sie sich zu allen Themen passende Banner erstellen. Binden Sie das Werbemittel an einer gut sichtbaren Stelle auf Ihrer Webseite ein. Verwenden Sie Textlinks im redaktionellen Bereich Ihrer Webseite.

Wir wünschen Ihnen viel Erfolg und freuen uns auf die weitere Zusammenarbeit.

Schöne Grüße
MODESHOP Partnerbetreuung

In diesem Newsletter werden den Partnern deutlich die Vorteile des Programms näher gebracht, vielleicht reicht dies ja schon aus, ein paar neue Partner zu aktivieren, das Programm auf ihrer Website zu integrieren.

Eine weitere Möglichkeit ist, die inaktiven Partner direkt und gezielt anzuschreiben.

Über die Netzwerke besteht die Möglichkeit, über die Statistik-Funktion die angemeldeten Partner herauszufiltern, die bisher noch keine Views und Klicks generiert haben. Daran kann man erkennen, dass diese Partner wohl bisher noch kein Werbemittel auf ihrer Seite integriert haben, oder diese nicht gut auf ihrer Seite platziert haben, weil noch kein User darauf geklickt hat.

Ordnet man nun also die Partner z.B. der Partnergruppe „Inaktive Partner" zu, kann man diese anschließend gezielt per E-Mail anschreiben. Als weiteres Beispiel möchte ich Ihnen eine E-Mail eines Gewinnspiel-Partnerprogramms nennen:

Lieber Affiliate,

Sie sind bei unserem Partnerprogramm als Partner angemeldet. Leider konnten wir bisher noch keine Klicks für Ihre Website erkennen. Deswegen nehmen wir an, dass Sie noch keine Werbemittel auf Ihrer Seite eingebunden haben.

Woran liegt es? Können wir Sie eventuell unterstützen? Liegt es vielleicht daran, dass Sie nicht die richtigen Werbemittel oder Verlinkungsmöglichkeiten gefunden haben?

Wenn Sie Fragen haben oder wir Sie unterstützen können, stehe ich Ihnen als direkter Ansprechpartner gerne zur Verfügung. Ihr Feedback ist uns sehr wichtig.

Zudem möchte ich Sie noch auf den laufenden PARTNER-Jackpot hinweisen, der noch bis zum 31.12. läuft. Dabei haben alle Affiliate-Partner die Chance, durch ihr eigenes Engagement, ihren persönlichen Partner-Jackpot zu knacken…

Ich freue mich auf eine gute Zusammenarbeit und wünsche Ihnen viel Erfolg.

Schöne Grüße
Ihr Affiliate-Manager

Oftmals bekommt man auf solche E-Mails hin bereits ein erstes Feedback der inaktiven Partner, warum sie bisher noch keine Zeit hatten, das Programm zu bewerben, oder dass sie es vergessen hatten.

Auch durch diese Maßnahmen kann man erneut ein paar neue Partner dazu gewinnen und den Umsatz weiter steigern. Ein Vorteil dieser Maßnahmen ist, dass man durch den gesetzten Filter die Partner beobachten und nach einer bestimmten Zeit erkennen kann, welche der „Inaktiven Partner" aktiv geworden sind.

Doch es gibt auch noch weitere Möglichkeiten, die inaktiven Partner anzusprechen und auf das Programm aufmerksam zu machen.

So kann man z.B. einen Wettbewerb oder ein Gewinnspiel ausschreiben.

Alle Partner, die bisher für das Partnerprogramm noch nicht aktiv waren, haben z.B. die Chance, wenn sie innerhalb eines bestimmten Zeitraumes einen Sale oder Lead generieren, an dem Gewinnspiel einer Reise oder eines LCD-TVs teilzunehmen, oder die Partner, die innerhalb der nächsten vier Wochen ein Werbemittel auf ihrer Seite einbauen und damit Views und Klicks generieren, erhalten für sechs Monate die doppelte Provision. Weitere Beispiele hierzu finden Sie im nächsten Kapitel „Sales-Rallyes".

Oder wie wäre es mit einer zeitlich begrenzten CPC-Klickvergütung für ausgewählte Top-Partner. Klickvergütungen sind immer eine beliebte Maßnahme, denn die Partner haben dabei die Aussicht auf einen Verdienst, auch wenn ein Kunde nichts bestellt und nur auf einen Banner klickt. Der Partner hat somit die Chance, die Conversion des Partnerprogramms zu testen und verdient aufgrund der Klickvergütung auf jeden Fall eine Provision. Man könnte die CPC-Vergütung aber auch mit einer bestimmten Conversion verknüpfen, d.h. der Partner erhält 0,X Euro pro Klick, wenn er eine Sales-Conversion von X Prozent erreicht. Sie sehen schon, der Kreativität sind hier keine Grenzen gesetzt.

Wenn das alles noch nicht ausreichen sollte, kann man die Maßnahmen natürlich auch noch intensivieren. Der Programmbetreiber kann sich die angemeldeten Partner auch noch ganz genau anschauen und sich die Goldfische dabei heraussuchen. Natürlich ist dies sehr zeitintensiv, es kann sich allerdings ausbezahlen. So sollte er sich alle Websites der inaktiven Partner im Detail anschauen, vielleicht ist ja eine Homepage dabei, die genau zu dem Partnerprogramm passt und noch nicht aktiv geworden ist. Z.B. ein Blog mit dem Thema des Partnerprogramms oder eine private Homepage mit Testberichten zum Thema des Partnerprogramms. Dann sollte man die Partner am Besten direkt anrufen oder noch besser, sich direkt mit ihnen persönlich treffen und alles daran setzen, dass diese Partner das Partnerprogramm bewerben, denn diese zielgruppengenauen Websites und Blogs liefern genau die richtigen Besucher und Kunden, die dann im Onlineshop des Programmbetreibers auch kaufen werden. Seien Sie sicher, dass solche Goldfische mit Sicherheit bei den inaktiven Partnern zu finden sind.

Ausserdem gibt es noch die inaktiven Partner, die zwar jede Menge Views liefern, aber sehr wenige Klicks? Das liegt vielleicht daran, dass die Partner die Banner nicht gut auf ihrer Seite platziert haben, oder dass der Partner aus Unwissenheit nicht das perfekte Banner auf seiner Seite integriert hat. Man sollte sich die Websites dieser Partner einmal genau anschauen und dann Kontakt mit diesen Partnern aufnehmen. Diese werden mit Sicherheit dankbar sein, wenn man ihnen sagt, dass aus Erfahrung der Banner XY viel besser zur Zielgruppe der Website passt und von den Besuchern bestimmt öfters angeklickt wird, oder dass es besser ist, wenn der Banner rechts oben eingebunden wird, anstatt links unten. Der Programmbetreiber ist der Profi und kennt seine Kunden und Zielgruppe sehr genau.

Zusammenfassung

Je mehr Aktionen, Newsletter, E-Mails man erstellt und gestaltet, desto umfangreicher wird das Partnerprogramm bei den Partnern und v.a. bei den bereits angemeldeten inaktiven Partnern in der Wahrnehmung in Erscheinung treten und ins Bewusstsein zurückgerufen. Dies führt im Endeffekt dazu, dass mit der Zeit immer mehr Partner aktiv werden und der Umsatz weiter ansteigt.

SALES-RALLEYS (GAST-ARTIKEL VON ALEXANDER KUBE / ICROSSING GMBH)

Affiliate Rallyes sind – wenn sie richtig benutzt werden – ein mächtiges Werkzeug im Affiliate Marketing und gehören ebenfalls als wichtiges Instrument zum Partner-Management. Mit Hilfe von Provisionserhöhungen oder anderen Incentives (Ein iPad! Ein iPad!) winken die Programme mit lukrativen Angeboten für die Affiliates – als Gegenleistung dafür erwarten die Advertiser natürlich eine deutlich verbesserte Performance und eine höhere Sichtbarkeit bei der Zielgruppe, denn das Investment soll sich ja auch irgendwie refinanzieren.

Unterm Strich passiert leider genau diese Refinanzierung oft nicht, weil sich die Affiliate Rallye nicht so entwickelt hat, wie zunächst erhofft (oder im besten Fall „geplant", aber dazu kommen wir noch). Wenn sich der Staub dann gelegt hat bleiben meist nur sunk costs, reichlich viel vertane Zeit, verpasste Gelegenheiten, Opportunitätskosten und enttäuschte Advertiser.

Warum also funktionieren die Rallyes und andere innovative Ideen oftmals nicht? Und wenn man schon so fragt: Bringen

Affiliate Rallyes denn überhaupt etwas oder kann man getrost darauf verzichten?

Die letzten beiden Fragen kann ich gleich vorab beantworten: Ja, sie bringen etwas, und nein, ich würde auf keinen Fall vorab dazu raten, sie von der Liste der möglichen Maßnahmen zu streichen.

ABER...

...über Wohl und Wehe von Affiliate Rallyes entscheidet nicht die temporäre Provisionserhöhung, sondern sechs Faktoren, die sich gegenseitig mehr oder weniger stark beeinflussen.

1. Ziele und Zielgruppe definieren

Kurzer Rückgriff, BWL, erstes Semester: Für den Erfolg einer Aktion ist es entscheidend, vorher Ziele zu definieren, die damit erreicht werden sollen. Vernachlässigen Sie das, haben Sie gerade den ersten Spatenstich getan, um Ihr Budget zu begraben. Denn Ziele im Affiliate Marketing sind alles andere als eindeutig…

Ziele können in völlig verschiedene Richtungen gehen und benötigen letztlich auch unterschiedliche Anreize. Um die Ziele richtig zu definieren, helfen folgende Fragestellungen:

- **Bedarf des Advertisers**:
  Nicht alle Ziele sind monetär! Sind es reine Umsatzziele, die verfolgt werden sollen? Oder habe ich zusätzlich/grundsätzlich andere Absichten, wie z.B. Steigerung der Anmeldequote in den Netzwerken oder Verbesserung der Qualität des Traffics?

- **Strategie**:
  New Business, Cross-Selling oder Up-Selling? Soll die Neukundenbasis vergrößert werden? Oder zielt das

Angebot auch auf Bestandskunden ab?

- **Produkte und ihre Eigenschaften**:
  Gibt es ein spezielles Produkt, das in den Fokus rückt und dessen Absatz Rückenwind bekommen soll? Gibt es saisonale Veränderungen in der Nachfrage der Produkte? (Im Reisebereich z.B. Frühbucher oder Lastminute-Saison)

- **Qualität**:
  Wird Feedback zum Partnerprogramm benötigt oder möchten Sie von Ihren Affiliates wissen, wie das Programm noch verbessert werden kann?

Nachdem die Ziele der Aktion klar definiert sind, widmen wir uns jetzt der **Zielgruppe**.

Im ersten Schritt muss festgelegt werden, welche Affiliates für die Aktion das größte Potential haben, sonst können wir die iPads auch unten auf der Straße verteilen. Diese Information hat einen großen Einfluss auf die Ausgestaltung des Programms. Gutschein-Affiliates benötigen einen Couponcode, um die Performance zu steigern. Cashback Partner können mit erhöhten Provisionen das Partnerprogramm in den Fokus rücken und auf Startseiten platzieren. Content-Seiten arbeiten mit exklusiven Informationen oder neuen Werbemitteln, die z.B. auf ein neues Produkt hinweisen. So hat jede Publishergruppe ihre speziellen Anforderungen und Bedürfnisse, die für eine erfolgreiche Umsetzung befriedigt werden müssen.

Wenn die Zielgruppe mit allen Randbedingungen klar definiert ist, wird im nächsten Schritt der Honig, mit dem man die Fliegen fangen will, bestimmt: Die Incentives!

2. Art der Incentives

Nachdem die Ziele und Zielgruppen definiert worden sind, jetzt also die Frage, wie man die Zielgruppe glücklich macht. Hier hat man in erster Linie die Wahl zu treffen zwischen einem

- **...Geldpreis.**
  Als fixen Bonus oder erhöhter Provision, oder einem...

- **....Sachwert.**
  Je nach Wert und Höhe des Preises steigt die Attraktivität der Aktion – so viel dürfte klar sein.

Danach wird es schon schwieriger. Geldpreise wie z.B. Bonusauszahlung oder erhöhte Provisionen sind sehr attraktiv für alle Arten von Affiliates. Bei Sachwerten wird es schwieriger, da die Geschmäcker und Begehrlichkeiten sehr schnell auseinanderdriften. So ist für einen das neue iPad 4 das absolute Highlight und ein interessanter Anreiz – und lässt sich wegen seiner Optik auch stylish als Incentive für das Affiliate Programm anpreisen. Aber: Während es für die einen der letzte Schrei ist, ist es für den anderen schon wieder Schnee von gestern oder man hätte lieber ein Android Tablett und so weiter...

Mit einem in der Höhe geschickt gewählten Geldpreis geht man meist auf Nummer sicher. Vor allem im Hinblick auf die Tatsache, dass viele Affiliates schon die Größe eines mittelständischen Unternehmens erreicht haben und Sachpreise dem Mitarbeiter selbst oft gar nicht mehr zugute kommen, sondern dank Compliance Vorschriften z.B. an Weihnachten in die Tombola wandern. Und zack – steckt der Nagel im Sarg der Affiliate Rallye.

Geldpreise hingegen lassen sich so verrechnen, dass auch ein Affiliate mit Compliance Richtlinie incentiviert werden kann.

Es lohnt sich also, vor Start der Rallye gründlich nachzudenken und Zeit zu investieren.

3. Modellieren der Affiliate Aktion

Das ist das Herzstück und die Gretchenfrage jeder Affiliate Rallye – denn nun muss festgelegt werden, wie die Affiliates den Preis ergattern können. Grundsätzlich sind hier der Fantasie keine Grenzen gesetzt. Anbei die gängigsten Varianten und was bei ihnen bedacht werden muss.

- **Einfache Provisionserhöhung:**
  z.B. von 50 Euro pro Sale für einen Monat auf 60 Euro erhöhen. Das bietet dem Affiliate auf dem einfachsten Wege die Möglichkeit, mehr Provisionen zu erreichen. Birgt allerdings auch die Gefahr, dass Affiliates keinen Mehraufwand betreiben und trotzdem höhere Provisionen einstreichen. Der Erfolg der Aktion hängt hier also an der Kommunikation mit den Affiliates.

- **Provisionserhöhung mit Performance Anreiz:**
  Bei 20 Prozent Steigerung der Performance im Vergleich zum Vormonat 5 Euro pro Sale mehr, bei 30 Prozent Steigerung erhält der Affiliate 10 Euro on Top pro Sale. Das ist die intelligente Variante der Provisionserhöhung. Der Affiliate muss sich im Aktionszeitraum steigern, um eine bessere Provision oder einen Bonus zu erhalten. Bei diesem Modell ist die Chance größer, dass für das Provisionsinvestment auch eine bessere und verstärkte Werbeleistung stattfindet. Für Affiliates, die bereits am Werbemaximum angelangt sind, können auch gesonderte Zielvereinbarungen getroffen werden.

- **Newcomer Aktionen:**
  Alle Affiliates, die sich neu für das Partnerprogramm anmelden, erhalten im ersten Monat 5 Euro mehr an Provision pro Sale. Das ist eine Möglichkeit, neue Affiliates für das Programm zu begeistern und die Anmelderate im Programm zu steigern.

- **Performance Rallye:**
  Hier bekommen z.B. die besten 10 Partner im Aktionszeitraum 200 Euro Bonus. Rallyes mit Sach- oder Geldpreisen erfreuen sich großer Beliebtheit. **Vorsicht Extrembeispiel:** Vor allem bei tollen Sachpreisen wie z.B. bei der 2400 Stunden Rallye der Telekom – Hauptpreis: ein Porsche – ist die Rallye sofort in aller Mund und die ganze Branche spricht darüber.

- **Werbemittel Aktion:**
  Hier erhält beispielsweise jeder Affiliate, der die neuen Werbemittel auf der Startseite einbindet und einen Screenshot schickt, 10 Euro pro Sale mehr. So lassen sich neue Werbemittel verbreiten, Startseitenplatzierungen einheimsen und die Interaktion mit den Affiliates fördern.

Das war jetzt nur ein Ausschnitt aller Möglichkeiten und soll die große Bandbreite und Vielfalt von Aktionen verdeutlichen. Wichtig ist, dass für die geplante Aktion das richtige Modell ausgesucht wird und dies mit den Zielen, die zu Beginn gesetzt wurden, übereinstimmt.

4. Kommunikation der Aktion

Das Alpha und Omega ist hier die Auswahl der Kommunikationswege. Denn die Aktion kann in den ersten drei genannten Punkten komplett richtig konfiguriert worden sein - was Timing, Inhalt und Wording betrifft – aber dennoch fehlschlagen, wenn es nicht ausreichend an die Zielgruppe kommuniziert wird. Um das zu verhindern, habe ich die wichtigsten Kommunikationsinstrumente, die einem Affiliate Manager zur Verfügung stehen, aufgelistet:

- Die kostenlosen Netzwerk-Newsletter. Dies sollte ein beständiger Kommunikationskanal in einem optimierten Partnerprogramm sein. Mit dieser Möglichkeit werden alle für das Programm freigeschalteten Affiliates erreicht. Teilweise kann auch gegen Aufpreis ein Mailing an nicht angemeldete Partner verschickt werden.

- Die kostenlosen Promotiontools in den Netzwerken. Hier gibt es zahlreiche Optionen, wie z.B. das affilinet „Gutschein Tool" (kann auch über Gutscheine hinaus verwendet werden) oder das Zanox „Incentive Tool".

- Kostenpflichtige Platzierungen in den Netzwerken. Es macht durchaus Sinn, während des Aktionszeitraums, kostenpflichtige Platzierungen in den Netzwerken zu buchen. Hier gibt es unter anderem bei affilinet die Möglichkeit, auf der Publisher-Loginseite oder in der Programmübersicht, aufmerksamkeitsstarke Werbeflächen zu buchen.

- Externe kostenpflichtige Werbeleistungen einkaufen. Hier empfiehlt sich z.B. der Standalone Newsletter von 100partnerprogramme.de.

- Ganz wichtig: Direkte Ansprache der Top-Affiliates. Diese Maßnahme ist mit Abstand die effektivste und stellt sicher, dass mittels persönlichen Kontakt alle relevanten Affiliates im Partnerprogramm von der Aktion erfahren. Bestenfalls erhalten Sie schon zu Beginn ein erstes Feedback der Partner zur Aktion und können diese Erfahrungswerte und dieses Know-how für das nächste Mal nutzen und die entsprechenden Learnings daraus ziehen.

Wenn wir bei der Kommunikation angekommen sind, läuft die Rallye bereits. Wenn vorher alles richtig gemacht wurde, läuft sie jetzt auch erfolgreich – und die Frage, ob man sich das nicht sparen kann, ist beantwortet.

Unsere Arbeit ist aber noch nicht getan – denn gerade wenn die Aktion erfolgreich war, werden wir sie wahrscheinlich wiederholen wollen.

5. Häufigkeit von Affiliate Aktionen

Diese Frage kommt vor allem oft von Kundenseite. Es gilt, ein ausgewogenes Verhältnis zu finden zwischen übermäßigen Aktionsfluten und gähnender Rallye-Leere. Mehr als ein Jahrzehnt an Erfahrung hat uns gezeigt, dass pro Quartal mindestens eine Publisher Aktion durchgeführt werden sollte.

Das hat verschiedene Gründe:

- Das Partnerprogramm erhält eine erhöhte Aufmerksamkeit in der Affiliate Szene. Die Affiliates sind oft in einer dreistelligen Zahl von Partnerprogrammen angemeldet und haben eine Vielzahl von neuen Projekten im Kopf, die am besten alle gleichzeitig umgesetzt werden sollen. So kann es durchaus passieren, dass EIN Partnerprogramm in der Masse von Konkurrenten untergeht.

- Aktive Merchants rechnen meistens mit mindestens einer oder mehreren großen B2C Aktionen, die dann mit einer Publisher Aktion ideal begleitet werden können. (z.B. Produktlaunch, Rabattaktion, Summer Sale, etc.) So kann die Aktion des Merchants und die Aktion für die Publisher zusammen beworben werden und damit gemeinsam in den Fokus der Affiliates rücken und Synergien erzeugen.

Jetzt können Sie es sich wahrscheinlich schon denken – nachdem wir erfolgreiche Aktionen gerne wiederholen wollen, gilt auch hier das geflügelte Wort: Nach der Aktion ist vor der Aktion!

6. Nachfassen

Indem Sie Ihre Partner ansprechen und nachhaken, wie die Aktion im Einzelnen gelaufen ist, wie zufrieden der Partner damit ist, erhalten Sie höchstwahrscheinlich wertvolle Informationen (schlimmstenfalls: „Mein tolles neues iPad ist in der Tombola gelandet!"), um die nächste Aktion weiter zu optimieren oder von der Incentive Seite her ein Stück unwiderstehlicher zu machen.

Mein letzter Satz dazu: Kommunikation ist im Affiliate Management die Conditio sine qua non. Damit werden Partnerschaften aufgebaut und langfristige erfolgreiche Kooperationen geschaffen – oder gegebenenfalls vermasselt.

Fazit:

Wenn die Ratschläge in diesem Kapitel beherzigt werden, kann der Erfolg von Rallyes deutlich verbessert werden. Natürlich ist das kein Allheilmittel, an das man sich sklavisch hält und alles wird gut. Betrachten Sie es eher als Leitfaden, auf dem Sie Ihre Standards festlegen und auf dem individuell nach eigenen Erfahrungen aufgebaut werden kann.

Generell sollte auch bedacht werden, dass die Affiliates nahezu überschwemmt werden von Rallyes, Aktionen oder Angeboten und lustigen bunten Mails, in denen das alles kommuniziert wird. Deshalb kann eine einzelne Aktion sehr schnell in der Masse untergehen, sich nicht behaupten oder schlimmer noch, einfach nicht wahrgenommen werden.

Der beste Weg, das zu vermeiden, ist direkten Kontakt mit den Top-Affiliates und Potential-Partnern zu halten und den Benefit klar hervorzuheben. (Kommunikation. Ich glaub, das hab ich schon erwähnt…). Oftmals ist es schon ein Quickwin, bei einer Rallye mit Provisionserhöhung die Cashback-Partner zu informieren.

Die Erfahrung zeigt, dass in der Regel mit Incentives oder Provisionserhöhungen die Performance selten spürbar gesteigert werden kann, sich aber andere positive Effekte einstellen:

- **Reaktivierung von Affiliates:**
  Durch Kommunikation und Awareness tritt das Partnerprogramm wieder in den Vordergrund bei inaktiven Partnern.

- **Akquise von Affiliates:**
  Haben wir sehr oft gesehen: eine erhöhte Anmeldequote während einer Aktion.

- **Nachhaltigkeit:**
  Neu gewonnene oder reaktivierte Affiliates bleiben auch nach der Aktion aktiv. Diese Partner sollte man auf jeden Fall separat ansprechen und eine nachhaltige Kooperation planen.

Abschließend kann ich sagen, dass bei vielen Aktionen, die ich gesehen habe, noch Verbesserungsbedarf herrscht. Incentives und Aktionen sollten sorgfältig ausgearbeitet und durchdacht sein, denn eine gute Aktion erfüllt auf jeden Fall ihren Zweck und sorgt für Aufmerksamkeit, Sichtbarkeit und Präsenz im Affiliate Marketing. Durch Performance Anreize in den Aktionen können Umsatz und Saleszahlen verbessert werden. Des Weiteren stärken sie die Interaktion mit den Partnern und verbessern die Zusammenarbeit. Am besten empfiehlt es sich, programmspezifisch Aktionen zu testen und deren Ergebnis festzuhalten, um die richtigen Schlüsse für die nächste Aktion zu ziehen.

ÜBER ALEXANDER KUBE (ICROSSING GMBH)

Alexander Kube ist Betriebswirt B.A. und seit 2010 Teil der iCrossing-Mannschaft. Seit August 2012 ist er in seiner Funktion als Teamlead Affiliate Marketing verantwortlich für das Affiliate Marketing bei iCrossing.

Kontaktdaten:

E-Mail: alexander.kube@icrossing.de
Telefon: 089-242053431

PARTNER-EVENTS

Um das Thema Partner-Management abzuschließen, dürfen natürlich auch die beliebten Partner-Events nicht fehlen.

Doch was bringen diese Events eigentlich? Die Partner erhalten doch sowieso eine Provision und wenn sie viele Sales generieren, dann sogar noch mehr. Also wieso sollte man auch noch einen Event für die Partner veranstalten?

Im Kapitel „Partner-Bindung“ haben wir bereits darüber berichtet, warum man die Top-Partner langfristig an das Partnerprogramm binden sollte und wie man über „Partner-Aktivierung“ inaktive Partner aktiviert und motiviert.

Eine Maßnahme, die Partner-Bindung und Partner-Aktivierung verbindet, könnte ein Partner-Event sein.

Man veranstaltet also einen „Event“ für das Partnerprogramm. Der Ort sollte dabei schon ein wenig außergewöhnlich und exklusiv sein, oder zumindest der Ort des anschließenden Events.

Denn vor dem eigentlichen Event findet natürlich eine ausführliche Infoveranstaltung über das Partnerprogramm statt. Der Programmbetreiber möchte natürlich die Partner über Neuigkeiten des Partnerprogramms informieren. Was gibt es Neues, evtl. ein neues Provisionsmodell oder ein neues Produkt, das von den Partnern beworben werden soll.

Mit einer Präsentation, die den Partnern vorgestellt wird, kann man erstens das Partnerprogramm für evtl. neue Partner nochmals ausführlich erläutern und die Vorteile aufzeigen und zweitens die vorhandenen Partner über Neuigkeiten aufklären.

Und da kommen wir auch gleich zum eigentlichen Thema: Welche Partner spricht man mit so einen Event überhaupt an und welche Partner sollte man einladen?

Natürlich sollten die bereits vorhandenen Top-Partner eingeladen werden, um sie zum einen persönlich kennen zu lernen, was wiederum die Partner-Bindung stärkt und zum anderen, um diese über Neuigkeiten zu informieren. Dann sollte man auch noch die „Goldfische" der inaktiven Partner einladen (siehe Kapitel Partner-Aktivierung). Vielleicht führt dieser Event ja dazu, dass diese inaktiven Partner anschließend aktiv werden und das Partnerprogramm bewerben. Und dann gibt es noch die Top-Partner aus dem Affiliate-Netzwerk, die sich bisher noch nicht für das Partnerprogramm interessiert haben, aber das kann sich ja nach dem Event auch ändern.

Doch warum sollten die Partner zu diesem Event kommen, man könnte ihnen doch die Infos auch per E-Mail zukommen lassen.

Dieser Punkt ist natürlich die große organisatorische Herausforderung eines Events. Es sollte ein einmaliges Erlebnis für die Partner werden. Ein Event, den man nicht alle Tage besucht und den man sich auch nicht so einfach mit Geld kaufen kann. Also z.B. ein Fußballspiel im VIP-Bereich mit einem kulinarischen Buffet oder der Besuch eines Formel-1-Rennens mit Besuch der Boxengasse oder ein 8-gängiges Menü in einem 5-Sterne-Gourmet-Restaurant. Den Partnern sollte einfach das Gefühl vermittelt werden, etwas Besonderes zu sein und das sind sie ja auch.

Bringt denn dieser ganz Aufwand auch etwas?

Solche Prognosen kann man im Voraus natürlich nicht immer abgeben, aber es gibt bereits Erfahrungswerte von vergangenen Events. Angeblich soll Arcor durch eine Zanox-Academy im Berliner Olympiastadion (mit VIP-Besuch des Bundesligaspiels Hertha BSC Berlin gegen Borussia Dortmund) vor einigen Jahren seinen Umsatz um 30 Prozent gesteigert haben.

Wenn man bedenkt, dass zu diesem Partner-Event ja die großen Top-Partner eingeladen werden, die ja meistens für den Löwenteil des Umsatzes sorgen und wenn man zudem noch ein paar neue Partner hinzugewinnt, kann man sich einfach ausrechnen, dass sich so ein Event auszahlt und der Umsatz dadurch auch gesteigert werden kann.

Zudem sollte es für jedes Unternehmen auch wichtig sein, die "Vertriebspartner", die ja immerhin eine Marke im Internet repräsentieren und bewerben, auch einmal persönlich kennenzulernen, um ihnen das Unternehmen auch einmal im Detail vorzustellen. Denn nur so kann eine langfristige gemeinsame Zusammenarbeit vertrauensvoll aufgebaut werden.

FRAUD-PROTECTION

Sie haben nun in den letzten Kapiteln alle Facetten des Partner-Managments kennengelernt. Doch ein Bereich fehlt noch, der leider nicht immer sehr erfreulich ist. Denn wo man im Internet Geld verdienen kann, dort tummeln sich, wie in allen anderen Branchen leider auch, gewisse Betrüger.

Es gibt viele Arten von Betrug im Affiliate Marketing, aber auch genauso viele Möglichkeiten, sich vor Betrügern zu schützen. Allerdings bedarf es hierzu der nötigen Erfahrung und auch dem Wissen, wie die Betrüger genau vorgehen. In diesem Kapitel möchte ich einen Überblick bieten, mit welchen Maßnahmen immer wieder versucht wird, unrechtsmäßig an Provisionen zu kommen und mit welchen Methoden man dagegen vorgehen kann.

1. Cookie Dropping

Das Cookie Dropping ist so alt wie das Affiliate Marketing selbst. Dabei wird versucht Klicks zu simulieren, welche dann im Browser des Nutzers ein oder mehrere Cookies zu bestimmten Partnerprogrammen setzt, ohne dass ein Nutzer aktiv auf ein Werbemittel geklickt hat. Sollte der Nutzer nun einen Sale/Lead generieren, erhält der Publisher dafür eine

Provision, obwohl gar keine Werbeleistung entstanden ist. Die technischen Methoden beim Cookie Dropping reichen mittlerweile vom automatischen Ausliefern der Advertiserseite über iFrames, über Flashtracking hinzu Zwangsklicks oder automatischen Weiterleitungen nach dem Logout, bis hin zum kriminellen Website-Hacking und der Ausnutzung von Browserschwachstellen. Auch URL Shorter wurden schon verwendet, um im Hintergrund Cookies zu droppen. Der Ideenvielfalt sind hier keine Grenzen gesetzt. Erschwert wird die Analyse von Cookie Dropping, zudem durch die Verschleierung des Traffics durch IP Blocker, Referrer Abfragen, Mouse Actions, Browsererkennung und Fingerprinting.

Schützen kann man sich vor Cookie Dropping vor allem durch eine Cookieweiche, die man auf jeden Fall immer einsetzen sollte, v.a. auch um das Setzen von Cookies über mehrere Netzwerke zu regeln. Aber auch die regelmäßige Account-Überwachung und das Überprüfen besonders umsatzstarker Affiliates, die eine schlechte Click-Trough-Rate bzw. schwache Conversion Rates haben als abnorm gegenüber den Statistiken normaler Affiliates. Ein erfahrener Affiliate-Manager erkennt in der Regel solche Unterschiede und kann somit schnell gegen die Betrüger vorgehen.

Generiert beispielsweise ein Affiliate 1000 Views und 1000 Klicks, oder hat eine ungewöhnlich hohe Click-Trough-Rate, dann sollte man sich diesen Partner einmal genauer anschauen. Auch wenn bestimmte Partner sehr schnell im Ranking der Top-Publisher steigen, sollte man die Werbearten des Partners genau kontrollieren.

Auch Affiliates aus dem Software- und Toolbarbereich verwenden in der Regel kein View-Tracking. Sollte daher bei diesen Partnern ein sehr schnelles Klick-Wachstum erkennbar sein, sollte man hier ebenfalls den Kontakt mit dem Partner suchen.

Zudem werden von professionellen Agenturen und Dienstleistern auch Tools eingesetzt, um über definierte Schwellenwerte genau solche Abnormen in den Statistiken zu erkennen und Betrugsfälle analysieren zu können.

Des Weiteren hat man auch die Möglichkeit, über die meisten Affiliate-Netzwerke einen IP- oder Referrer-Check durchzuführen, um zum einen zu kontrollieren, auf welcher Seite genau die Werbemittel eingebunden sind und zum anderen, um auch die Abstände der Klicks zu kontrollieren. Werden diese innerhalb weniger Sekunden gesetzt, besteht der Verdacht von Rechtsverletzungen.

Es gibt auch spezialisierte Tools, um Cookie-Dropping zu erkennen. Dabei werden von verschiedenen regionalen Standorten aus Suchergebnisse, Keyword Advertising, Media Kampagnen und Domains analysiert und Cookie-Dropper identifiziert.

Wichtig ist in diesem Zusammenhang, dass man die Methoden des Cookie Droppings nicht mit der Postview-Technologie verwechseln darf, die dazu genutzt wird, über eine Display-Bannerkampagne ein View-Cookie zu setzen. Hierzu gibt es mittlerweile ausgereifte Regeln und einen vom BVDW verabschiedeten Code-of-Conduct, der hierzu bestimmte Regeln definiert hat, welche die Werbeleistung garantieren soll.

2. Brand-Hijacking

Eine immer noch beliebte Methode bei SEA-Publishern ist die Markenrechtsverletzung über Brand-Hijacking. Dabei wird die SEA-Anzeige des Advertisers eins zu eins kopiert und der Affiliate-Link integriert. Obwohl der Advertiser oder dessen Agentur in der Regel auch selbst eine Werbeanzeige geschalten hat, wird diese durch die kopierte Anzeige des Partners überschrieben und somit werden Provisionen ergaunert, die der Advertiser sonst nicht bezahlen müsste.

Auf den ersten Blick werden die Ad-Hijacking-Anzeigen vom Advertiser selbst gar nicht erkannt und oftmals für das Original gehalten. Dass es sich allerdings um eine Fremdanzeige durch einen Affiliate handelt, kann erst durch die Kontrolle der Ziel-URL erkannt werden. Zudem werden die SEA-Buchungen oftmals auch außerhalb der regulären Bürozeiten vorgenommen und regional so ausgesteuert, dass an den Firmensitzen der Werbetreibenden oder deren Werbeagenturen durch manuelles Überprüfen Regelverstoße unerkannt bleiben.

Um solche Betrugsfälle zu erkennen, kann man spezielle Tools zur Brand Protection einsetzen. Diese nutzen Server in den reichweitenstärksten Regionen, um permanent die geschalteten Anzeigen für Marken lokal zu überwachen. Zudem werden Screenshots der Display-URL und der Tracking-URL erstellt, mit denen man die ausgelieferten Anzeigen archivieren und dokumentieren kann. Damit hat man dann die Möglichkeit, anhand der Publisher-ID den Partner herauszufiltern und juristisch zu belangen. Die bekanntesten Brand Protection Tools am deutschen Markt sind Xamine, Sistrix und AdPolice. Auch ein schneller Anstieg der Orders, ein unverhältnismäßiger Platz in der Sales Statistik oder eine sehr gute Conversion Rate kann ein Signal dafür sein, dass ein Publisher auf die Marke einbucht.

Laut des Software-Anbieters Xamine sind durch Brand-Hijacking 2011 über 13 Millionen Euro Schaden entstanden. Wichtig ist daher, dass der Advertiser immer eine Validierung der Sales/Leads durchführt, um Provisionen auch frühzeitig zu stornieren, die über betrügerische Brand-Hijacking-Maßnahmen generiert wurden. Dadurch lässt sich der Schaden auf jeden Fall reduzieren.

Wichtig ist auch, dass man bereits in den Teilnahmebedingungen des Partnerprogramms SEA-

Maßnahmen durch die Partner untersagt, damit es im Fall von rechtlichen Streitigkeit eine einheitliche Regelung gibt.

3. Vertipper-Domains

Immer wieder ein Streitthema sind sog. Tippfehler- oder Vertipper-Domains. Für mache Advertiser ist es eine zusätzliche Einnahmequelle, wenn der Affiliate Tippfehler-Domains verwendet, um darüber Kunden zum Advertiser zu leiten, der sonst vielleicht bei einem Wettbewerber eingekauft hätte. Doch gerade bei eindeutigen Verwechselungen kann dem Advertiser auch ein großer Provisionsschaden entstehen.

Gern genutzt dabei werden v.a. auch Tippfehler, um damit per URL die Direkteingabe abzufangen. So werden z.B. anstelle der URL www.beispielseite.com der klassische Tippfehler www-beispielseite.com eingesetzt. Auch Buchstabendreher wie "ei" bzw. "ie" sind sehr beliebt. Und auch bei Buchstaben gibt es viele kreative Möglichkeiten, neue Domains zu nutzen. Anstelle von "i" könnte man auch "I" nutzen oder auch das kleine L "l" ist mit dem großen "i" ("I") leicht zu verwechseln. Auch die Zahl 0 wird gern für den Buchstaben O eingesetzt. Die Fake-Domains werden dann häufig direkt auf die richtige Advertiser-Seite weitergeleitet, was für den Internetnutzer unbemerkt bleibt. Dabei werden dann ein oder mehrere Cookies gesetzt, was für den Advertiser zu einem Provisionsschaden führt, da der Kunde auch so eingekauft hätte.

Tippfehler-Affiliates melden solche Domains in der Regel auch nicht bei den Affiliate-Netzwerken an, sondern arbeiten mit Scheinunternehmen wie Domainvermarktung oder englischen Ltd-Firmen. Daher ist es technisch sehr schwierig, solche Betrugsfälle eindeutig zu erkennen.

Wie sollte man also vorgehen? Ein gut ausgebildeter Affiliate-Manager sollte sich eigentlich im Handel mit Domains auskennen, insbesondere mit dem Handel von Expired Domains. Zudem sollte der Account-Betreuer gerade von den Top-Affiliates wissen, wie diese ihren Traffic generieren und auf welchen Seiten die freigegebenen Werbemittel korrekt eingebunden sind. Auch die kontinuierliche Überwachung der Statistiken gehört zur Aufdeckung von Betrugsfällen dazu. Wenn zu den Klicks eines Partners keine Views generiert werden, dann kann das ein Indiz dafür sein, dass die Nutzer automatisiert weitergeleitet werden und Klicks nur simuliert werden.

Auch in den USA sind Typo-Domains, wie sie dort genannt werden, ein großes Problem. Der Anbieter CitizenHawk.com hat sich deswegen darauf spezialisiert, über Online Brand Monitoring solche Domains zu finden. Der Anbieter arbeitet in den USA auch mit den großen Affiliate-Netzwerken wie LinkShare, ShareASale und Commission Junction zusammen, um den Betrügern das Handwerk zu legen.

4. Software und Toolbars

In Deutschland ist es aktuell noch ein eher unbekanntes Problem, in den USA entstehen allerdings über räuberische Software und Toolbars mehrere Millionen Euro Schaden im Affiliate Marketing. Das Portal www.affiliatefairplay.com prangert daher öffentlich Toolbars und Adware an, die bereits auffällig wurden.

Folgende Methoden sind dabei die bekanntesten Betrugsarten über Adware und Software:

a) Browser Redirect Applications

Dabei übernehmen die installierten Apps die komplette Kontrolle über den Browser des Internetnutzers und führen serverseitig im Hintergund eine Weiterleitung zum Onlineshops des Advertisers vor. Da diese Anwendungen keine Popups oder Werbeinhalte beinhalten, kann der normale User die Weiterleitung nicht erkennen. Gerade bei 404-Fehlerseiten oder Redirect-Seiten ist diese Art von Betrug sehr beliebt. Sehr dreist sind auch Apps, welche den Type-In-Traffic oder die offizielle SEA-Anzeige dazu nutzen, um ein Affiliate-Cookie zu setzen und direkt auf die Advertiserseite weiterzuleiten.

b) Contextual Advertising Applications

Hierbei werden häufig Pop-Ups oder Browser-Redirects verwendet, um über contextual Adware direkten Einfluss auf das Surfverhalten des Nutzers zu nehmen. So werden dem User beispielsweise über den Browser Rabatte oder Gutscheincodes angezeigt, um ihn damit zu beeinflussen, bestimmte Websites aufzurufen. Zudem ist es möglich, dass bereits bestehende Affiliate-Cookies von seriösen Partnern über die Adware überschrieben werden und der Betrüger das letzte Cookie durch ein eigenes Cookie überschreibt. Dem Affiliate würde somit eine Provision gutgeschrieben werden, welches ihm gar nicht zusteht, da dieser keine Werbeleistung erbracht hat.

c) Rebate Applications

Bei Rebate Applications handelt es sich um Anwendungen, die z.B. Einfluss auf die Google-Suchergebnisse nehmen und im Zusammenhang mit der Advertiser-Website Rabattcodes anzeigen, um dadurch einen Klick zu generieren, der dem Advertiser sowohl den Rabattwert als auch die Provision kostet und somit zu einem Schaden führen kann.

d) Toolbars

Es gibt jede Menge hilfreicher Toolbars im Internet, es gibt aber auch in diesem Bereich Affiliates, die meinen, sie müssen ahnungslose User ausnutzen, um dadurch Provisionen zu ergaunern. So gibt es z.B. Toolbars, die automatisch Bookmarks im Browser des Nutzers setzen, um damit Einfluss auf das Surfverhalten zu nehmen. Andere wiederum verändern die Suchergebenisse von Suchmaschinen und platzieren dort künstliche Affiliate-Anzeigen. Ziel der Betrüger ist es auch hier, Klicks zu erzeugen auf Partnerprogramme, die der normale User selbst eigentlich gar nicht aufgerufen hätte.

Die Betrugserkennung über Software- und Toolbar-Publisher ist relativ umständlich. Um betrügerische Umsätze in diesem Bereich zu erkennen, bedarf es v.a. der Erfahrung des Affiliate-Managers und dem proaktiven Austausch mit den Affiliate-Netzwerken. Dazu kommt natürlich wieder die detaillierte Auswertung von Statistiken, die natürlich auch automatisiert über Tools erfolgen kann. Auch hier gilt, dass sich Regelverstöße für die Affiliates meist erst ab einer bestimmten Umsatzgröße lohnen. Kennt man den Publisher und fällt ein neuer Publisher auf den obersten Plätzen im Top-Publisher-Ranking auf, dann sollte man den Aktivitäten des neuen Partners nachgehen. Zudem empfiehlt sich auch hier ein regelmäßiger Referrer-Check, der dem Affiliate-Manager erlaubt, die Traffic-Herkunft zu verfolgen. Werden die Referrer nicht sauber übergeben, oder ist die Herkunft verschleiert, sollte das Gespräch mit dem Publisher gesucht werden.

Wichtig ist in diesem Zusammenhang natürlich auch der Hinweis, dass es auch seriöse Affiliates in diesem Bereich gibt, die mit werbefinanzierter Software sehr wohl auch einen Mehrwert bieten und auch zusätzliche Umsätze für das Affiliate Marketing erzielen können.

5. Betrug mit gefakten Kundendaten

Auch ein beliebtes Mittel bei den Betrügern ist die Generierung von Sales mit gefakten Kundendaten. Dabei wird entweder der Netzwerk-Trackingpixel automatisch aktiviert oder es werden reale Bestellungen, allerdings mit falschen Adressdaten erstellt.

Der Betrüger spekuliert darauf, dass im Partnerprogramm keine Validierung der Sales stattfindet, was heutzutage leider immer noch sehr häufig der Fall ist. Zudem sollten die Kundendaten immer auf Plausibilität überprüft und ein Datenabgleich durchgeführt werden.

In Deutschland gibt es bereits Software-Anbieter wie Datras oder Prodata, die eingegebene Namen und Adressen überprüfen, ob diese in Wirklichkeit existieren und nicht nur die Kundendaten aus dem Telefonbuch entnommen wurden. Speziell in den USA gibt es bereits Software-Anbieter, die sich rein auf den Abgleich von Kundendaten im Affiliate Marketing spezialisiert haben. Anbieter wie www.fraudlogix.com nutzen ihre Lösung, um betrügerische Bestellungen zu erkennen und damit einen Index zu erstellen, der es Advertisern ermöglichen soll, sich auf Basis von 150 Variablen schon vorab vor Betrug zu schützen.

Zusammenfassung:

Wichtig ist natürlich, dass nicht der Eindruck erweckt werden soll, Affiliate Marketing besteht nur aus Betrugsfällen, denn 99 Prozent der Affiliates arbeiten sauber und leiden selbst unter dem Image-Schaden, der von den Betrügern verursacht wird. Doch dass es wie in jeder anderen Branche auch schwarze Schafe gibt, dürfte jedem mittlerweile bekannt sein. Daher sollte man sich im Zweifelsfall am Besten immer an das Affiliate-Netzwerk wenden oder eine spezialisierte Affiliate-Agentur beauftragen, das Affiliate-Programm zu betreuen.

Affiliate Marketing sollte generell als seriöses Geschäftsfeld gesehen werde. Hierzu bedarf es dann natürlich auch im Unternehmen selbst der Erkenntnis, den Affiliate-Kanal im Marketing-Mix entsprechend einzustufen und ihm auch die nötige Aufmerksamkeit zu schenken. Daher sollte Affiliate Marketing auch professionell betreut werden. Wenn man selbst nicht die Ressourcen hat, einen erfahrenen Affiliate-Manager zur Verfügung zu stellen, dann sollte man sich an eine spezialisierte Affiliate-Agentur wenden, welche die Erfahrung hat, ein Affiliate-Programm auch entsprechend zu betreuen und zu optimieren.

Man darf auch nicht vergessen, dass Betrug im Affiliate Marketing kein Kavaliersdelikt ist, sondern auch rechtlich verfolgt werden sollte. Wenn ihnen also ein Betrüger im Affiliate Marketing auffällt, dann scheuen sie sich nicht, einen Anwalt hinzuziehen und die Möglichkeiten einer Schadensersatzforderung zu prüfen. Denn auch wenn sie die Sales validiert haben und die Umsätze stornieren konnten, ist ihnen doch ein Aufwand entstanden. Und nur wenn es die Branche schafft, auch Exempel zu statuieren, hat man die Möglichkeit, die Gauner auch langfristig aus dem Affiliate Marketing zu verbannen. Die "sauberen" Affiliates werden es ihnen danken.

Daher ist es wichtig, dass sie auch klare Teilnahmebedingungen für ihr Partnerprogramm definieren und diese auch jedem Affiliate klar kommunizieren. Denn nur wenn sie durch klare Regeln festgelegt haben, welche SEA-Tätigkeiten ein Affiliate umsetzen darf, oder mit welchen Publisher-Modellen sie arbeiten möchten, haben sie auch vor Gericht gute Möglichkeiten, dem Betrüger das Bein zu legen.

Neue Trends und Entwicklungen

PUBLISHER-MODELLE IM DETAIL

In diesem Kapitel werden Ihnen spezielle Publisher Modelle im Affiliate Marketing vorgestellt. Gutscheine und Coupons gehören dabei zu dem am schnellsten wachsenden Segment, gefolgt von Postview und Re-Targeting. Real-Time-Bidding und Social-Media sind die neuesten Trends im Marketing-Mix des Affiliate Marketing.

1) Gutscheine und Coupons

Gutscheine erleben derzeit einen großen Boom im Affiliate Marketing. Gutscheinportale und Couponingwebsites sind zu einem der beliebtesten Publisher-Modelle geworden. In einer Studie aus dem Jahr 2009 von MediaAnalyzer gaben 80 Prozent der Befragten an, dass Gutscheine ihre Kaufentscheidung beeinflussen. 87 Prozent der User gaben sogar an, dass sie bereits mindestens einmal einen Gutschein beim Kauf eingelöst haben, um damit Geld zu sparen.

Um die Wirksamkeit von Gutscheinen im Online-Marketing und v.a. im Affiliate-Marketing zu untermauern, haben bereits einige Unternehmen die Relevanz untersucht.

So hat eine Umfrage des amerikanischen Anbieters

RetailMeNot.com in Zusammenarbeit mit harris interactive im Oktober 2010 interessante Einblicke ermöglicht.

Demnach kannten nur 11 Prozent der Befragten keine Gutschein-Websites. 34 Prozent gaben an, nur noch mit Gutscheinen im Internet einzukaufen. Wenn es keinen Rabatt gibt, wird gewartet oder ein anderer Anbieter ausgewählt.

Eine weitere Umfrage von compete.com hat ebenfalls 2010 ergeben, dass Gutschein-Seiten mit 35 Prozent, nach Suchmaschinen mittlerweile die stärksten Traffic-Lieferanten sind. 57 Prozent der Kunden, die bei ihrem letzten Onlinekauf einen Gutschein verwendet hatten, gaben an, ohne Ermäßigung nicht mehr einzukaufen oder zu warten, bis es einen Gutschein gibt.

Ein weiterer Vorteil, den Compete in seiner Umfrage ermittelte, war die Tatsache, dass durch die Ersparnisse des Gutscheines die Kunden dadurch mehr Geld ausgeben. Hierzu wurde die durchschnittliche Warenkorbhöhe verglichen. Ohne Gutschein betrug diese 122 Dollar. Käufer, die einen Gutschein verwendeten, gaben hingegen durchschnittlich 210 Dollar aus, was verdeutlicht, dass mit einem Gutschein auch der Warenkorbwert erhöht werden kann.

Doch auch die Kundenzufriedenheit kann durch einen Online-Gutschein erhöht werden. So waren 92 Prozent der Kunden, die zuvor einen Gutschein eingelöst hatten, mit dem Einkauf beim Onlinehändler zufrieden. Ohne einen Gutschein betrug der Anteil an zufriedenen Kunden nur 88 Prozent.

Und auch die Kundenbindung kann laut der Kundenumfrage von Compete erhöht werden. 91 Prozent der Kunden, die einen Gutschein verwendet haben, werden auch wieder beim gleichen Anbieter einkaufen. Ohne einen Gutschein beträgt die Rückkehrerquote nur 86 Prozent.

Speziell in Deutschland wurde von KPMG + ECC Handel 2011 eine Consumer Markets-Studie durchgeführt. Hierzu wurden Kundenbefragungen über eine Online-Erhebung von 1009 Teilnehmern, sowie durch eine zusätzliche Referenzgruppe mit 523 Teilnehmern ermittelt.

Die Studie hat ergeben, dass 41,1 Prozent der Befragten Online-Coupons nutzen. Bei den Early Adopters waren es sogar 55,5 Prozent. 50,6 Prozent haben in den letzten 3 Monaten Online-Gutscheine 1 bis 2 Mal auch offline eingelöst. 3 bis 5 Mal wurde er von 17,8 Prozent der User offline verwendet. Spannend war hierzu v.a. die Erkenntnis, dass insgesamt 13,6 Prozent der User einen Anbieter ohne Gutschein gar nicht oder wahrscheinlich nicht mehr aufsuchen würden.

Das Affiliate-Netzwerk AffiliPRINT hat 2013 gemeinsam mit dem Marktforschungsunternehmen Innofact den GutscheinBarometer 2013 veröffentlicht. Demnach setzt derzeit jeder zweite Marketing-Manager regelmäßig Gutscheine ein. 85 Prozent der Deutschen halten Rabatt-Gutscheine per Post oder Paketbeilage für nützlich. Bei Gutschein-Webseiten, auf denen man Gutscheincodes suchen kann, halten 68 Prozent der Käufer Gutscheine als nützliches Marketing-Instrument. Lt. Carsten Schwecke, Geschäftsführer von AffiliPRINT, haben sich Gutscheine aber nicht nur als Impulsgeber für den Abverkauf etabliert, sondern unterstützen auch das Branding maßgeblich. Laut einer Umfrage erinnern sich nämlich 85 Prozent der Deutschen an Details von Gutscheinen und 60 Prozent heben sie sogar ganz bewusst auf. Bei digitalen Gutscheinen als Belohnung direkt nach einem Kauf liegt die Nutzungsakzeptanz bei 77 Prozent.

Und auch das Gutschein-Portal Savoo hat gemeinsam mit dem Marktforschungsunternehmen GfK untersucht, wo in Deutschland die Verbraucher beim Internet-Einkauf am häufigsten Sparangebote und Online-Rabattgutscheine nutzen.

So haben in Deutschland im Jahr 2012 rund 42,3 Millionen Menschen Waren oder Dienstleistungen für private Zwecke über das Internet gekauft oder bestellt. Dies entspricht einem Anteil von 74 Prozent der Internetnutzer ab 10 Jahren (Quelle: Statistisches Bundesamt, Destatis 5.12.2012). Die Verbraucher in Deutschland verhalten sich dabei sehr preisbewusst, das zeigt eine aktuelle Studie des Marktforschungsunternehmens GfK. Über 90 Prozent der Befragten gaben an, regelmäßig Preise im Internet zu vergleichen. Betrachtet man den Unterschied zwischen den Geschlechtern, scheint sich bei den Männern das alte Vorurteil von der Freude am direkten Vergleich zu bestätigen. Fast zwei Drittel der befragten Männer gaben an, regelmäßig Vergleichsportale zu besuchen.

Bevor jedoch eine Gutschein-Strategie in den Affiliate Marketing-Mix integriert wird, sollte zunächst das Ziel der Strategie definiert werden. Denn Gutscheine können sowohl als Verkaufsförderungsinstrument, zur Erhöhung der Bestellhäufigkeit, zur Kundenbindung, zur Umsatzsteigerung, aber auch zur Gewinnung von Neukunden eingesetzt werden. Außerdem sollten Advertiser Gutscheine möglichst effizient und zielgerichtet gestalten und am Kunden-Lebenszyklus ausrichten.

Laut einer Untersuchung des Gutscheinportals gutscheinpony.de lag die Zahl der täglichen Neuanmeldungen im Jahr 2010 bei 20 Gutscheinportalen. Gutscheinportale dienen vereinfacht beschrieben als Plattform, auf der Gutscheine und Rabattaktionen von Onlineshops beworben werden. Die Besucher der Gutscheinportale erhalten dabei Informationen über aktuelle Aktionen und können gezielt nach einem Gutscheincode suchen, den sie anschließend im entsprechenden Feld des Bestellformulars des Shops eintragen können.

Die Gutscheine werden dabei als Werbemittel des Advertisers eingesetzt. Klickt ein User auf einen der Gutscheine und tätigt eine Transaktion, erhält der Gutschein-Publisher eine Provision. Der Reiz, Gutscheine zu bewerben, liegt folglich vor allem an der hohen Conversionrate, die sich durch die Rabattaktionen ergeben.

Die kommenden Trends beim Umgang mit Gutscheinen liegen darin, Gutscheinportalen Exklusivgutscheine zur Verfügung zu stellen. Damit wird versucht, die Verbreitung der Gutscheine stärker zu kontrollieren. Hierzu werden auch vermehrt CSV-Listen zum Einsatz kommen, in denen die Gutscheincodes hinterlegt sind. Auch beim Umgang mit Gutscheinen zeichnen sich Änderungen ab. So werden zukünftig mehr Gutscheine mit Spielmechanismen verknüpft. Diese steigern die Aufmerksamkeit des potentiellen Käufers, der durch die Erfüllung einer Aufgabe das Gefühl vermittelt bekommt, sich den Gutschein verdient zu haben. Durch die Vernetzung der User lässt sich außerdem die Reichweite von Gutscheinaktionen erhöhen, in dem die User die Gutscheine ihren Freunden weiterempfehlen.

Allerdings gibt es auch Advertiser, die in den letzten Monaten Gutscheine komplett eingestellt haben, da die Vermutung nahe liegt, dass es auch zu Mitnahmeeffekten kommt und auch Gutscheine beworben werden, die eigentlich für den Offline-Kanal gedacht sind. Gutscheine werden daher zukünftig noch strenger reglementiert werden. Professionelle Affiliate Marketing-Agenturen, sowie 3rd-Party-Toolanbieter haben hier bereits eine technische Schnittstelle entwickelt, mit denen im Kaufprozess nur Gutschein-Affiliates vergütet werden können, die ausschlaggebend für die Neukundenakquise waren. Für Kunden, die erst im Warenkorb des Onlineshops einen Gutscheincode abgreifen, erhalten die Publisher keine Provision. Lösungen wie diese werden auch zukünftig eine optimale Strategie bieten, um weiterhin mit Gutschein-Affiliates zusammenzuarbeiten und durch seriöse Partner Neukunden und eine große Reichweite über diesen Kanal zu generieren.

Eine weitere Möglichkeit für den Advertiser, um Gutschein-Affiliates zu regulieren, besteht darin, eine sog. Closed-Group an Gutschein-Partnern anzulegen.

Hierzu sollte man als Partnerprogrammbetreiber eigene Richtlinien definieren und diese für eine definierte Anzahl an ausgewählten Gutschein-Partnern vertraglich fixieren.

Der Vorteil für den Advertiser ergibt sich dadurch, dass er den Gutschein-Markt besser strukturiert und dieser überschaubar bleibt, da nur die vertraglich definierten Partner exklusive Gutscheine verwenden dürfen.

Hierzu sollte man deswegen den Partnern auch spezielle Aktionen kommunizieren, die ausschließlich der Closed Group zugänglich sind und von dieser beworben werden dürfen. Das könnten z.B. sein:

- Gutscheine für bestimmte Kategorien
- Gutscheine für bestimmte Zeiträume
- Gutscheine für spezielle Produkte
- Sondergutscheine
- Höhere Provisionen
- Zeitliche Bevorzug bei der Kommunikation von Aktionen

Dabei sollte jeder zur Bewerbung bereitgestellte Gutschein mit folgenden Informationen an die Partner der Closed Group kommuniziert werden:

- Gutscheinwert
- Mindestkaufbetrag
- Gültigkeit
- Gutscheincode
- Individuelle Gutscheinrichtlinien

Des Weiteren besteht auch die Möglichkeit für die Closed

Group, allgemeine Gutscheinrichtlinien zu definieren, wie beispielsweise:

- Wird der Mindestkaufbetrag aufgrund des Widerrufrechts unterschritten, kann der Gutschein nicht mehr gewährt werden.
- Der Gutschein wird nicht bar ausbezahlt oder erstattet.
- Pro Person und Bestellung kann nur ein Gutschein eingelöst werden.
- Der Gutschein ist nicht mit weiteren Rabattsystemen kombinierbar.

Auch hat man die Möglichkeit, erweiterte Gutscheinrichtlinien zu benennen. Hierzu können sich Advertiser z.B. an den definierten Richtlinien des BVDW Code-of-Conduct orientieren und diese in die eigenen Gutscheinrichtlinien mit aufnehmen und diese sogar bei Bedarf noch nach eigenen Vorstellungen erweitern wie z.B. durch Marken-Exklusivität auf der Landingpage, SEM-Brandbidding-Richtlinien usw.

2) Postview-Tracking zur Reichweiten-Steigerung auf renommierten Portalen

Das Postview-Tracking ist eine eigenständige Trackingtechnologie im Affiliate Marketing. Im Vergleich zum klassischen Affiliate Marketing liegt der Unterschied darin, dass ein Cookie bereits beim bloßen Sichtkontakt des Users mit dem Werbemittel gesetzt wird.

Spezielle Postview-Partner haben die Möglichkeit, über Display-Vermarkter Inventar auf großen reichweitenstarken Portalen wie bild.de, spiegel.de oder web.de einzusetzen. Auf solche Websites kommt man regulär über klassische Affiliate-Partner nicht.

Die Vergütung der Transaktionen erfolgt dabei in der Regel über Pay-per-Sale, allerdings auf Basis von

Bannersichtkontakten. Die Idee dahinter ist, dass für die Advertiser bereits durch den Sichtkontakt der User ein Werbeimpuls erfolgt und somit auch die Markenbeliebtheit und –bekanntheit gesteigert werden kann.

Ursprünglich hat sich das Postview-Tracking an der TV-Werbung orientiert. Denn man geht auch hier davon aus, dass ein bloßer Sichtkontakt ausreicht, um Werbeeffekte zu erzielen.

Dennoch gibt es verschiedene Kriterien, auf die man bei der Postview-Technologie achten muss.

Zunächst muss vor allem darauf geachtet werden, dass für den effektiven Einsatz von Postview einige technische Voraussetzungen gegeben sind. Wichtig ist vor allem das Vorhandensein einer Cookieweiche beim Advertiser, um Klicks und Postviews unterscheiden zu können.

Diese Unterscheidung der Cookies ist eine wichtige Voraussetzung, denn im Affiliate Marketing-Mix wird ein Klick-Cookie höher bewertet als ein View-Cookie. Man geht hier davon aus, dass eine geklickte Werbeaktion mehr Aufmerksamkeit generiert, als der reine Sichtkontakt einer Postview-Werbeeinblendung.

Unterscheiden sollte man auch bei der Cookie-Lifetime. Ein Postview-Cookie hat in der Regel eine View-Cookie-Lifetime von ein bis sieben Tagen. Anschließend geht man davon aus, dass generierte Transaktionen nicht mehr auf den Werbeeffekt zurückzuführen sind. Anders ist das bei Klick-Cookies. Bei einem aktiven Klick auf Werbemittel können Transaktionen auch 30-60 Tage nach der Aktion noch dem Affiliate zugewiesen werden.

Ein weiterer wichtiger Punkt ist auch die Zuordnung der Transaktionen auf die Postview-Kampagne. Um dem Vorurteil einer Umsatzverteilung entgegenzuwirken, sollte man zu Beginn einer Postview-Strategie mit einer zeitlich definierten Testphase beginnen. Dabei sollten über ein kanalübergreifendes Tracking alle Online-Marketing-Kanäle gemessen und in der Testphase analysiert werden.

3) Re-Targeting zur gezielten Wideransprache von Rezipienten

Re-Targeting ist eine Targeting-Technologie, die es Advertisern ermöglicht, Kunden, die bereits ein Kaufinteresse in irgendeiner Weise gezeigt haben, anzusprechen. Denn mehr als 89 Prozent aller Besucher verlassen eine Website wieder, ohne etwas zu kaufen. Mit Re-Targeting besteht die Möglichkeit der gezielten und differenzierten Wiederansprache von Rezipienten, die bereits Besucher der Website des Werbetreibenden waren.

Technisch basiert das Re-Targeting im Affiliate Marketing auf Cookies eines Adservers. Hierzu muss der Advertiser seinen Onlineshop mit einem Re-Targeting-Pixel ausstatten. Die Affiliate-Netzwerke bieten hierzu mittlerweile auch eine Container-Lösung an, welche es dem Advertiser ermöglichen, über einen Pixel auch mehrere Re-Targeting-Publisher zu integrieren.

Besucht anschließend ein Internetnutzer den Shop des Advertisers, wird dabei der Pixel abgerufen. Anschließend setzt der Pixel dann einen Cookie auf dem Computer des Nutzers und speichert darin die Nutzerinteressen. Surft der Käufer anschließend auf einer anderen Website, kann der Advertiser mittels des Adservers speziell auf den Nutzer zugeschnittene Werbemittel ausliefern.

Re-Targeting ist dabei vor allem bei Kaufabbrüchen effektiv, um anschließend die Werberelevanz, die Klickraten und auch die Conversion-Rates zu steigern.

Der Vorteil, Re-Targeting über den Kanal Affiliate Marketing abzudecken, liegt darin, dass die Vergütung der Publisher über CPO möglich ist - wobei in der direkten Einbindung von Re-Targeting-Kampagnen bisher das klassische CPC-Modell bekannt war. Somit liegt das Erfolgsrisiko der Re-Targeting-Maßnahme nicht mehr beim Advertiser, sondern beim Publisher selbst, was zu einer Kosteneinsparung beim Advertiser führen kann. Zudem besteht durch die von den Netzwerken zur Verfügung gestellten Container-Pixeln eine einfache technische Anbindung unterschiedlicher Re-Targeting-Partner.

Das Re-Targeting wird in unterschiedliche Optionen unterteilt. Beim Push-Re-Targeting erhält der User einen zeitlich beschränkten Coupon-Code angezeigt. Dies ist vor allem für User geeignet, die den Warenkorb bereits angelegt haben, um darüber den Kauf zu forcieren. Beim Product-Re-Targeting werden dem User gesehene oder verwandte Produkte angezeigt. Dies eignet sich für User, die mehrere konkrete Produkte gesucht haben. Beim After-Sales-Re-Targeting bekommt der User einen hohen Rabatt beim erneuten Kauf oder es werden Komplementärprodukte angezeigt. User, die bereits ein Produkt gekauft haben, sollen damit animiert werden, noch einmal Käufe zu tätigen.

4) Realtime-Bidding als neuestes Publisher-Modell

Nach Postview und Re-Targeting gehört Realtime-Bidding zu den neuesten und am schnellsten wachsenden Display-Disziplinen. Unter Realtime-Bidding versteht man den „Echtzeithandel“ im Display-Marketing. Aktuell werden bereits 30 Prozent der Display-Werbeflächen über das RTB-Verfahren eingekauft. Laut IDC wird von 2012 bis 2015 ein Wachstum von 149 auf 495 Mio. Euro der mit Realtime-Bidding in Deutschland erwirtschafteten Erlöse erwartet.

Die Display-Vermarkter und Publisher wollen zukünftig ihr

Non-Premium-Inventar nicht mehr pauschal über TKP vermarkten, sondern über neue Bidding-Plattformen in Realtime versteigern. Die Einkäufer (Agenturen, Kunden, Postview-Affiliates) haben dabei die Möglichkeit, bestimmte Gebote für einen Display-Werbeplatz abzugeben.

Anhand von Targeting-Maßnahmen können bestehende Technologien erkennen, wann ein bestimmter Kunde eine Website besucht. Advertiser können dann in Realtime dem Kunden ein zielspezifisches Banner anbieten. Die Buchung des Werbebanners funktioniert über Bidding-Technologien innerhalb weniger Sekunden. Die Höhe der Werbepreise richtet sich dementsprechend nach Angebot und Nachfrage. Zudem richtet sich die Höhe des Preises nach dem User-Profil und dessen Interessen.

Realtime-Bidding bietet dabei viele Vorteile. Anhand von Cookies können Kunden analysiert werden, die beispielsweise an dem Kauf eines bestimmten Produktes interessiert sind. Über Re-Targeting wird der User dann beim späteren Besuch auf einer anderen Website wieder erkannt. Innerhalb von 10-20 Millisekunden findet dann eine Auktion zwischen mehreren Werbetreibenden um diesen Werbeplatz und den Nutzer statt.

Der Gewinner hat dann die Möglichkeit, dem User eine noch zielgenauere Werbung anzubieten und die Conversion zu steigern. Erste Erkenntnisse zeigen, dass mit dem gleichen Budget ca. 30-40 Prozent mehr Leistung erreicht werden kann.

SOCIAL MEDIA AFFILIATES

Auf Searchengineland wurde vor Kurzem eine Statistik von Hitwise veröffentlich. Demnach war Facebook 2012 bereits im dritten Jahr in Folge die am häufigsten aufgerufene Website in den USA.

Ich habe ja bereits im Kapitel „News und Trend von der Affiliate Summit" darüber geschrieben, dass die US-Affiliates auf der Konferenz in New York sehr oft darüber gesprochen haben, dass Google im Affiliate Marketing nicht mehr das Non-plus-Ultra als Trafficlieferant ist.

Aktuell gibt es weltweit über 1 Mrd. aktive Facebook-User. Alleine in Deutschland gibt es über 26 Mio. aktive Nutzer.

Durchschnittlich hat jeder User laut Facebook 130 Freunde und verbringt täglich 55 Minuten darin.

Nun muss man den Usern eigentlich nur noch die Möglichkeit bieten, durch die Empfehlung von Produkten oder Dienstleistungen über Facebook einfach Geld zu verdienen.

Desto einfacher dieser Prozess für die User wird, desto mehr werden diese auch auf den Geschmack kommen, v.a. wenn die ersten Euro damit verdient sind.

In den USA gibt es hierzu bereits einige interessante Apps, die sich speziell auch für das Empfehlungsmarketing eignen, wie z.B.

1. **Blippy**

   Datenschutzrechtlich wäre das Tool in Deutschland sehr bedenklich. In den USA ist es ein beliebtes Werbemittel, um in Streams Facebook- und Twitter-Aktivitäten anzuzeigen. Zudem können Freunde im Internet sehen, was der User per Kreditkarte bezahlt. Das soll den Freunden Spass machen und ebenfalls zum Kauf anregen.

2. **Thingbuzz**

   Das Werbemittel zeigt z.B. an, wie viel Tweets und Empfehlungen es für ein bestimmtes Produkt gibt und kann somit den Anreiz dafür steigern.

3. **Mashup Datafeeds**

   Affiliates können sich z.B. mit Mashup Datafeeds Google Maps-Widgets erstellen und somit z.B. auf einer Website zum Thema Stadt Berlin eine Google Map mit Hotels in Berlin anzeigen, die dann wiederum mit Trackinglinks hinterlegt werden.

4. **Skimlinks**

   Keywords im Content können mit Produkten über Geo-Targeting verlinkt werden.

5. Imagemaps

Produkte in Bildern können direkt verlinkt werden. Eine gute Möglichkeit, um z.B. die neue Sonnenbrille von Paris Hilton in einem Bild zu verlinken und direkt zu verkaufen.

Aber auch die deutschen Affiliate-Netzwerke bieten in ihren App-Stores interessante Apps wie z.B.

- **Recommander**
  Empfehlung von Produkten, Gutscheinen und Shopping News über Facebook.

- **GetAdmedia**
  Integration von Werbemitteln in Facebook oder Twitter.

- **Andora**
  Mit dem App können Produkte im Laden gescannt und dann via Twitter an Freunde empfohlen werden.

Aber auch Tradedoubler hat mit TD Social bereits im Juli 2010 ein Tool für Affiliates gelauncht. Diese haben damit die Möglichkeit, direkt aus ihrem Account heraus Produkte auf Twitter und Facebook zu empfehlen.

Oder auch Amazon, die ihren Affiliates auch schon seit einiger Zeit die Möglichkeit anbieten, Produkte über Twitter und Facebook zu bewerben.

Wenn man bedenkt, dass fast 50 Prozent aller Kunden, die im Internet einkaufen, großen Wert auf Empfehlungen und Bewertungen von Freunden und Bekannten legen, dann sieht man schon, wie viel Potential sich hier noch bietet.

40 Prozent der User würden sogar über eine Shopping-Applikation direkt in einem Social Network einkaufen, wenn sie die Möglichkeit dazu hätten.

Auch die Bereitschaft der User selbst über ein gekauftes Produkt zu urteilen, ist lt. einer Studie von netz98 sehr hoch. 45 Prozent der Nutzer bewerten Dienstleistungen und Produkte aktuell sogar schon. Wenn man diesen Nutzern nun noch eine Provision für vermittelte Verkäufe anbieten würde, wäre das sicherlich ein Anreiz, noch aktiver zu werden.

Man darf sicherlich gespannt sein, wie sich dieses Thema zukünftig weiter entwickelt.

MOBILE AFFILIATE MARKETING

Die durch das OVK für das Affiliate Marketing prognostizierten Werbeausgaben für 2013 liegen bei 440 Mio. Euro, was einem Wachstum von 7 Prozent entspricht. Die Wachstumstreiber sind dabei laut Experten-Meinungen auf der letzten Affiliate TactixX 2013 in München, neben dem neuen Display-Modell Real-Time-Advertising und der zunehmenden optimierten Daten-Erhebung, v.a. auch die zunehmende Nutzung von mobilen Endgeräten und damit verbunden auch der immer schneller wachsende Mobile-Traffic im Affiliate Marketing.

Ein Grund dafür ist, dass sich das Einkaufsverhalten der Verbraucher derzeit massiv wandelt und die immer neueren und nutzerfreundlichen Smartphones und Tablets, das Angebot an Apps und mobilen Shoppingseiten immer weiter steigt.

3,5 Prozent Umsatzanteil durch Mobile Traffic

Zu dieser Erkenntnis kam auch das Affiliate-Netzwerk Zanox, welches vor Kurzem seinen neuen Mobile Performance Barometer veröffentlicht hat. Demnach beläuft sich der Affiliate-Umsatz über mobile Endgeräte in Deutschland mittlerweile auf 3,5 Prozent am gesamten E-Commerce-Umsatz. Dies entspricht einem Umsatzwachstum von 135 Prozent.

Dabei liegen europaweit die größten Wachstumstreiber im Jahresvergleich von 2011 zu 2012 bei Produkten und Services aus dem Finanzdienstleistungssektor mit einem Wachstum von 155 Prozent, gefolgt von Retail & Shopping mit 153 Prozent, dem Telekommunikations- und Dienstleistungsbereich mit 121 Prozent und abschließend dem Reisebereich mit 96 Prozent Wachstum.

Einfluss auf das Kaufverhalten

Doch die zunehmende mobile Nutzung, sowie die wachsende Preissensibilität der Verbraucher haben auch Einfluss auf das Kaufverhalten.

Zu diesem Ergebnis gelangt das Affiliate-Netzwerk Tradedoubler in einer neuen Studie.

So sind mittlerweile für 92 Prozent der Konsumenten Affiliate-Seiten aus den Segmenten Preisvergleiche, Loyalitäts- und Bonusprogramme oder Coupon-, Gutschein, sowie Cashback-Seiten und -Apps die erste Anlaufstelle bei der kaufvorbereitenden Suche.

Die Zeiten, in denen Affiliate Marketing mit CPA-Abrechnungsmodellen eher beim letzten Klick angesiedelt war, sind vorbei. Unternehmen ohne Performance Marketing-Präsenz riskieren in der frühen Phase des Kaufprozesses vom Radar des Konsumenten zu verschwinden.

Nutzung von mobilen Gutscheinen und Rabatten

Ein weiterer wichtiger Faktor, den die Tradedoubler-Studie ergeben hat, ist die Tatsache, dass mittlerweile mehr als die

Hälfte der mobilen Verbraucher nach Gutscheinen und Rabatten für Produkte sucht, die sie direkt im Geschäft gesehen haben. 44 Prozent der User nutzen Gutscheine, die sie auf ihr mobiles Gerät geschickt bekommen.

Zu einer ähnlichen Erkenntnis kommt auch eine aktuelle Studie, die BIA/Kelsey in den USA veröffentlicht hat. Demnach werden die Ausgaben für Local Ads auf mobilen Geräten, die Werbeausgaben von standardisierten, nicht lokalisierten Werbemaßnahmen, bis zum Jahr 2017 übertreffen.

Der Trend geht somit also in Richtung Local Couponing. Um diesen Bereich zu monetarisieren, haben auch schon die ersten Affiliates, wie z.B. cupoco oder Vouchercloud, mobile Couponing-Lösungen auf den Markt gebracht, die es auch dem stationären Handel ermöglichen sollen, Umsätze über Mobile Affiliate Marketing zu generieren.

So haben die Verbraucher damit die Möglichkeit, Gutscheine ausgedruckt oder über das Smartphone zu verwenden. Werbetreibende können die Gutscheine dann einscannen oder manuell durch einen Code-Abgleich verifizieren und einlösen. Zudem besteht die Möglichkeit, über den rein mobilen Weg die Einlösung durchzuführen.

Neue Vergütungslösungen

Neben der steigenden Anzahl von Publisher-Lösungen im mobilen Markt, müssen natürlich auch die Advertiser Lösungen anbieten, um die steigende Nachfrage entsprechend zu vergüten. Hierzu bieten mittlerweile fast alle Affiliate-Netzwerke den Advertisern neue Vergütungsmodelle an. Belboon beispielsweise stellt hierzu ein Mobile-Download-Tracking zur Verfügung. Das Abrechnungsmodell dabei ist "Cost per Install" (CPI), bei dem der Advertiser pro vollständiger Installation der App auf einem mobilen Endgerät eine vorher definierte Provision bezahlt.

Ein weiteres Provisionsmodell ist "Cost per Download" (CPD). Hierbei wird die erste erfolgreiche Öffnung und damit das Benutzen einer App getrackt.

Auch Zanox stellt mittlerweile den Advertisern sein Software Development Kit (SDK) für iOS und Android zur Verfügung. Mit dem SDK haben Werbetreibende die Möglichkeit, ihre Apps auf Performance-Basis zu vermarkten. Neben "Cost-per-Install" besteht zudem die Möglichkeit, In-App-Aktionen, mit denen Advertiser die Benutzerbindung innerhalb der App fördern und messen können, zu vergüten.

Aber auch die anderen Affiliate-Netzwerke wie u.a. Tradedoubler oder auch affilinet bieten hierzu Performance-Modelle an wie z.B. auch Click-to-Call-Kampagnen als DirectResponse-Option oder CPL-Kampagnen für Lead-Prozesse wie Gewinnspiele, Spiele oder Downloads.

Fazit und Lösungen

Wie die Vielzahl der Studien belegen, wächst der Traffic über mobile Endgeräte immer schneller an. Auch der Einfluss auf das Kaufverhalten der User steigt durch die weitere Verbreitung immer modernerer Endgeräte und mobiles Affiliate Marketing dient immer mehr auch zur kaufvorbereitenden Suche.

Die Affiliate-Netzwerke haben mittlerweile mit neuen Trackinglösungen die Grundlage geschaffen und neben bereits bestehenden Lösungen aus den Couponing-Bereichen entstehen derzeit immer mehr innovative Affiliate-Modelle als Trafficlieferanten.

Daher gilt es für die Advertiser, neben entsprechenden Vergütungsmodellen auch mobile Landingpages zu erstellen, um den steigenden Traffic auch conversionstark auffangen zu können und den Affiliates dadurch mehr Motivation zu neuen Erlösmodellen zu bieten.

Aber auch die Integration der Mobile Tracking-Links auf den Zielseiten der Advertiser sind nötig, um die Affiliates entsprechend zu vergüten.

Zusätzlich sollten mobile optimierte Werbemittel in den relevanten Formaten zur Verfügung gestellt werden, damit das Angebot auch über mobile Endgeräte optimal beworben werden kann. Hierzu zählen u.a. Mobile-Ads-Banner im 6:1 Format, Mobile-Text-Links und CSV-Produktdaten mit Produktlinks in mobilen Shops.

COSTUMER JOURNEY TRACKING IM AFFILIATE MARKETING

Schon seit mehreren Jahren wird das Thema Customer Journey-Betrachtung im Affiliate Marketing diskutiert. Immer mehr Advertiser haben in den letzten Jahren damit begonnen, über Technologieanbieter wie intelliAd, refined Labs, AdClear, ActionAllocator oder Falk Multichannel die Customer Journey und die dadurch verbundenen Kontaktpunkte bis zum Kauf zu messen und auszuwerten.

Laut einer aktuellen Online-Umfrage des Münchner Technologieunternehmens intelliAd haben die Mehrheit der Marketingverantwortlichen in Deutschland Zweifel daran, ob ihr derzeit noch angewendetes Attributionsmodell nach dem Last-Cookie-Wins-Prinzip noch zeitgerecht ist.

Drei von vier der Befragten Unternehmen gaben zudem an, dass sie sich bei der Steuerung ihrer Marketingmaßnahmen bereits mit dem Thema Attributionsmodellierung beschäftigt haben.

46 Prozent der Befragten planen zudem, in Zukunft ein anderes Modell zu wählen.

Seit Kurzem haben nun DocMorris und Otto.de auch angefangen, die Erkenntnisse der Customer Journey-Betrachtung in das Provisionsmodell zu integrieren.

Grund genug, sich intensiv mit der Thematik auseinanderzusetzen und verschiedene Aspekte zu durchleuchten.

CUSTOMER JOURNEY IM DETAIL (GASTBEITRAG VON FALK MUTICHANNEL GMBH)

Eine Customer Journey beschreibt alle Kontakte eines Users vom ersten View oder Click einer Online Marketing Kampagne bis zum Kauf oder Registrierung.

Eine beispielhafte Customer Journey sieht wie folgt aus:

Time	Type	Channel	Publisher
19.06.13 07:23	Sale	Affiliate	Affilinet
19.06.13 07:18	SEO	Direct Type-in	Direct Type-in
19.06.13 07:17	Click	Affiliate	Affilinet
07.06.13 17:54	Postview	Display	Re-Targeting
13.05.13 08:16	SEO	SEO	Google DE
13.05.13 08:16	Click	SEA	Google Brand

Diese Customer Journey hatte eine Laufzeit von 36 Tagen und 6 Kontakten, wobei es bei Laufzeiten und auch Kontakten keine Grenzen geben muss. Ein Postclick-Cookie im Affiliate-Marketing beträgt in der Regel zwischen 30 und 60 Tagen. Hat der User innerhalb von 30 Tagen erneut auf ein Werbemittel der Kampagne geklickt, verlängert sich die Laufzeit des Cookies erneut um 30 Tage. So sind Customer Journeys über viele Tage und Wochen generierbar.

Um ein Tracking der Customer Journey auch im Affiliate-Marketing aufzusetzen, bedarf es einiger Vorbereitung. Damit eine Wirksamkeitsanalyse möglich ist, sollten alle Online Marketing Kanäle in die Betrachtung aufgenommen und verpixelt werden. Beim so genannten „verpixeln" sprechen wir vom Einbau einer View- und Click-Messung. Diese werden in der Regel durch eine Voranstellung einer weiteren URL im Image-Link und einem zusätzlichen Parameter (URL-Tracking) oder Redirect-URL in der Ziel-URL realisiert. Dieses ist in der Regel unabhängig vom zu messenden Kanal.

Sind alle Kanäle, wie auch Email und SEM „verpixelt", werden noch die Seiten-Container (Javascript) eingebaut. Diese sind notwendig, um auch SEO zu messen und URL-Tracking zu ermöglichen. Gleichzeitig können diese Container auch zum Tag-Management genutzt werden und so abhängig von Umgebungsparametern noch Re-Targeting-Pixel, Web-Analyse-Scripte und weitere Image-Pixel und Javascript auf der Seite einzuspielen. Dieses hat noch einen unschätzbaren Vorteil, dass die Ecommerce-Seiten einen Geschwindigkeitsschub in der Ladezeit bekommen, da die ganzen Pixel und Javascripts nicht mehr von der Webseite, sondern asynchron vom Tag-Management Container ausgespielt werden.

Zu guter Letzt wird noch ein spezieller Container auf der Bestellbestätigungsseite eingebaut, der sich von den allgemeinen Tags auf der Seite unterscheidet. Dieser Container tracked den Lead/Sale (wir sprechen hier von Conversion), berechnet live in Millisekunden die Customer Journey und spielt dann die gewinnenden Pixel aus.

Daten, die wir in der Customer Journey tracken und messen

können wie Publisher ID aus dem Netzwerk, Creative, Geo-Location, Referrer, Keyword, sowie jeden Zeitpunkt eines Views, eines Postviews und jedes Clicks. Dazu weitere Werte wie Kundentyp (Interessent, Neukunde und Bestandskunde). Natürlich wissen wir, welches Produkt der User gekauft hat, wie hoch der Warenkorb war und es können weitere Parameter dem System übergeben werden. So kann der Benutzer damit analysieren, welche Produkte aus welchem Kanal, sogar welcher Affiliate Publisher, besonders gut abverkauft wurden.

So weit die Voraussetzungen für das Multichannel Tracking, um eine Customer Journey bilden zu können. Keine Angst vor der Umsetzung, es ist meist leichter, als es aussieht und wir lassen den Werbetreibenden auch in dieser Situation nicht alleine, sondern führen ihn durch den Setup-Prozess, reden mit Technikern, Affiliate-Netzwerken und allen Beteiligen an diesem Prozess.

Um die Wirksamkeiten in der Customer Journey zu messen und vergüten zu können, arbeiten wir mit 3 Kontaktgruppen.

Diese sind der:

- **Introducer**
  Erste Kontakt eines Users mit der Online Marketing Kampagne
- **Influencer**
  alle weiteren Kontakte
- **Closer**
  letzter Kontakt vor der Conversion

Ein typischer Anteil des Affiliate Marketings an der Customer Journey einer gut aufgesetzten Marketingkampagne sollte im Mittel um 10 – 15 Prozent liegen. Natürlich ist Display, im besonderen Re-Targeting, ein sehr starker Kanal, der sehr gut performed. Auch die Influencer, die den User zum ersten Mal als Interessent auf die Seite brachten, sollten auch in der

Vergütung nicht vernachlässigt werden. Wir empfehlen daher ein anderes Attributionsmodell als Last Cookie Wins.

Auch eine höhere Gewichtung des Affiliate Postclicks gegenüber Postview sollte betrachtet und vergütet werden. Hier sind dem Advertiser nicht viele Grenzen gesetzt.

Es gibt verschiedene Attributionsmodelle, die sich als sinnvoll herausgestellt haben. Eine Vergütung von 75 (Closer) + 5 (Influencer; 1. Position vor dem Closer) + 5 (Influencer; 2. Position vor dem Closer) + 5 (Influencer; 3. Position vor dem Closer)+ 10 (Intruducer) ist eine Schema, welches sich in unserer Was-Wäre-Wenn-Analyse als Favorit durchgesetzt hat. Hier gewinnt Affiliate stark an Provision gegenüber anderen Kanälen wie Display, muss aber auch an SEA und SEO abgeben. Der große Vorteil hierbei ist die Provisionierung von Affiliate-Publishern, die als Influencer beteiligt waren. Diese gingen vorher im Last Cookie Wins Modell leer aus.

Natürlich ist das kein generelles Rezept, sondern sollte auf jeder Kampagne vor dem Umstellen auf ein anderes Attributionsmodell auf Last Cookie Wins Daten berechnet werden. Ist die Kampagne einmal als Last Cookie Wins aufgesetzt, sind Modellberechnungen einfach per Mausklick erstellbar.

Das Tracking selbst ist schnell, in der Regel in 72 Stunden aufgesetzt. Wichtig ist hier, das alle Marketing-Kanäle involviert sind, damit die Auswertungen nicht mehr in Containern, sondern wirklich Multichannel erfolgen und es keine „Cookieweiche“ mehr für einzelne Kanäle und Disziplinen gibt. Ein kleines Beispiel hierzu: Wenn jeder Kanal erfasst wurde, ist am Ende der Customer Journey nicht nur die Frage „Welcher Affiliate bekommt die Provision?“, sondern „Welcher Kanal und Publisher bekommt die Provision“. Das heißt ja nicht, dass diese an den Publisher auch ausgeschüttet wird. Vielleicht hat er sie ja schon, da ich für einen Click auf eine Search Keyword schon bezahlt habe. Möchte ich jetzt wirklich noch den Affiliate vergüten, der irgendwann in den letzten Tagen bei dem User einen Cookie im Browser hinterlassen hat? Möchte ich für einen Gutscheinpublisher bezahlen, obwohl dieser erst während des Bestellprozesses aufgerufen wurde und so keinen Beitrag im Werbedruck auf den User beigetragen hat? Möchte ich Postview nur dann vergüten, wenn der User danach auch kanalübergreifend keine andere Aktion mehr ausgeführt hat? Wenn Sie hier mindestens einmal ja gesagt haben, dann sollten Sie sich für ein Customer Journey Tracking entscheiden. In der Regel amortisiert sich das innerhalb von 3 Monaten!

Das klingt nun natürlich alles ziemlich theoretisch. Umso wichtiger ist es für die Branche, dass Vorreiter dieses Provisionsmodell auch umsetzen und testen sowie dadurch Erfahrungen sammeln und damit weiter optimieren.

Zwei Advertiser und Agenturen haben als Vorreiter in der Branche bereits den ersten Schritt vollzogen und als logische Konzequenz zum Customer Journey-Tracking auch ein Provisionsmodell hierzu umgesetzt.

Wir haben deswegen in den folgenden Kapiteln Interviews mit beiden Advertisern geführt, um mehr Informationen über die ersten Erkenntnisse zu erhalten.

ÜBER FALK MULTICHANNEL GMBH

Die Falk Multichannel GmbH bietet als unabhängiger Dienstleister eCommerce-Anbietern und Online-Agenturen eine praxiserprobte Lösung, mit der sie Werbemaßnahmen steuern, messen und nach ihrem Erfolg bewerten können – über alle Online-Marketing-Kanäle hinweg.

Der Fokus des Unternehmens liegt auf der Entwicklung von Werkzeugen für Tag Management, Multichannel Tracking und Commission Scheme Management.

Ein weiteres Geschäftsfeld ist die Erstellung exklusiver Custom-Built-Systeme, die für die Anforderungen der Kunden maßgeschneidert sind.

INTERVIEW MIT OTTO.DE

Als eines der ersten Parterprogramme in Deutschland hat OTTO.de gemeinsam mit der Affiliate-Agentur nonstopConsulting eine Provisionsstruktur auf Customer Journey-Basis umgesetzt.

Weitere Anbieter wie u.a. DocMorris haben vor Kurzem ein ähnliches Provisionsmodell gelauncht und wenden dabei an, was schon seit Jahren in der Branche diskutiert wird, nämlich die Affiliates nicht nur auf Last-Cookie-Wins-Basis zu verprovisionieren, sondern sie auch an weiteren Kontaktpunkten der Kaufentscheidungsprozess-Kette zu beteiligen.

Wir haben hierzu exklusiv ein Interview mit OTTO.de geführt.

Wieso habt ihr Euch dazu entschlossen, von dem bisher gängigen Provisionsmodell im Affiliate-Marketing auf ein Customer-Journey-Provisionsmodell zu wechseln?

Die Last-Cookie-Wins-Logik stellt aus unserer Sicht keine verursachungsgerechte Verteilung der Budgets im Online Marketing sicher. Jeder Sale wird nach diesem Modell zu 100 Prozent dem letzten Kontakt zugeschrieben. Da aber die wenigsten Customer Journeys lediglich aus einem Kontakt bestehen, muss nach unserer Auffassung die Wirkung jedes einzelnen Kontaktpunktes innerhalb einer Customer Journey genau analysiert und bewertet werden. Aus unserer Sicht stellt daher das Customer-Journey-Tracking die fairste und wirkungsvollste Basis der intramedialen Budgetverteilung dar. Wir sind uns sicher, dass es nur noch eine Frage der Zeit ist, bis die bisherige Last-Cookie-Attributionslogik als führende Trackinglogik im Onlinemarkt abgelöst wird.

Kannst Du den Lesern dieses Buches in einfachen Worten erklären, wie sich das neue Provisionsmodell genau zusammensetzt? Wie genau berechnet ihr den prozentualen Anteil an der Customer Journey, der als Basis für die Vergütung dient?

Vereinfacht gesagt, untersuchen wir den Einfluss verschiedener Variablen auf den Kauf bzw. die Conversionwahrscheinlichkeit. Die Variablen, die dabei nach unserer Meinung einen Einfluss auf den Sale haben, sind u.a. die Kontaktanzahl, die Kontaktart, die Reihenfolge der Kontakte, die Position der Kontakte, die zeitliche Länge der Journey und ebenfalls der zeitliche Abstand bis zum Kauf. Über dieses Modell-Setup erzielen wir eine hohe Modellgüte.
Durch das Zusammenspiel dieser Faktoren wird letztlich anhand einer logistischen Regressionsanalyse für jeden Kontaktpunkt (Klick) einer Customer-Journey ein individueller, prozentualer Erfolgsanteil berechnet und zugewiesen.

Wie transparent ist das Vergütungsmodell für Affiliates? Hat man auch die Möglichkeit, die Prozessketten und dadurch die Verteilung der entsprechenden Provisionen in den Affiliate-Netzwerken zu sehen?

Grundcharakteristikum eines dynamischen Attributionsmodells ist die Ermittlung der Anteiligkeiten sämtlicher Kontaktpunkte einer Order bzw. Customer Journey in Echtzeit und dynamisch. Da nicht jede Customer Journey mit der anderen identisch ist, sondern hinsichtlich Kontaktanzahl, Kontaktreihenfolge etc. zum Teil große Unterschiede bestehen, ist die Transparenz eingeschränkt. Publisher, die am OTTO-Partnerprogramm teilnehmen, müssen sich daher zunächst einen neuen Erfahrungsschatz über mehrere Wochen aufbauen und für sich selbst Fragestellungen wie z.B. nachfolgende beantworten: Wie verändert sich meine Provision grundsätzlich? Welche Auswirkungen hat Maßnahme x auf meinen Erfolg?

Derzeit wird an der Abbildung bzw. Optimierung der Darstellung der Kontaktposition (First-, Assist- und Last-Contact) in den Netzwerken gearbeitet. Diese Information ist aktuell bei Affilinet schon abrufbar, wird aber zukünftig übersichtlicher eingebunden werden. Die Publisher können hierüber sehen, wie hoch ihre Anteiligkeiten hinsichtlich dieser drei Kontaktarten in der Customer Journey sind.

Wie war das Feedback der Affiliates nach der Umstellung auf das neue Provisionsmodell?

Das Feedback der Affiliates war gemischt. Wir haben einerseits viel Lob und Anerkennung für das erarbeitete Modell und letztlich für die geleistete Pionierarbeit erhalten. Andererseits gab es Kritik hinsichtlich der Transparenz des Modells, die wir soweit es möglich ist aufgegriffen haben und entsprechende Optimierungen schnellstmöglich umsetzen werden. Wir sind bemüht, die maximale Transparenz zu bieten.

INTERVIEW MIT DOCMORRIS UND SUNNYSALES

Neben OTTO.de hat auch die Versandapotheke DocMorris gemeinsam mit der Affiliate-Agentur sunnysales ein Provisionsmodell auf Customer Journey-Basis entwickelt.

Wir haben hierzu exklusiv ein Interview mit André Velte, dem sunnysales-Affiliate-Manager von DocMorris geführt.

Wieso habt ihr Euch dazu entschlossen, von dem bisher gängigen Provisionsmodell im Affiliate-Marketing auf ein Customer-Journey-Provisionsmodell zu wechseln?

Das bisher eingesetzte Provisionsmodell, bei dem nach der im Affiliatekanal üblichen Last-Cookie-Wins-Methode die Vergütung ausgeschüttet wird, sehen wir als nicht mehr zeitgemäß an. Ziel ist eine Verteilung der Provision, die sich am Beitrag der Affiliates an der Kaufentscheidung orientiert.
DocMorris bedient sich der Werbeleistung aus allen verfügbaren Affiliate-Segmenten. So ist es nur fair, innerhalb des Kaufentscheidungsprozesses auch alle diese unterschiedlichen Partnergruppen an der Provision zu beteiligen. Zudem ergeben sich für uns im Rahmen der Aufzeichnung und Analyse der Customer-Journey wichtige

Erkenntnisse zum Kaufverhalten. So lassen sich Budgets auf die beteiligten Werbekontakte bzw. auf die einzelnen Kanäle innerhalb des Online-Marketings gezielt umverteilen, um diese noch besser auf das Kaufverhalten auszurichten. Mit diesen Informationen können aber auch die Affiliates ihre Einbindungen nach ihrem Geschäftsmodell optimieren.

Kannst Du den Lesern in einfachen Worten erklären, wie sich das neue Provisionsmodell genau zusammensetzt?

Die bisherige fixe Provision (3 bis 20 Euro pro Sale) für die Affiliates bleibt bestehen, wird aber auf die einzelnen Kontakte (Touchpoints) innerhalb der User-Journey verteilt. Für eine Beteiligung an der Vergütung qualifizieren sich insgesamt sechs Kontakte: der Erstkontakt sowie die fünf letzten Kontakte vor Kaufabschluss. Gemäß der Position dieser Kontakte innerhalb der Journey haben wir uns nach einer Testphase dafür entschieden, dem ersten Kontakt immer 6 Prozent der Gesamtprovision zuzuordnen, den darauf folgenden Kontakten 1 Prozent und dem letzten Kontakt, dem last Cookie, den Rest. Als Konsequenz erhält der letzte Kontakt – je nach Umfang der Customer-Journey – zwischen 100 Prozent der Gesamtprovision bei nur einem Kontakt und 90 Prozent der Provision, wenn die maximale Zahl an Touchpoints erreicht ist.

Wie sieht die Vernetzung des Affiliate-Kanals mit anderen Kanälen aus?

Die übergreifende Online-Marketing-Systematik wurde von Claus Welther (Manager E-Commerce & Online-Marketing bei DocMorris) so konzipiert, dass alle beteiligten Partner und Kanäle möglichst fair und gleichberechtigt gewichtet werden. Das Multi-Channel-Gewichtungs-System Falk Multichannel stellt die dafür nötige Infrastruktur und berücksichtigt sowohl die Kanäle SEA, Produktsuchmaschinen und Display als auch SEO und E-Mail-Marketing.

Warum zählt ihr für die Vergütung nur die letzten 5 Kontakte der Customer-Journey? Was ist mit Kaufentscheidungsketten, die mehr als 5 Kontaktpunkte haben?

Wenn weitere Touchpoints zählen, bedeutet das eine stärkere Umverteilung, was – sollten die Publisher zukünftig nur noch Centbeträge an Provision erhalten – eine negative Auswirkung auf die Attraktivität des Partnerprogramms zur Folge hätte. Auch sehen wir diese sechs Kontakte als maßgeblich für den Beitrag an der Werbeleistung an.

Wie transparent ist das Vergütungsmodell für Affiliates? Hat man auch die Möglichkeit, die Prozessketten und dadurch die Verteilung der entsprechenden Provisionen in den Affiliate-Netzwerken zu sehen?

Die Positionen innerhalb der Customer-Journey werden in den Netzwerken ausgewiesen. Ein Partner kann somit einsehen, an welcher Stelle er im Kaufentscheidungsprozess des Kunden stand.

Welche Publishermodelle profitieren derzeit am meisten von den neuen Provisionen?

Vom Provisionsmodell profitieren zum einen Partner, welche traditionell eher einen Erstkontakt vermitteln, wie bspw. Contentseiten, aber auch Display-Partner, welche einen hohen Werbedruck durch eine Vielzahl an Kontakten aufweisen. Da wir zahlreiche interessante Contentpartner zu unseren Affiliates zählen können und die dort erbrachte Werbeleistung als sehr wesentlich ansehen, werden innerhalb der Journey erbrachte Clickkontakte selbstverständlich höher gewichtet als die Viewkontakte der Postviewpartner aus dem Display-Segment. Einen Rückgang des über Provisionen erzielten Einkommens haben Cashback- und Gutscheinportale zu verzeichnen, welche in der Vergangenheit i. d. R. 100 Prozent der Provision via last Cookie erhielten. Für diese Partner werden wir als Ausgleich langfristig verstärkt Endkundenaktionen bieten. Außerdem mindert diese Gewichtung lediglich die Provision pro Transaktion. Durch die nun stärkere Gewichtung der Kaufanbahnung wird insgesamt mehr Nachfrage generiert, was am Ende des Tages allen zugute kommt.

Ihr habt ja in Eurer Start-Information darauf hingewiesen, dass sich das neue Provisionsmodell erst einmal nur im Testlauf befindet. Konntet ihr schon auswerten, welche Kontakte zukünftig eventuell höher vergütet werden sollen?

Nach einer ersten achtwöchigen Testphase haben wir Mitte Mai das Provisionsmodell weiter zu Gunsten des Erstkontakts umgestellt. War dieser mit einer 1 Prozent-Beteiligung zu Beginn gleichgestellt mit darauffolgenden Kontakten, haben wir nun vom letzten Kontakt Anteile zu Gunsten des Initialkontakts (6 Prozent) umverteilt. Denkbar ist zukünftig eine weitere Umverteilung auf den Erstkontakt, um Publishern einen Anreiz zu geben, hochwertigen Content anbieten zu können. Auch werden wir uns die maximale Länge der Customer-Journey und die damit verbundene Anzahl an vergütungsrelevanten Kontakten noch genauer ansehen.

COOKIE-TRACKING UND DATENSCHUTZ

Die Voraussetzung für das Messen von Transaktionen im Affiliate Marketing, aber auch die Messung von Customer Journey Kontaktpunkten ist in den meisten Fällen immer noch das Cookie-Tracking.

In diesem Kapitel wollen wir als Basis für das nächste Kapitel anhand eines Beispieles nochmals ausführlich erläutern, was man unter Cookie-Tracking genau versteht und wie dieses im Detail aufgebaut ist.

Ein Kunde klickt z.B. auf der Website eines Affiliates auf ein Banner. Nun wird auf dem Computer des Kunden ein Cookie des Affiliate-Netzwerks gesetzt. Ein Cookie ist eine Textinformation, die auf dem Computer des Betrachters platziert wird.

Der Kunde gelangt nun per Weiterleitung z.B. auf den Onlineshop des Advertisers und kauft dort Produkte.

Nachdem der Kunde die Produkte in den Warenkorb gelegt hat und seine Adressdaten und Zahlungsmöglichkeiten gewählt hat, klickt er auf den Bestellen-Button.

Nun erscheint die Bestellbestätigungsseite ("Vielen Dank für Ihre Bestellung"). Auf dieser Seite befindet sich nun ein Zählpixel des Affiliate-Netzwerks (meistens ein Javascript-Pixelcode). Dieser Zählpixel erkennt das vorher gesetzte Cookie, und somit auch die darin gespeicherten Textinformationen, auf dem Computer des Kunden und liest es aus. Somit wird dem Affiliate die Bestellung und dadurch auch die Provision über das Affiliate-Netzwerk zugeordnet.

Was passiert, wenn Cookies nicht mehr gesetzt oder ausgelesen werden können?

Wenn man dazu einen Blick auf WebHits (http://www.webhits.de/deutsch/index.shtml?webstats.html) wirft, sieht man, dass gerade einmal 1,2 Prozent der User ihre Cookies deaktiviert haben.

Neu in dieser Thematik ist allerdings die Ankündigung des Firefox, dass zukünftig 3rd-Party-Cookies nicht mehr akzeptiert werden, wenn die Seite vorher nicht bereits vom User aufgerufen wurde.

3rd-Party-Cookies sind dabei alle Cookies, die nicht direkt von der Advetiser-Seite gesetzt werden, also z.B. Cookies von einem Affiliate-Netzwerk.

Hinzu kommt zudem noch die aktuelle Diskussion der EU-Cookierichtlinie, die ebenfalls Cookies aus Datenschutzgründen in Frage stellt.

Bereits seit 2009 wurde ja durch die sog. ePrivacy Richtlinie definiert, dass das Setzen von Cookies der Zustimmung der User bedarf.

Seither hat sich politisch allerdings in Deutschland diesbezüglich nicht wirklich viel getan. Zwar haben sich 2012

Vermarkter und Agenturen europaweit eine Selbstverpflichtung auferlegt, welche auch in Deutschland durch den Deutschen Datenschutzrat für Online-Werbung erfolgte, aber anscheinend ist das für die EU nicht wirklich ausreichend.

Zum Hintergrund: Der gemeinsam mit dem BVDW installierte DDOW hat hierzu ein Programm für "Online Behavioral Advertising" (OBA) installiert, bei dem die Teilnehmer ein Piktogramm in ihre Werbung einbinden, mit dem die Online-User Targeting-Werbung zukünftig deaktivieren können. Damals war man der Meinung, dass wenn die Selbstregulierung von der Bundesregierung bestätigt wird, dies nur die OBA-Mitglieder betreffe, so dass die Affiliate-Netzwerke keine Umsetzung zu befürchten hätten.

In einem Artikel berichtete hierzu allerdings der Medien-Anwalt Christian Röhl, dass die EU-Cookierichtlinie dennoch im Verhältnis zwischen Unternehmen oder Privaten uneingeschränkt gilt, denn bei fehlender Umsetzung kann sich der Nutzer nur gegenüber dem Staat auf die Richtlinie berufen. Im horizontalen Verhältnis zwischen den Nutzern hat diese höchstens indirekte Wirkung.

„Zu beachten ist, dass nationale Gerichte die Richtlinie im Rahmen der Auslegung beachten müssten. Dies kann dazu führen, dass Regelungen in AGB oder Datenschutzbestimmungen gegen die Richtlinie verstoßen und daher unwirksam sind", so Rechtsanwalt Röhl.

Nun gibt es derzeit einen neuen überarbeiteten Berichtsentwurf zur Neuregelung des europäischen Datenschutzes, der aber weiterhin in der Internet-Branche auf massiven Widerstand stößt. Der neue Entwurf wurde von dem EU-Abgeordneten Jan Philipp Albrecht präsentiert.

Die neuen Bestimmungen, die im Entwurf dann für alle

europäischen Mitgliedsländer gültig sein sollen, besagen u.a., dass es einen sog. "Digitalen Radiergummi" geben soll. Damit soll es den Internet-Usern möglich sein, Cookies und private Daten bei allen Netzdiensten wieder zu löschen. Allerdings soll dies nicht nur die personalisierten Daten betreffen, sondern auch die anonymisierten Daten, die ja eigentlich durch die Selbstregulierung der Vermarkter schon teilreguliert waren. D.h. laut dem Entwurf, sollen die User dann die Möglichkeit haben, wirklich alle Daten von sich löschen zu können.

Die Internet-Branche kritisiert zwar den neuen Entwurf mit der Begründung, dass IP-Adressen, Standortdaten oder auch Cookies keine personenbezogenen Daten beinhalten und somit auch nicht gelöscht werden sollten, da sie ausschlaggebend für ein performancebezogenes Tracking sind.

Allerdings sieht der EU-Abgeordnete Albrecht eine sehr strikte Umsetzung vor. D.h. eine Löschung aller Daten, mit der Begründung, dass IP-Adressen und Cookies dennoch dafür geeignet sind, einzelne Personen aufgrund ihres Surfverhaltens und Kaufverhaltens zu identifizieren.

Zusammenfassend kann man deswegen sagen, dass es im Inhalt in der neuen Bestimmung darum gehen soll, dass jeder Internet-User die Möglichkeit hat, bei jeder Datenspeicherung in Form von Cookies vorab eine Opt-In-Zustimmung zu geben. Dies soll durch ein sog. "Do not track"-Modell in den Browser-Einstellungen möglich sein.

Nachdem Albrecht mit seinem Entwurf auch keine Ausnahmen für die Werbewirtschaft sieht, würde diese Regelung natürlich auch die Affiliate-Branche betreffen.

Ob und wie schnell dieser Entwurf nun auch von der EU verabschiedet wird und ob die Bundesregierung dann dieses Gesetz wiederum auch in Deutschland umsetzt, ist aktuell noch offen und heiß diskutiert.

Und zu guter Letzt gibt es dann auch noch eine Vielzahl von AdBlockern, die derzeit für viel Diskussion sorgen, da diese u.a. auch die Cookies von Affiliate- und weiteren Werbenetzwerken blocken.

Sicherlich ist derzeit noch einiges in der Schwebe und man sollte auch nicht alle Diskussionen zu kristisch betrachten. Dennoch muss sich die Branche Gedanken über Alternativen zum Cookie-Tracking machen, denn über kurz oder lang wird die Anzahl der gemessenen Bestellungen aufgrund der Vielzahl von Richtlinien, AdBlockern, Browser-Einstellungen, Datenschutzwahn usw. sicherlich etwas rückläufig sein.

Im folgenden Kapitel werfen wir deswegen einen Blick in die Zukunft. Aktuell arbeiten sowohl die Affiliate-Netzwerke, Advertiser, Agenturen und Technologieanbieter an Alternativen zum Cookie-Tracking, die im Fall der Fälle ggfls. das Cookie-Tracking zusätzlich erweitern oder evtl. sogar ablösen könnten.

ALTERNATIVEN ZUM COOKIE-TRACKING

In diesem Kapitel werden Ihnen Altenativen zum Cookie-Tracking vorgestellt, die das Cookie-Tracking erweitern oder ablösen könnten.

Welche dieser Alternativen dann letztendlich wirklich zum Einsatz kommen, bzw. teilweise bereits parallel zum Cookie-Tracking im Einsatz sind, ist je nach Affiliate-Netzwerk unterschiedlich und sicherlich auch eine strategische Frage des Advertisers.

1. Session-Tracking

Session-Tracking ist bereits seit mehreren Jahren im Einsatz. Wenn der Kunde auf ein Werbemittel auf der Publisher-Website klickt und auf die Advertiser-Seite weitergeleitet wird, wird dabei auch gleich eine Session an den Advertiser mitübergeben und bis zur Bestellbestätigungsseite weitergereicht, wenn der Advertiser hierzu die technische Lösung implementiert hat. Auf der Bestellbestätigungsseite erkennt dann der Zählpixel des Affiliate-Netzwerks beim Sofortkauf die Session und kann somit die Transaktion und auch die Provision (auch ohne Cookie) dem Publisher zuordnen.

2. Fingerprint-Tracking

Auch das Fingerprint-Tracking wird seit einiger Zeit von bestimmten Affiliate-Netzwerken in der einfachsten Form mit angeboten.

Allerdings wird diese Technologie derzeit weiterentwickelt und von vielen Marktteilnehmern als effizienteste Alternative zum Cookie-Tracking gesehen.

Beim Fingerprint-Tracking werden einzelne Charakteristika des vom User genutzten PCs ausgelesen und anschließend versucht, diesen dadurch wieder zu identifizieren und zu erkennen.

So kann man beispielsweise via Fingerprint auslesen, welche Plugins und Software der Nutzer auf seinem PC installiert hat oder welche Größe der Bildschirm hat, welche Zeitzone eingetellt ist sowie viele weitere Merkmale. Natürlich lässt sich der User nicht anhand eines dieser gespeicherten Merkmale identifizieren, wenn man allerdings mehrere Charakteristika miteinander verknüpft, dann lässt sich daraus schon eine sehr eindeutige Signatur erstellen, anhand derer man einen User nach dem Kauf auch wieder erkennen kann.

Über die Website http://panopticlick.eff.org/ kann man sich in einem Selbsttest einmal anzeigen lassen, welche möglichen Daten bei einem Fingerprint-Tracking gespeichert werden könnten.

3. Flash-Cookies

Bereits 2009 hat das Affiliate-Netzwerk belboon unter dem Namen "belboon SmartTracking" als Alternative zum normalen Cookie-Tracking das sog. Flash-Cookie-Tracking eingeführt.

Der Unterschied zu herkömmlichen Cookies liegt bei Flash-Cookies im Speicherort. Diese werden dabei nämlich im Anwendungs-Ordner von Flash gespeichert.

Des Weiteren sind Flash-Cookies Browser-unabhängig.

Der Nachteil ist allerdings, dass laut Webhits akutell nur 58,8 Prozent der User Flash installiert haben, somit dürfte diese Tracking-Technologie auch nur als Erweiterung von anderen Tracking-Möglichkeiten in Betracht gezogen werden.

4. Weitere Tracking-Alternativen (Gast-Kapitel von Jens Altmann)

Als neueste Tracking-Alternative zum Cookie-Tracking steht auch das sog. Local Shared Objects und Web Storage zur Verfügung.

Da es sich hierbei allerdings um ein hochkomplexes Thema handelt, hat Jens Altmann (Software Engineer) hierzu ein Gast-Kapitel geschrieben, welches neben den bereits vorab genannten Tracking-Alternativen noch weitere komplexe Trackingmöglichkeiten vorstellt.

Entwicklung des Web

Um mögliche Alternativen zum konvetionellen Tracking der Nutzer via Session oder Cookie zu erkennen, muss man unabdingbar auch etwas Grundwissen von der Technik und der Entwicklung des Internets, bis hin zu der Form, wie wir es heute kennen, haben. Das heutige Internet basiert auf einem System, das rein militärisch genutzt werden sollte. In diesem System sollte die Möglichkeit geschaffen werden, virtuelle Pakete von einem Absender zu einem Empfänger zu transportieren. In diesen Paketen konnten beliebige

Dateninformationen vorhanden sein. Mit der Bereitstellung dieser Technik an Universitäten und bei den ersten nicht militärischen Anwendern, entstanden die ersten RFCs. Diese Request for Comments sind Spezifikationsdateien, die die Funktionsweise und teilweise auch Philosophien als Standards definieren. Auf diesen RFCs basieren Protokolle wie FTP (RFC 959) und das bekannteste Protokoll HTTP (in den Versionen 1.0 RFC 1945 und 1.1 RFC 2616). In den Spezifikationsdateien wird der Aufbau eines jeden Pakets detailiert beschrieben, welche Parameter optional sind und wie diese vom Client und Server interpretiert werden müssen. Mit der Entwicklung dieser Protokolle und der Möglichkeit Mediainhalte darzustellen, wurde auch eine Funktion benötigt mit der man dem Nutzer beispielsweise geschützte Bereiche zur Verfügung stellen konnte. So wurde im Februar 1997 das RFC 2109 veröffentlicht, dessen Beschreibung "This document specifies an internet standards track protocol for the Internet community" lautet und dessen Inhalt wie folgt zusammengefasst wird "It describes two new headers, cookie and set-cookie, which carry state information between participating origin servers and user agents".

Mit dem RFC 2109 änderte sich die Möglichkeit der Kommunikation zwischen Client und Server grundlegend. Durch die Schaffung der Cookies konnte der Client vom Server wiedererkannt werden und es konnten Inhalte ausgeliefert werden, die speziell auf den Nutzer ausgerichtet waren. Diese neue Stufe der Client-Server-Kommunikation führte dazu, dass das HTTP/1.0 Protokoll nicht mehr ausreichte um alle Anwendungsfelder abzudecken, so dass im Juni 1999 das HTTP Protokoll in der Version 1.1, wie wir es auch heute noch verwenden, veröffentlicht wurde. In diesem Update wurden unter anderem sämtliche HTTP Statuscodes und die Möglichkeiten für erweitertes clientseitiges Caching von Mediainhalten beschrieben.

Entstehung des Trackings

Das Speichern von Status und Daten auf dem Client zur Laufzeit erlaubte eine Vielzahl von neuen Anwendungsfeldern. Zum Beispiel wurden zusätzlich vom WWW-Authenticate neue Sicherheitsmechanismen geschaffen und man konnte nutzerspezifische Daten auslagern. Die wohl wichtigste Eigenschaft von Cookies im Bereich Online Marketing und speziell Affiliate Marketing ist die eindeutige Identifizierbarkeit von Nutzern. Das Setzen der Gültigkeit eines Cookies und dem Speichern von beliebigen Key-Value-Paaren machen das Verfolgen oder besser Tracking der Nutzer zu einem Kinderspiel. Wenn man auf genügend Seiten seine Displaywerbung oder ähnliches eingebunden hat, kann man jeden Nutzer im Netz verfolgen und analysieren welchen Weg er durch das Netz genommen hat. Dieses Tracking ermöglichte den Durchbruch einer ganzen Branche - dem Affiliate Marketing. Durch das Setzen von Cookies konnten auch die Traffic-Lieferanten ermittelt und bei einer erfolgreichen Konversion am Umsatz beteiligt werden. Es entstanden unzählige Vergütungs- und Laufzeit-Modelle, die sich zu einem lukrativen Geschäft entwickelt haben.

Aktuelle und zukünftige Situation des Trackings

Auch wenn das Tracking von Nutzern eine ganze Branche geschaffen hat, so ist diese Verfolgbarkeit des Nutzers den meisten Anwendern, Browserherstellern und Datenschützern ein Dorn im Auge. Mit dem Do Not Track Header wurde ein Versuch gestartet, mit dem der Nutzer explizit einen Opt-Out an den Server senden kann. Leider sind diese Versuche nur bedingt erfolgreich, weil letztlich der Trackingserver entscheidet, ob er positiv auf diesen Opt Out reagiert oder ihn ignoriert und dieser HTTP Header noch nicht durch das W3C standardisiert wurde. Im Zuge des Datenschutzbewußtseins der Anwender gehen aktuelle Browser-Generationen einen Schritt weiter und verbieten als Standardeinstellung die

Annahme von sogenannten 3rd Party Cookies. Das sind Cookies, die von Domains gesetzt werden, die nicht identisch mit der aufgerufenen Domain sind. Durch diese Einschränkung wird es sehr viel schwieriger werden, dem Nutzer passende Werbung auszuliefern und gerade das beliebte Re-Targeting steht vor einem großen Problem. Aber auch die Verfolgung der Klicks und die Vergabe der Provisionsvergütung wird die Anbieter vor neue Herausforderungen stellen.

Alternativen zum bisherigen Cookie-Tracking

Mit diesen neuen Einschränkungen oder Hürden, die über kurz oder lang in allen Browsern zu finden sein werden, wird es notwendig, Alternativen zum konventionellen Cookietracking ausfindig zu machen. Das Problem bei einer Vielzahl der Möglichkeiten ist, dass diese nicht standardisiert sind. Dies kann dazu führen, dass nur bestimmte Browser einen vollen Funktionsumfang liefern.

Die einfachste Alternative ist das Sessiontracking. Diese Trackingart wird von jedem Browser unterstützt und hat den Vorteil, dass die eigentlichen Daten auf dem Server liegen und anhand der Session-ID dem jeweiligen Nutzer zugewiesen werden. Wie der Name jedoch schon vermuten lässt, ist diese Art von Tracking nur während der aktuellen Browser-Session möglich. Wenn der Browser geschlossen oder der PC neugestartet wird, wird die Session-ID zurückgesetzt und die gespeicherten Daten sind nicht mehr zuordnungsfähig.

Um diesem Problem entgegenzuwirken, kann man einen Fingerprint des Nutzers erstellen. Das bedeutet, dass man beliebige Signale des Nutzers und der Browserkonfiguration ausliest und daraus einen Hash erzeugt. Je mehr Signale man in den Hash mit aufnimmt, desto geringer ist die Chance einer Kollision, also die Wahrscheinlichkeit, dass ein anderer Nutzer denselben Hash erhält. Diese Alternative hat jedoch einige

Fehlerquellen, so würden viele vermutlich den User Agent mit in dem Hash aufnehmen, aber bei der aktuelle Update-Frequenz ist dieser kein verlässliches Merkmal.

Local Shared Objects

Das local shared object ist auch unter den Begriff Flash Cookie bekannt. Wie die Bezeichnung Flash Cookie vermuten lässt, wird dabei der Cookie nicht vom Browser gespeichert, sondern im Anwendungsspeicher von Flash. Jedoch wird für die Nutzung des local shared objects eine Installation des Flash Players vorausgesetzt. Wenn dieser für jeden Browser installiert ist, hat man die Möglichkeit browserübergreifend auf die gespeicherten Daten zuzugreifen. Durch den stärker werdenden Mobiletraffic und der fehlenden Flashunterstützung in aktuellen Smartphone-Betriebssystemen ist diese Methode nur begrenzt einsetzbar.

Web Storage

Für die Definition von HTML5 wurden neue performantere Möglichkeiten zur Speicherung von Daten benötigt. Es reicht nicht mehr aus, die Daten bei jeder Anfrage an den Server zu speichern, sondern komplexe Anwendungen arbeiten teilweise ohne weitere Requests direkt im Browser des Nutzers. Um diesen Anwendungsfall abbilden zu können, wurde das Web Storage oder DOM Storage definiert. Mit dieser Technik kann man zur Laufzeit Daten in dem Browserspeicher ablegen und später wieder abfragen. Vom Funktionsprinzip kann man sich diese Methode wie das Speichern von Cookies, die ebenfalls auf Key-Value-Paaren basieren, vorstellen.

Cache

Der Browsercache bietet ebenfalls diverse Möglichkeiten, die man für das Tracking des Nutzers verwenden kann. So kann man beispielsweise den Zeitstempel einer Datei manipulieren und über diesen eine eindeutige Verbindung zum Nutzer herstellen. Wenn eine Datei das erste Mal angefragt wird, kann man einen entsprechenden Zeitstempel erstellen und bei jeder weiteren Abfrage sendet der Browser diesen Zeitstempel an den Server. Dadurch ist eine eindeutige Identifizierung möglich - solange der Nutzer den Cache nicht leert.

Verknüpfung von Techniken

Diese kleine Übersicht an Alternativen zum Cookie-Tracking zeigt, dass es ausreichend Techniken gibt, um einen Nutzer eindeutig zu identifizieren. Leider hat jede dieser Methoden seine eigenen Vor- und Nachteile. Welche Technik sich am besten eignet hängt immer von dem jeweiligen Anwendungsfall ab und ist nicht pauschalisierbar. Wenn man jedoch die Anwendungsgebiete klar definiert und mehrere Techniken mit einander verbindet, kann man trotz der 3rd Party Cookie-Restriktion seine Nutzer identifizieren. Wichtig ist, dass man immer konform entsprechend der geltenden Datenschutzbestimmungen handelt und die Vorgehensweise transparent beschreibt. Aus diesem Grund habe ich auch auf die Vorstellung von Zombie Cookies und dem Projekt Evercookie verzichtet.

ÜBER JENS ALTMANN

Jens Altmann arbeitet als selbstständiger Software Engineer in Hennigsdorf bei Berlin. In seiner Tätigkeit unterstützt er Firmen bei der Planung und Umsetzung von Softwareprojekten, berät diese im Bereich Online Marketing, Suchmaschinen- oder Conversionoptimierung und veranstaltet Workshops und Seminare in technischen Themengebieten wie Sicherheit (blackhat-seminar.de). Sein Wissen aus über 15 Jahren Software-Entwicklung teilt er in dem Podcast "Black Hat Show", in seinem Blog gefruckelt.de oder als Speaker auf Konferenzen mit dem Themenschwerpunkten Online Marketing und Suchmaschinenoptimierung mit. Wenn er einmal nicht am PC arbeitet, dann bereitet er sich auf die nächste sportliche Herausforderung wie den Strongmanrun oder die Vätternrunda vor.

Interviews mit Affiliate-Experten

INSIGHTS DER AFFILIATE-EXPERTEN

Um Ihnen, den Lesern dieses Buches, einen möglichst umfassenden und auch unabhängigen Einblick in das Affiliate Marketing zu bieten, habe ich Interviews mit 25 Experten der Affiliate-Branche geführt.

Es gibt für das Affiliate Marketing keine einheitlichen Empfehlungen oder Handlungsanweisungen, denn jedes Partnerprogramm, jede Branche und jeder Publisher kann unterschiedlich sein.

Deswegen ist es als Affiliate-Manager auch wichtig, dass man selbst Erfahrungen sammelt und bestimmte Maßnahmen austestet, um für sich die besten Erkenntnisse herauszufinden.

Die Affiliate-Experten teilen deswegen in den Interviews interessante Ideen, Know-how, sowie Tipps und Tricks, die Ihnen weiterhelfen können, Ihr Partnerprogramm dadurch zu optimieren.

INTERVIEW MIT ANDREA SCHMIDT

Wie lange bist Du schon in der Affiliate-Branche und wie bist Du dazu gekommen?

Vor etwa 9 Jahren bin ich eher zufällig auf das Thema "Online Marketing" gestoßen und habe mich dann ab 2005 in das Thema „Affiliate Marketing" eingearbeitet, um es ab 2007 hauptberuflich zu betreuen.

Was findest Du am Affiliate Marketing besonders spannend?

Der Mix der unterschiedlichen Marketing-Strategien (SEO, SEA, Blogs, etc.) und die ständigen Weiterentwicklungen stellen täglich neue Herausforderungen dar, die Flexibilität und Kreativität verlangen. Außerdem ist es ein sehr persönliches Umfeld – das macht es meiner Meinung nach spannend und lässt es nie langweilig werden.

Worauf sollte ein Partnerprogrammbetreiber bei der Auswahl eines Affiliate-Netzwerks achten?

Die Auswahl des Partnerprogramms hängt unter anderem von einer ausreichenden Anzahl an Publishern ab, die für das eigene Geschäftsmodell interessant sind. Hier lohnt es sich zu recherchieren bei welchen Netzwerken z.B. Mitbewerber tätig sind. Dabei ist die Größe des Netzwerks nicht unbedingt ausschlaggebend. Wichtig ist aber auch das Handling des jeweiligen Netzwerks, z.B. Auswertungsmöglichkeiten oder welche Daten von Publishern zur Verfügung gestellt werden.

Worauf sollte ein Affiliate-Manager bei der Betreuung eines Partnerprogramms besonders achten?

Die gewissenhafte Prüfung neuer Publisher sowie möglichst kurze Bearbeitungszeiten spielen eine große Rolle, aber auch ein attraktives Vergütungsmodell, der persönliche Kontakt zu Publishern und Netzwerken, klare und aktuelle Richtlinien, eine ausreichende Anzahl attraktiver und vor allem aktueller Werbemittel sowie ein großer Wissensschatz um aktuelle Entwicklungen in der Branche.

Wie sollte aus Deiner Erfahrung ein gutes Provisionsmodell aufgebaut sein?

Im Retailbereich favorisiere ich ein prozentuales Staffelmodell, das entweder umsatz- oder leadbasiert ist, da es für alle Beteiligten eine Win-Win-Situation darstellt. Wenn Neukundengewinnung für das Unternehmen eine ausschlaggebende Rolle spielt, sollten diese besonders vergütet werden.

Welche Werbemittel eignen sich am besten und womit hast Du gute Erfolge erzielt?

Die Wahl der Werbemittel hängt maßgeblich von den Publishern ab. Grundsätzlich ist auf einen guten Werbemittelmix zu achten. Textlinks eignen sich z.B. besonders für redaktionelle Beiträge. Produktdateien werden besonders in Preissuchmaschinen benötigt und Banner finden in Homepages aller Art Verwendung - hier vor allem die gängigen Größen wie Full-, Half- und Superbanner, aber auch Medium Rectangle und Skyscraper.

Auf welche häufigen Fehler muss man sich in der Betreuung eines Partnerprogramms einstellen und wie kann man diese vermeiden?

Viele Unternehmen glauben, sie können mal so eben nebenbei ein Partnerprogramm hochziehen und den Rest macht die Agentur oder das Netzwerk für sie. Der Arbeitsaufwand wird schlichtweg unterschätzt und das, obwohl die Betreuung mitunter einer der wichtigsten Erfolgsfaktoren für ein Partnerprogramm ist. Auf einem Markt mit vielen gleichen Produkten zu gleichen Konditionen, sind persönliche Präferenzen oftmals das Tüpfelchen auf dem i. Wenn man dann einen engagierten, sympathischen und kompetenten Affiliate-Manager hat, hat man oft schon einen großen Stein im Brett.

Welche Erfahrung hast Du mit Partner-Newslettern gemacht? Wie häufig sollte man diese verschicken, welche Informationen sind wichtig und wann ist das richtige Timing für den Versand?

Partner-Newsletter über die Netzwerke gehen leider häufig in der Flut der Newsletter unter. Ein persönlicher, eventuell auch gesplitteter Verteiler, an den regelmäßig die wichtigsten Neuheiten, Aktionen, etc. gehen, findet meiner Erfahrung nach am ehesten Beachtung.

Mit welchen Publisher-Modellen hast Du die besten Erfahrungen gemacht?

Neben Gutscheinseiten haben sich auch Seiten bewährt, die thematisch) passend sind (z.B. Blogs oder Foren).

Wie kann man sich als Affiliate-Manager vor Betrug oder Missbrauch durch Affiliates schützen?

Einen 100-prozentigen Schutz gibt es nicht. Eine regelmäßige Beobachtung der Veränderungen einzelner Publisher kann Hinweise auf möglichen Betrug geben. Den besten Schutz gibt der persönliche Kontakt zu Publishern und der Austausch mit anderen Programmbetreibern und Netzwerken.

Wie sollte Deiner Meinung nach ein gutes Affiliate-Reporting aufgebaut sein und welche KPIs sollte dieses beinhalten?

Es gibt basische Kennzahlen (Views, Clicks, Anzahl Order, etc.), die in jedem guten Reporting vorhanden sein müssen, jedoch sollte ein guter Affiliate-Manager auch hier wieder seine eigene Statistik pflegen, um Schwankungen auf Anhieb feststellen zu können. Diese sind oftmals Produkt- und saisonabhängig (Anzahl Neukunden, Sales je Publisher über mehrere Monate, Artikelabverkauf, etc.)

Welche Insights und Tipps kannst Du anderen Affiliate-Managern geben?

Neben den von den Netzwerken zur Verfügung gestellten Auswertungsmöglichkeiten sollten auch eigene, programmübergreifende Statistiken (z.B. Pivot-Tabellen) gepflegt werden, um Veränderungen nicht nur schnell zu registrieren, sondern auch zeitnah und adäquat auf sie reagieren zu können.
Und dann: Reden, reden und noch mal reden - mit Publishern, Netzwerken und anderen Merchants bzw. Agenturen.
Gute Kontakte sind neben guten Produkten fast ein Garant für ein erfolgreiches Programm!

Welche Trends siehst Du in den nächsten Jahren auf die Affiliate-Branche zukommen und worauf sollte man sich vorbereiten?

Ein Trend, der sich seit Jahren abzeichnet, sich aber noch immer nicht zufrieden stellend darstellen lässt, ist wohl die Customer Journey. In Vorbereitung darauf sollte man seine Trackingmethoden überprüfen und optimieren. Auch wird der Bereich Social Media künftig wohl eine noch größere Rolle als bisher spielen. Da ist die Kreativität der Affiliate-Manager gefragt.

Auf welchen Blogs, Info-Portalen, Zeitschriften oder Konferenzen bildest Du Dich weiter und wo informierst Du Dich über die neuesten Entwicklungen?

Es gibt eine Vielzahl von Blogs (die bekanntesten sind wohl 100partnerprogramme, AffiliateBLOG und kolumne24), Verantstaltungen (z.B. Netzwerkveranstaltungen, dmexco, TactixX) und Printmedien (z.B. Internetworld), bei denen man sich informieren und auf dem Laufenden halten kann.

ÜBER ANDREA SCHMIDT (SMO, LUCKY-PET GMBH)

Andrea Schmidt war von 2002 bis 2013 bei der Orion Versand GmbH beschäftigt und hat dort die Bereiche Affiliate Marketing und Social Media aufgebaut und verantwortet. Anfang 2013 wechselte sie zu dem Tierbedarfsversender Lucky-Pet in Bad Oldesloe, wo sie diese Bereiche ebenfalls aufbaut und betreut.

Kontaktdaten:

Xing: www.xing.com/profile/Andrea_Schmidt33

INTERVIEW MIT CEM SELINA

Wie lange bist Du schon in der Affiliate-Branche und wie bist Du dazu gekommen?

Im Affiliate Marketing bin ich seit mittlerweile 8 Jahren tätig. Die ersten Berührungspunkte habe ich als Quereinsteiger gesammelt und zwar in einem Pratikum während meines Studiums zum Betriebswirt. Damals habe ich die Vermarktung eines Geschenkeshops mitübernommen. Die ersten Schritte gingen eher über die "Kalt-Wasser-Methode", also learning-by-doing.

Nach meinem Praktikum war ich dann erst einmal als Partner aktiv, um nach Abschluss meines Studiums bei einer Online-Agentur als Affiliate Manager einzusteigen.

Wie so oft in der Online-Branche ist es ein sehr schnelllebiges Geschäft und somit bin ich nach einer kurzen Zeit als Senior Affiliate Marketing Manager nach 1,5 Jahren zum Head of Affiliate Marketing aufgestiegen.

Was findest Du am Affiliate Marketing besonders spannend?

Die Vielschichtigkeit ist für mich besonders spannend und stellt sich unter anderem wie folgt im Affiliate Marketing dar: Im Affiliate Marketing treffen viele Beteiligte, Bedürfnisse und Ziele aufeinander. Merchant/Werbetreibender, Partner, Agenturen und Verbraucher.

Es gibt natürlich gelernte, etablierte und sich wiederholende Instrumente, die helfen diese Vielschichtigkeit „händelbar“ zu machen, dennoch ist jedes Partnerprogramm individuell zu betrachten und zu behandeln. Diese Spannungsfelder machen die Vielschichtigkeit aus und somit für mich das Affiliate Marketing fordernd, lebendig und spannend.

Worauf sollte ein Partnerprogrammbetreiber bei der Auswahl eines Affiliate-Netzwerks achten?

In Deutschland ist die Netzwerklandschaft recht übersichtlich, so dass es eigentlich nur zwei große, bekannte Netzwerke gibt mit großen Partner-Pools und starken Top-Partnern. Will man ein Partnerprogramm für ein Unternehmen/Produkte mit einer breiten Zielgruppe starten, so müssen diese Netzwerke angegangen werden.

Sehr spezielle Programme mit einer eingeschränkten Zielgruppe (an Partnern oder an Endkunden gemessen), sollten sich an die Vertical Networks wenden. Diese themenspezifischen Netzwerke können ein spezielles Programm weitaus zielführender mit entsprechendem Partner-Pool, Kenntnissen der Bedürfnisse und Know-how effektiv begleiten und entsprechende Plattformen bieten. Beste Beispiele für Vertical Networks gibt es seit einigen Jahren im Finanzbereich. Aber mehr und mehr entstehen für weitere Branchen spezielle Netzwerke. Die Entwicklung bleibt also spannend.

Ein wenig hinderlich bei einer optimalen Netzwerkstrategie und den besagten Netzwerken ist die so genannte Setup-Fee, die bei den großen Netzwerken einige Tausend Euro betragen kann. Dies sollte insbesondere bei kleineren Partnerprogrammen bedacht werden – nicht, dass dadurch beispielsweise die Hälfte des Jahresbudget aufgebraucht worden ist.

Wie aber schon in der vorherigen Frage hingewiesen, muss jedes Partnerprogramm individuell betrachtet werden und somit auch eine individuelle Netzwerk-Strategie entwickelt werden.

Worauf sollte ein Affiliate-Manager bei der Betreuung eines Partnerprogramms besonders achten?

Partner, Partner, Partner (Was soll ich hier noch mehr schreiben? Das sagt alles ☺) …. Die Partner sind das höchste Gut im Affiliate Marketing und somit müssen diese gepflegt und gehegt werden.

Wie sollte aus Deiner Erfahrung ein gutes Provisionsmodell aufgebaut sein?

Hier könnte ich wieder die Vielschichtigkeit des Affiliate Marketing aus der ersten Frage anbringen, denn es gilt sowohl den Longtail- als auch die Top-Partner mit einem Provisionsmodell zu erreichen.

Hierbei sollte nicht „am falschen Ende" gespart werden, das heißt, gerade zu Beginn eines Partnerprogramms lieber ein wenig mehr in die Partner und ihre Provision zu investieren und dadurch die Effekte des Verdrängungswettbewerbs zu nutzen und loyale, langlebige Partnerschaften zu finden.

Welche Werbemittel eignen sich am besten und womit hast Du gute Erfolge erzielt?

Erfolgreiche und zielführende Werbemittel sind je nach Partnerprogramm unterschiedlich, denn grundsätzlich geht es um die Einbindung. Also darum, das Werbemittel in einem passenden Umfeld zu integriert und weniger um das Werbemittel selbst.

Daher würden Logos, Produktdatenlisten und Texlinks zur Programmbewerbung vollkommen ausreichen, denn diese lassen sich besonders themenrelevant und contentspezifisch von den Partnern einbinden.

Jedoch nur auf diese eher „leisen" und antiquiert-wirkenden Werbemittel zu setzen, traut sich keiner in der Branche. Zudem muss beachtet werden, dass für manche Zielgruppen, Produkte oder Branchen dynamische Werbemittel von Vorteil sein können - womit wir einmal wieder bei der Vielschichtigkeit des Affiliate Marketings wären und der These, dass jedes Affiliate Programm individuell betrachtet/ beleuchtet werden muss.

Auf welche häufigen Fehler muss man sich in der Betreuung eines Partnerprogramms einstellen und wie kann man diese vermeiden?

Häufig wird verkannt wie wichtig Partner und somit zielgerichtete Einbindungen für ein erfolgreiches Programm sind. Somit sollte sich ein Affiliate Manager gut um seine Partner kümmern, mit ihnen in Kontakt stehen, sich austauschen. Partner weisen häufig frühzeitig auf Problematiken hin, geben Hinweise und Wünsche weiter, so dass sich Fehler früh erkennen und klären lassen.

Partner sind das Kapital eines Partnerprogramms.

Welche Erfahrung hast Du mit Partner-Newslettern gemacht? Wie häufig sollte man diese verschicken, welche Informationen sind wichtig und wann ist das richtige Timing für den Versand?

Der inflationäre Gebrauch von Newslettern in den letzten Jahren bedingt, dass Newsletter häufig nur noch wenig zielführend sind. Partner wurden zugeschüttet mit Informationen und die daraus entstehende „Sättigung" führte eher zu einer Nichtbeachtung.

Es ist wichtig, zu selektieren und Partnern ausschließlich wirkliche Neuigkeiten zu kommunizieren und dabei ganz klar die Fakten in eine verständliche Form zu bringen. Auch schöne Grafiken und sich wiederholende Floskeln kommen bei Partnern nicht gut an, sondern es zählen nur die Fakten. Auf den Punkt gebracht: Weniger ist mehr.

Im letzten Jahr hat sich auch mehr und mehr die Erkenntnis durchgesetzt, dass die individuelle Kommunikation mit einigen Top-Partner deutlich effektiver und zielführender ist, als (Massen-) Kommunikation über den Netzwerk-Newsletter.

Der Versandzeitpunkt ist nahezu egal, denn wenn der Partner interessiert ist und seine Aufmerksamkeit geweckt wird, dann verarbeitet er die Information.

Mit welchen Publisher-Modellen hast Du die besten Erfahrungen gemacht?

Bei den Publisher-Modellen kommt es sehr stark auf die Branche an, denn jede Branche hat seine speziellen Partner, die es gilt zu finden und im Anschluss für das eigene Partnerprogramm auszubauen. In erster Linie handelt es sich hier um die Content-Partner, denn wie auch im SEO-Bereich heißt es auch im Affiliate Marketing: Content ist King.

Aber in den letzten Jahren haben sich weitere Publisher-Modelle etabliert, wie beispielsweise die Gutschein-Seiten oder die Cashback-Systeme, die ein deutliches Umsatzplus im Partnerprogramm erzeugen können.

Bei beiden Partnergruppen braucht man nicht alle 5.000, die als Partner in den Netzwerken aktiv sind, sondern die Partnerschaft mit einigen Großen reicht aus, um Umsatz und Erfolg des Partnerprogramms zu pushen. Auch bei den Cashback-Systemen gibt es einige Große, damit es für beide Seiten Spaß macht.

Wie kann man sich als Affiliate-Manager vor Betrug oder Missbrauch durch Affiliates schützen?

Hier zeigt sich wieder einmal, wie wichtig die Kommunikation mit den Partnern ist, denn durch eine gute Bindung, lange Partnerschaften und ein faires Provisionsmodell entstehen loyale Affiliates, die weniger bis gar nicht betrügen würden.

Bei der Zulassung der Partner kann drohendes Unheil schon sehr früh abgewendet bzw. überhaupt zugelassen werden. Denn meist lassen sich hier schon ein Großteil von potentiellen Fraud-Anmeldungen identifizieren.

Da es aber unbestritten schwarze Schafe gibt, ist eine stetige Beobachtung der Statistiken unabdingbar. Halbautomatische Tools unterstützen einen Affiliate Manager, Auffälligkeiten frühzeitig zu erkennen und zu lösen.

Wie sollte Deiner Meinung nach ein gutes Affiliate-Reporting aufgebaut sein und welche KPIs sollte dieses beinhalten?

Reportings sollten wichtige Indikatoren wie Views, Clicks, Orders und Umsatz enthalten und diese ohne viel „SchiSchi“ darstellen.

Hier geht es darum Fakten und somit die Performance des Programms schnell begreifbar zu machen.

Die Conversionrate ist zwar häufig bei den Reportings mit enthalten, aber in vielen Fällen nicht aussagefähig. Bei mir geht es um die harten Sales, das ist das Einzige, was zählt. Gleichgültig wie viel Werbeleistung zusätzlich erbracht worden ist. Die Click-Through-Rate, die in anderen Disziplinen im Online Marketing als markanter KPI herangezogen wird, ist für das Affiliate Marketing irrelevant.

Hingegen können aktive Partner (mindestens ein Sale pro Monat) sowie die Partnerbewerbungen gute Indikatoren für die Entwicklung sein.

In einem monatlichen Reporting ist es in manchen Fällen zu empfehlen, dass die Performance der Top-Partner, also der umsatzstärksten Partner, festgehalten und aufgezeigt wird, um einen guten Überblick zu behalten und auch bei einem eventuellen Umsatzverlust eines Partners schnell eine entsprechende Indikation zu erhalten, woher der Rückgang kommt.

Grundsätzlich ist eine pauschale Aussage bei sehr individuellen Partnerprogrammen schwierig und muss den speziellen Bedürfnissen angepasst sein.

Welche Insights und Tipps kannst Du anderen Affiliate-Managern geben?

Sehe die Partner als deinen größten Schatz an und pflege diesen Schatz.

Welche Trends siehst Du in den nächsten Jahren auf die Affiliate-Branche zukommen und worauf sollte man sich vorbereiten?

Für die nächsten Jahre sehe ich folgende Trends/ Entwicklungen in der Affiliate Branche:

- Die Fokussierung auf Top-Partner ist eine voranschreitende und starke Entwicklung und bedeutet eine Abwendung vom Affiliate Marketing in seiner ursprünglichen Form. Es wird nicht mehr um die schiere Quantität gehen, sondern zu einer Fokussierung auf wenige Qualitätspartner hinsteuern. Qualität bedeutet in diesem Zusammenhang professionalisiert, aktiv, kreativ und etabliert.

- Zudem sehe ich die Customer Journey immer stärker als ein Instrument zur Steuerung oder Verbesserung des Kaufprozesses und der Kundenbindung ins Affiliate Marketing kommen.

Auf welchen Blogs, Info-Portalen, Zeitschriften oder Konferenzen bildest Du Dich weiter und wo informierst Du Dich über die neuesten Entwicklungen?

Hier gibt es keine speziellen Portale und Webseiten. Die relevanten Neuigkeiten erhalte ich aus den unterschiedlichsten Quellen, aber hauptsächlich in Gesprächen mit Netzwerken oder Partnern.

Daher kann ich nur sagen, dass die Affiliate Abteilung neben dem Sales-Team eigentlich die höchste Telefonrechnung im gesamten Unternehmen haben muss, denn die Kommunikation mit den Partnern ist das Relevanteste überhaupt.

ÜBER CEM SELINA (DEUTSCHE TELEKOM AG)

Ich bin seit mittlerweile 14 Jahren in der Online-Branche unterwegs. Noch bevor die so genannte „Dotcom-Blase“ geplatzt ist, habe ich meine ersten Schritte bei dem Adserving Dienstleister Adtech gemacht.

Nach meinem Studium zum Diplom-Betriebswirt mit dem Schwerpunkt Online-Marketing habe ich zahlreiche Einblicke in verschiedene kleine und große Unternehmen, wie beispielsweise bei der F.A.Z. Online Vermarktung, sammeln können.

Hierbei habe ich mich auf den spannenden Bereich des Affiliate Marketings spezialisiert und war zwischen 2007 und 2013 in der Online-Marketing Agentur jaron als „Head of Affiliate Marketing“ tätig. 2013 wechselte ich dann zur Deutschen Telekom als Head of Affiliate im MediaCommerce-Bereich Games.

Kontaktdaten:

Xing: https://www.xing.com/profile/Cem_Selina

INTERVIEW MIT CHRISTIAN LAUKAT

Wie lange bist Du schon in der Affiliate-Branche und wie bist Du dazu gekommen?

In den Affiliate-Kanal bin ich über den Weg des Publishers gerutscht. Erste Berührungspunkte gab es also vor ca. sieben Jahren. Eigene Webseitenprojekte haben mich das Studium über begleitet, bis mich ein Praktikum in die Projecter GmbH führte. Der Blick auf die "andere Seite" - also das Account Management - hat mich sehr fasziniert und nicht mehr losgelassen. Nach einer Freelancerphase parallel zum Studium, bin ich schließlich 2011 mit dem Berufseinstieg fest in der Affiliate-Branche gelandet. Seit mehr als einem Jahr leite ich jetzt bei der Projecter GmbH als Head of das Affiliate Marketing.

Was findest Du am Affiliate Marketing besonders spannend?

Grundsätzlich ist der Performancegedanke sehr interessant. Mit der gängigen Abrechnung auf CPO-Basis treten Marketingkosten nur auf, wenn tatsächlich auch Umsätze generiert werden. Das muss teilweise zwar relativiert werden, denn mit der Zeit haben sich vielseitige Affiliate-

Geschäftsmodelle etabliert. Oft sind mehrere Dienstleister involviert, die einen gewissen Fixkostenanteil in die Abrechnung hineintragen. Dennoch ist der ursprüngliche Grundgedanke rein performance-basiert.

Hinter dieser Abrechnungsform verbirgt sich auch der zweite spannende Punkt des Affiliate Marketings: Das Tracking. Es ist allgemein sehr faszinierend, einzelne Marketingmaßnahmen auf den Punkt genau zurückzuverfolgen und evaluieren zu können. Das gilt selbstverständlich auch für die übrigen Online-Marketing-Kanäle. Ein Tracking ist hier eigentlich immer beteiligt und gerade im Zusammenspiel der verschiedenen Kontaktpunkte der Endkunden mit den Produkten wird die Auswertung noch interessanter. Die Herausforderungen für Technik und Partnerprogramm-Management wachsen natürlich in gleichem Maße.

Worauf sollte ein Partnerprogrammbetreiber bei der Auswahl eines Affiliate-Netzwerks achten?

Mit dem Tracking als Dreh- und Angelpunkt des Affiliate Marketings kommt den Netzwerken als Technik-Dienstleister natürlich eine ganz besondere Rolle zu. Hier wird die technische Infrastruktur geliefert und nebenbei auch noch die gesamte Abrechnung erledigt.

Neben dem Tracking der Sales an sich, dass in allen Netzwerken gegeben ist, gibt es mitunter weitere technische Finessen, die ein Netzwerk anbieten kann - oder eben nicht: Können einzelne Produkte des Warenkorbs oder Gutscheincodes gesondert getrackt werden, gibt es Container-Tag-Lösungen, sind Kooperationspartner für das Tracking über ein Callcenter vorhanden oder können auch Verkäufe über andere Kanäle wie z.B. mobile Apps gewährleistet werden, um hier nur einige zu nennen? Hier gibt es Unterschiede und man sollte sich des eigenen Bedarfes bewusst werden.

Ebenfalls wichtig ist das Handling und die Usability. Das lässt sich nicht losgelöst von persönlichen Nutzungsgewohnheiten betrachten, aber es gibt Tools in den Netzwerken, die einen gesonderten Mehrwert für die tägliche Arbeit liefern. Dedizierte Lösungen zur Verbreitung von Promotions, wie etwa Gutscheine oder andere Endkundenaktionen oder die Stapelverarbeitung der generierten Sales und der genutzten Werbemittel und Links, können die tägliche Arbeit enorm erleichtern und damit auch Kosten reduzieren. Es gilt jedoch erneut, den eigenen Bedarf nach diesen Lösungen abzuschätzen.

Weitere zentrale Punkte sind Kommunikation und der Support. Ein Affiliate Programm lebt von der Bindung zu seinen Partnern. Diese gilt es überhaupt erst zu finden und dann zu pflegen. Kontakte in der Branche sind hier unerlässlich. Darüber hinaus braucht man entsprechende Kommunikationskanäle, um wichtige Informationen an die Partner heranzutragen. Hier kommen auch die Netzwerke ins Spiel. Abgesehen von der Reichweite, die das jeweilige Netzwerk mit seine Größe an sich generiert, ist der Supportschlüssel entscheidend. Schon direkt nach Aufsetzen eines Programms unterscheidet sich etwa für wie lange man einen festen Ansprechpartner zugewiesen bekommt: Von einigen Wochen, über mehrere Monate bis hin zu einer dauerhaften Betreuung ist alles möglich. Wie eng diese Betreuung am Ende aussieht, ist davon abhängig wie "groß" einerseits das Netzwerk und andererseits das Partnerprogramm ist. Hier gibt es also keine pauschalen Aussagen, dennoch ist die Frage, welche Leistungen an bestimmte Kriterien gebunden sind, die es erst noch zu erfüllen gilt, absolut gerechtfertigt, um falsche Erwartungen von vornherein auszuschließen.

Zu guter Letzt müssen all diese Punkte gemeinsam mit Blick auf das eigene potenzielle Partnerprogramm zusammengeführt werden. Heraus kommt eine Kosten-Nutzen-Abwägung, denn selbstverständlich bieten alle Netzwerke unterschiedliche

Preismodelle an.

Worauf sollte ein Affiliate-Manager bei der Betreuung eines Partnerprogramms besonders achten?

Diese Frage auf einen Punkt zu bringen ist sehr schwer. Der Affiliate-Manager sollte natürlich grundsätzlich sein Handwerk beherrschen, alle Netzwerke sollte man mal bedient haben und sich in der Struktur zurecht finden, die verschiedensten Affiliate-Modelle dürfen keine Fragen aufwerfen und der technische Background muss da sein, vor allem wenn es um Trackingfragen geht. Das sind dann soweit die "Basics". Im Berufsleben des Affiliate-Betreuers läuft daneben noch sehr viel über Erfahrungswerte und Kontakte.

Mit wachsendem Erfahrungsschatz fallen Einschätzungen, Prognosen und Marktbeobachtungen natürlich viel leichter. Man hat dann ggf. entsprechende Geschäftsmodelle einfach schon oft kommen und gehen gesehen. Weiterhin wächst auch die inhaltliche Expertise, wenn im Berufsleben schon Partnerprogramme aus den unterschiedlichsten Branchen betreut wurden.

Kontakte, die man während dieser Zeit sammelt, gehören genauso dazu. Im Affiliate Marketing ist es essentiell, eine gute Bindung zu den Partnern aufzubauen. Hat man einen passenden Ansprechpartner zur Hand, geht die Affiliate-Akquise viel schneller vonstatten. Schließlich spielt in der Branche auch das gegenseitige Vertrauen eine wichtige Rolle. Die Vernetzung in Richtung der Netzwerke und anderer professioneller Partner ist hierbei genauso wichtig.

Wie sollte aus Deiner Erfahrung ein gutes Provisionsmodell aufgebaut sein?

Das Provisionsmodell ist oft der erste Eindruck, den ein potenzieller Affiliate vom Partnerprogramm bekommt. Daher muss es erst einmal ansprechend sein. Der Einstieg sollte nicht hinter der Konkurrenz zurückliegen. Vorteilhaft ist auch eine Staffelung. Damit werden Affiliates motiviert und Top-Partner belohnt. Bei einer Staffelung muss dann klar definiert werden, welche Regeln/Grenzen/Auslöser den Wechsel zwischen den Staffeln ermöglichen und wann und wie solche Wechsel vollzogen werden. Hier geht es um die Provisionen der Affiliates, daher ist Transparenz oberstes Gebot.

Trotz der Wirkung, die man mit einem ansprechenden Provisionsmodell erzielen kann, dürfen strategische Erwägungen nicht ins Hintertreffen geraten. Ein Partnerprogramm muss auf soliden Beinen stehen und die Provisionen sind im Regelfall der größte Kostenpunkt eines Partnerprogramms. Eine angemessene Kalkulation des Affiliate-Managers zusammen mit dem Merchant, welche alle Margen berücksichtigt, ist also Grundvoraussetzung für ein Programm, dass langfristig erfolgreich sein will.

Welche Werbemittel eignen sich am besten und womit hast Du gute Erfolge erzielt?

Für mich sind das ganz klar die Klassiker Textlink und Produktdaten. Die Vorteile liegen hier in der Art der Integration dieser Werbemittel: Mit Textlinks oder Links aus den Produktdaten lässt sich viel flexibler arbeiten und die Verlinkung kommt direkt aus dem Seiteninhalt. Banner landen üblicherweise nicht im Content. Im Falle der Produktdaten kommt hinzu, dass man mit standardisierten Daten so herrlich arbeiten kann. Professionellen Affiliates bieten sich hier beste Möglichkeiten zur Skalierung ihrer Projekte und zuletzt basieren ganze Affiliate-Geschäftsmodelle wie z.B. das Re-Targeting am Ende auf den Produktdaten, die im Netzwerk hinterlegt worden sind.

Auf welche häufigen Fehler muss man sich in der Betreuung eines Partnerprogramms einstellen und wie kann man diese vermeiden?

Ein ganz empfindlicher Punkt ist sicher das Tracking. Jeder Fehler, der sich hier einschleicht, ist für die Affiliates ein großes Problem. Daher ist es wichtig, die technische Implementierung wiederholt zu überprüfen. Ein Beispiel sind Merchants, bei denen Anpassungen an der Shopwebseite immer mit Bedacht vorgenommen werden müssen und anschließend Trackingtests durchgeführt werden sollten.

Viel häufiger gibt es wahrscheinlich fehlerhafte Trackinglinks auf der Affiliate-Seite. Hier ist es genauso ärgerlich, wenn durch vergessene Parameter oder unpassende URLs keine Provisionen ausgeschüttet werden, da unvollständige Daten im Netzwerk einlaufen.

Welche Erfahrung hast Du mit Partner-Newslettern gemacht? Wie häufig sollte man diese verschicken, welche Informationen sind wichtig und wann ist das richtige Timing für den Versand?

Partnernewsletter sind selbstverständlich eines der Kernelemente für die Publisherkommunikation. Über diesen Kanal ist es möglich programmspezifische Informationen an die Publisher weiter zu geben. Inhaltlich betrifft das in der Regel Informationen zu Aktionen und Promotions sowohl für Endkunden als auch für Affiliates, Tipps und Hinweise für die unterschiedlichen Publisher Segmente und - ganz wichtig - offizielle Benachrichtigungen, wenn es beispielsweise Änderungen in den Programmbedingungen gibt, technische Anpassungen vorgenommen wurden oder rechtliche Belange an die Publisher weitergegeben werden müssen.

Abgesehen von den offiziellen Benachrichtigungen, die generell an alle Publishergruppen gleichermaßen versandt werden, ist es vorteilhaft spezifische Informationen aufzubereiten, damit die Affiliates einen Mehrwert haben. Gutscheinpublisher einmal die Woche mit den aktuellen Topsellern zu versorgen, wäre genauso unangebracht wie Gutscheincodes im Rhythmus von wenigen Tagen auch an alle Contentpartner zu verteilen. Es sollte der Versuch unternommen werden, spezifische Informationen jeweils an begrenzte Gruppen zu verteilen, um den Informationsgrad zu erhöhen.

Feste Vorgaben im Sinne der Häufigkeit sehe ich da weniger, denn das hängt auch maßgeblich davon ab, ob tatsächlich wertvolle Informationen für die Partner vorliegen. Auch mit Blick auf das Timing würde ich eher auf äußere Bedingungen verweisen, statt auf Studienergebnisse, die die Öffnungsrate von Emailmarketing-Maßnahmen untersucht haben: Schickt das Account-Management ein Mailing an die Affiliates raus, sollte man anschließend für eventuelle Rückfragen erreichbar sein. Gibt es bestimmte Aktionen, die zu einem vorgegebenen Termin starten, ist entsprechender Vorlauf ggf. wichtiger als der perfekte Wochentag zum Verschicken von Newslettern.

Mit welchen Publisher-Modellen hast Du die besten Erfahrungen gemacht?

Hier gibt es keine klare Antwort. Erstens unterscheiden sich Partnerprogramme an sich und nicht jedes Publisher-Modell läuft in jedem Umfeld gleich gut. Zweitens sind Publisher-Modelle generell auch nicht leicht direkt zu vergleichen. Natürlich gibt es professionalisierte Partner, mit denen man in direkter Kooperation zusammenarbeitet und die für einen großen Anteil der Sales verantwortlich sind. Beispielhaft wären hier die Dienstleister im Bereich PostView, Re-Targeting und Display zu nennen. Dem gegenüber steht dann aber eine breite Masse an unterschiedlichsten Content-Publishern, die selbstverständlich nicht mit einer Stimme sprechen.

Aus Merchantsicht ist der Inbegriff des qualitativ hochwertigen Partners immer noch der Contentpartner, der genau die passende Nische des Merchantshops bedient. Aber zum gesunden Partnermix in einem Affiliate-Programm gehören auch andere Publisher-Modelle. Ob letztendlich alle Modelle im gleichen Umfang für ein bestimmtes Partnerprogramm zugelassen werden oder ob hier Einschränkungen vorgenommen werden, unterliegt strategischen oder betriebspolitischen Erwägungen des Merchants. Schon allein aus diesem Grund lässt sich die Frage nach den besten Publisher-Modellen nicht beantworten.

Wie kann man sich als Affiliate-Manager vor Betrug oder Missbrauch durch Affiliates schützen?

Betrug im Affiliate Marketing ist leider ein Problem, das der Branche generell anhaftet und nie so richtig verschwinden möchte. Ich persönlich denke, das liegt eher daran, dass viele Menschen das Affiliate Marketing nicht voll verstehen, als daran, dass Betrug wirklich in großem Umfang auftritt und die Branche einen schlechten Ruf verdient. Dennoch darf man das Problem nicht vernachlässigen.

Das Affiliate-Management, kann hier bereits einige Schritte unternehmen, um das Betrugsrisiko möglichst gering zu halten. Zunächst sollten mögliche Techniken des Betruges bekannt sein. Hier hilft ein großer Erfahrungsschatz und die eigenständige Weiterbildung, um am Ball zu bleiben. Betrügerische Affiliates könnten sich hochentwickelter Technologien bedienen, von denen man dann zumindest schon etwas gehört haben sollte, um auf verdächtige Machenschaften aufmerksam zu werden.

Die Vorsorge beginnt aber im kleineren Maßstab: Bedingungen sollten idealerweise von Beginn an transparent dargestellt werden. Oft bieten sich hier Schlupflöcher nach dem Motto „was nicht verboten ist, ist dann wohl erlaubt". Diese

Auslegung ist natürlich mehr als fraglich, dennoch bewegt man sich vielerorts in Grauzonen. Gegebenenfalls muss auch zwischen Betrug, Missbrauch und fragwürdiger Werbeleistung unterschieden werden. Manchmal sind Verstöße von vornherein klar, ein anderes Mal hat ein kreativer Affiliate vielleicht nur über die Stränge geschlagen.

Neben Erfahrung und Wissen sind die Werkzeuge des Affiliate-Managers dann eigene Tools und das Reporting. Tools könnten beispielsweise bei der Beobachtung von Suchbegriffen in den Suchmaschinen genutzt werden und das Reporting liefert eine ganze Reihe von Kennzahlen, die zumindest die Aufmerksamkeit des Managements erregen sollten. Am Ende ist nämlich die offene Kommunikation mit dem Partner, also das "einfach mal nachfragen" auch ein mächtiges Mittel. Verdächtige Kennzahlen wären z.B. auffällige Stornoquoten genauso wie auffällige Conversionrates. Hier gilt oftmals, wenn etwas zu schön aussieht, wird es wohl nicht so ganz sauber ablaufen. Die Qualität des Traffics allgemein ist auch ein Hinweis: Werden Referrer versteckt? Kommen Klicks oder Sales immer zum selben Zeitpunkt? Unterscheidet sich das statistische Profil eines Partners maßgeblich von vergleichbaren Partnern? Aus den Daten lässt sich sehr viel herauslesen. Am Ende könnte man hier fast von Profiling sprechen.

Wie sollte Deiner Meinung nach ein gutes Affiliate-Reporting aufgebaut sein und welche KPIs sollte dieses beinhalten?

Ein gutes Reporting lässt sich an Regelmäßigkeit und Übersichtlichkeit festmachen. Natürlich stecken alle Kennzahlen auch einzeln in den Netzwerken - an den verschiedenen Stellen versteckt - doch ist hier der Blick in die Zahlen immer nur eine Momentaufnahme. Durch ein gutes Reporting, welches durch das Affiliate-Management durchgeführt wird, hat man zwei zentrale Effekte: Die

Aggregation und die Kontinuität.

Aggregiert werden die Daten in der Regel aus den verschiedenen Netzwerken. Mitunter finden hier sogar Zahlen Eingang, die aus direkten Kooperationen und Inhouse Partnerprogrammen resultieren. Anschließend hat man dann den umfassenden Blick auf die Verteilung der Sales, der Umsätze, des Traffics, der Warenkörbe, Stornoraten, Conversionrates, etc. Damit werden dann auch strategische Entscheidungen auf eine fundierte Basis gestellt. Gerade, wenn es um Fragen der Ressourcen-Allokation geht, kann es entscheidend sein, die Zahlen auf dieser Ebene zu gruppieren.

Die Kontinuität ergibt sich aus der angehenden Anreicherung mit Daten. Umso länger das Reporting läuft, desto interessanter wird die Historie. Vergleiche von Zeiträumen werden ermöglicht und die Entwicklung einzelner KPIs lässt sich analysieren.

Wichtige KPIs sind dann natürlich Umsätze, Provisionen, Sales (freigegeben/storniert), Klicks, Warenkörbe und alle Relationen, die sich daraus bilden lassen: Klickraten, Conversionraten, Stornoraten, durchschnittliche Provisionsraten, etc. Richtig interessant wird es dann, diese Daten entsprechend zu gruppieren und zuzuordnen. Neben der Aggregation nach z.B. Netzwerk, lassen sich hier auch Gruppen von Publishern bilden. So lässt sich die Performance unterschiedlicher Affiliate-Geschäftsmodelle betrachten. Ist ein entsprechendes Tracking im Partnerprogramm vorhanden, lassen sich auf diese Weise auch KPIs wie die Neukundenquote integrieren und wiederum auf Netzwerk, Geschäftsmodell bis hinunter auf Publisher-Ebene betrachten.
Die Möglichkeiten sind vielseitig. Die wichtigsten Erkenntnisse ergeben sich dabei aber aus dem allgemeinen Überblick und der Top-Partner-Basis, die schnell und jederzeit durch das Reporting einsehbar sind.

Welche Insights und Tipps kannst Du anderen Affiliate-Managern geben?

An sich kann ich das Credo auf eine klare und transparente Kommunikation herunterbrechen. Das mag vor allem dem Standpunkt als Agenturmitarbeiter geschuldet sein, aber durch diese Position als Mittler zwischen Merchant, Netzwerk und Publisher besteht ein Großteil der Arbeit tatsächlich aus dem Bearbeiten zahlloser Anfragen. Natürlich ist die eine Anfrage einmal weniger wichtig als die andere, aber eine schnelle Kommunikation kann hier Türen öffnen, besonders, wenn es um den Kontakt zu Publishern geht.

Welche Trends siehst Du in den nächsten Jahren auf die Affiliate-Branche zukommen und worauf sollte man sich vorbereiten?

Das Affiliate Marketing ist ein technisches Thema. In den letzten Jahren wurde die Entwicklung maßgeblich durch immer ausgefeiltere Techniken vorangetrieben. Diese Prozess wird sich weiter fortsetzen. Ich denke hier besonders an die Display-Werbeformen von Postview über Re-Targeting bis zu Realtime-Bidding und in den unterschiedlichsten Konstellationen untereinander. Auch Mobile ist hier schon länger ein Trend, wobei hier großes Potential in mobilen Bezahlmethoden liegt, die den E-Commerce weiter voranbringen werden und auf der anderes Seite die App-Entwicklung, die auch jetzt schon von den Affiliates selbst übernommen wird. Schon längst geht es im Affiliate Marketing nicht mehr nur um die Webseite an sich.

Auf welchen Blogs, Info-Portalen, Zeitschriften oder Konferenzen bildest Du Dich weiter und wo informierst Du Dich über die neuesten Entwicklungen?

Für das Networking in der Branche eignen sich die lokalen und überregionalen Stammtische, bei denen ich gerne meine Kontakte treffe. Darüber hinaus sind die einschlägigen Branchenevents hoch interessant, um Neues zu erfahren. Hierbei muss es nicht auf reine Affiliate-Veranstaltungen beschränkt bleiben. Genauso verhält es sich bei Blogs und Portalen. Kerngebiete sind hier das Online-Marketing allgemein und dann setze ich den Fokus gern auf SEA, SEO und natürlich das Affiliate Marketing. Interessante Beiträge finden sich neben dem Lesen auf den Blogs natürlich auch bei Twitter und Google+. Eine ausführliche Aufzählung würde jetzt den Rahmen sprengen.

ÜBER CHRISTIAN LAUKAT (PROJECTER GMBH)

Affiliate Marketing ist eine meiner Leidenschaften, sodass ich neben dem Beruf auch privat als Affiliate aktiv bin. Natürlich lässt die begrenzte Freizeit nicht zu alle Ideen umzusetzen, Spaß macht es aber allemal. Um nicht nur vor dem Computer zu sitzen, verschlägt es mich oft auf Konzerte und Festivals und wenn dann noch das Wetter stimmt, vergnüge ich mich hinter dem Segel meines Surfbretts. Beruflich findet man mich bei der Projecter GmbH als Head of Affiliate und damit als erster Ansprechpartner in allen Affiliate-Fragen.

Kontaktdaten:

Telefon: 0341 - 22 48 662
E-Mail: christian@projecter.de
Xing: https://www.xing.com/profile/Christian_Laukat
Facebook: https://www.facebook.com/projecter.gmbh
Google+:
https://plus.google.com/u/0/109824650653880685315
Twitter: https://twitter.com/projecter

INTERVIEW MIT ELENA LAPSCHIN

Wie lange bist Du schon in der Affiliate-Branche und wie bist Du dazu gekommen?

Ich bin mittlerweile seit neun Jahren in der Online-Welt, im Speziellen im Affiliate Marketing, unterwegs. In diese Branche bin ich zufällig nach meiner Ausbildung als Steuerfachangestellte reingerutscht. Also eine typische Quereinsteigerin. Im Jahr 2004 habe ich bei der adbulter GmbH (jetzt belboon-adbutler GmbH) angefangen und mich komplett um die Finanzen des Unternehmens gekümmert. Nach nur wenigen Wochen durfte ich meine Kollegen im Support und Marketing unterstützen und habe festgestellt, dass es doch einige Sachen gibt, die spannender als Steuergesetze und Bilanzen sind. Seitdem bin ich leidenschaftliche Onlinerin.

Was findest Du am Affiliate Marketing besonders spannend?

Die Menschen, die Abwechslung, die Dynamik und selbstverständlich die Erfolge, die man gemeinsam mit den Partnern erzielt. Erfolge, die genau gemessen werden können.

Aber auch die immer neuen Fraud-Methoden (Betrug) halten

uns, Affiliate Marketing Manager, immer auf Trab und „zwingen" uns, sich damit bis ins kleinste Detail auseinanderzusetzen, um in Zukunft den neuen Methoden vorgreifen zu können. Es ist zwar ein negativer, jedoch unheimlich interessanter Aspekt.

Durch die Professionalisierung der Publisher, die Entstehung neuer Segmente und die Weiterentwicklung der technischen Möglichkeiten ist das Affiliate Marketing für alle Parteien immer noch „packend". Dies alles bringt immer wieder neue Herausforderungen mit sich, die den Alltag spannend gestalten.

Worauf sollte ein Partnerprogrammbetreiber bei der Auswahl eines Affiliate-Netzwerks achten?

Es ist empfehlenswert, vorher eine Markt- und Wettbewerbsanalyse durchzuführen, um zu prüfen, ob eigene Produkte/Dienstleistungen für das Aufsetzen eines Partnerprogramms geeignet sind. Es müssen auch wettbewerbsfähige Rahmenbedingungen für die Publisher geschaffen werden, damit diese das Programm erfolgreich bewerben können.

Ausschlaggebend bei der Auswahl eines Netzwerks sind die individuellen Ziele des Programmbetreibers. Welche Strategie wird verfolgt? Möchte man Neukunden gewinnen, eigene Marken bekannter machen oder z.B. auch internationale Märkte erschließen?

Man sollte auch den Wettbewerb betrachten, so kann man schnell das jeweilige Netzwerk identifizieren, welches in Frage kommen kann.

Anhand dieser Kriterien können die Programmbetreiber schon eine Vorauswahl treffen, welches der Netzwerke die Anforderungen erfüllen und auch die entsprechenden technischen Möglichkeiten bieten kann.

Der zweite relevante Punkt ist das vorhandene Budget. Einige Affiliate-Netzwerke berechnen eine einmalige Setup-Fee (Einrichtungsgebühr), bei manchen Netzwerken fallen zusätzlich monatliche fixe Gebühren an. Für die kleineren Partnerprogrammbetreiber sind daher eher kleinere Netzwerke, die erfolgsabhängig abrechnen, relevant. Hier ist jedoch zu beachten, dass bei diesen Nischen-Netzwerken die Advertiser nur auf einen geringen Publisher-Pool zugreifen können.

Ziehen Sie auf jeden Fall in Betracht, eine Affiliate Marketing Agentur, mit der Betreuung Ihres Partnerprogramms zu beauftragen. Im Rahmen der Agenturdienstleitung bekommen Sie ein kompetentes „Rundum sorglos Paket".

Worauf sollte ein Affiliate-Manager bei der Betreuung eines Partnerprogramms besonders achten?

- Wettbewerb & Marktentwicklung immer im Blick haben
- Richtige Publisher zulassen – Qualität vor Quantität
- Neue qualitative Partner proaktiv akquirieren
- Wettbewerbsfähige Provisionen
- Analyse und Optimierung der Werbemittel und der Kampagne (inkl. A/B-Testing)
- Auswertung der KPIs: Auffälligkeiten analysieren (Stornoquote zu hoch, Impressions, Klicks sind gestiegen/gesunken)
- Zeitnahe Kommunikation an die Partner
- Regelmäßiger Austausch mit den Top-Partnern
- Rechtzeitige und regelmäßige Auszahlung der Provisionen

Wie sollte aus Deiner Erfahrung ein gutes Provisionsmodell aufgebaut sein?

Es gibt keine einheitliche und für alle passende Lösung, denn das Konditionsmodell ist von der Branche des Programmbetreibers und eigenen Zielen abhängig.

Das Provisionsmodell muss auf jeden Fall fair, transparent und wettbewerbsfähig sein. Die Arbeit und die investierte Zeit der Partner muss entsprechend entlohnt werden.

Eine Lifetime-Provision (Publisher partizipiert vom Umsatz des geworbenen Kunden) ist sehr attraktiv. Jedoch haben nur sehr wenige Programmbetreiber ein ausgereiftes System, um solche Modelle transparent abzuwickeln.

Welche Werbemittel eignen sich am besten und womit hast Du gute Erfolge erzielt?

Die besten Erfahrungen habe ich mit den speziell für den Partner angelegten Deeplinks und animierten Bannern (gif-Format) gemacht. Im Retail-Bereich sind die Produktdaten für den Erfolg des Programms relevant.

Das Partnerprogramm soll mit dem Universal Ad Package (Abk.: UAP; weltweit anerkannter Standard der Online-Werbeformen) gestartet werden.

Die Basis-Banner sind:

Superbanner 728x90
Wide Skyscraper 160x600
Medium Rectangle 300x250
Rectangle 180x150

Zusätzlich sollten auch Full-Size 468x60 und Half-Size 234x60 zur Verfügung gestellt werden.

Folgende Formate sind möglich: gif = animiert, jpg = statisch, flash = interaktiv.

Wichtig: Immer vorab Gedanken über den Inhalt der Banner machen. Die Werbemittel sollen die wichtigen Informationen übermitteln, Aufmerksamkeit erregen und zu der gewünschten Aktion animieren. Wichtiger Aspekt, den Sie nicht unterschätzen dürfen, ist die Banner-Blindness. Die Werbemittel werden nach einer gewissen Zeit vom User gar nicht mehr wahrgenommen. Deshalb sollten die Banner (Layout & Inhalte) in regelmäßigen Abständen überarbeitet und aktualisiert werden.

Jeder Programmbetreiber muss auf jeden Fall auch Textlinks zur Verfügung stellen, die auf die wichtigen/ conversionstarken Landingpages verlinken (z.B. auf eine attraktive Aktion oder einen speziellen Tarif). So können die Publisher noch gezielter die Produkte bewerben. Des Weiteren sind die Produktdaten für jeden Shop-Betreiber, bzw. für die Zusammenarbeit mit den Preissuchmaschinen, unentbehrlich. Auch hier ist darauf zu achten, dass die Daten ständig und automatisch aktualisiert werden.

Auf welche häufigen Fehler muss man sich in der Betreuung eines Partnerprogramms einstellen und wie kann man diese vermeiden?

Das Potential des Affiliate Marketings und die Zeit, die man für die Betreuung investieren muss, werden leider unterschätzt. Viele Advertiser nehmen an, dass, wenn das Programm einmal aufgesetzt ist, der „Rubel dann schon rollt“. Meiner Meinung nach, ist das der größte Fehler.

Das Affiliate Marketing muss als eigenständiger Vertriebskanal gesehen und genauso, wie andere Kanäle, langfristig gepflegt werden. Bei jeder Planung, wie Budget-Verteilung, Einführung neuer Produkte oder auch Shop-Relaunches, darf dieser Kanal keinesfalls vergessen werden.

Immer auf die Aktualität der Werbemittel und der Datafeeds (Produktdaten) achten, nach Shop-Umstellungen oder Updates auch den ordnungsgemäßen Einbau vom Tracking-Pixel prüfen.

Weitere Fehler liegen darin, dass die Publisher-Kommunikation vernachlässigt wird und die vorliegenden Daten nicht ausgewertet und analysiert werden.

Jedoch sind Fehler dafür da, um aus ihnen zu lernen und in Zukunft solche zu vermeiden!

Welche Erfahrung hast Du mit Partner-Newslettern gemacht? Wie häufig sollte man diese verschicken, welche Informationen sind wichtig und wann ist das richtige Timing für den Versand?

Die Versand-Frequenz ist immer wieder ein Diskussionspunkt. Ist einmal in der Woche zu viel, aber ist dann auch einmal im Monat nicht zu wenig?

Das Zauberwort heißt „Mehrwert". Meine Empfehlung: versenden Sie den Partner-Newsletter nur dann, wenn Sie auch Wichtiges mitzuteilen haben. Betrachten Sie die Informationen, die Sie versenden möchten, aus Sicht der Partner. Könnten diese die News für die Vermarktung verwenden?

Bedenken Sie auch, dass der Publisher kein Endkunde ist und somit ebenfalls Informationen benötigt, mit denen er auch das Partnerprogramm erfolgreich bewerben kann.

Versehen Sie Ihren Newsletter mit einer prägnanten und packenden Betreffzeile und verwenden Sie auf gar keinen Fall als Absender eine „noreply"-Email-Adresse.

Nutzen Sie auch andere Medien, wie Newsfeed, Twitter oder einen eigenen Blog, um mit Ihren Partnern zu kommunizieren.

Die Top-Publisher sollten Sie über die wichtigen Änderungen und Aktionen auf jeden Fall persönlich informieren.

Mit welchen Publisher-Modellen hast Du die besten Erfahrungen gemacht?

Der gesunde Mix macht den Erfolg aus. Ich arbeite mit ausgewählten Publishern aus fast allen Segmenten zusammen: Von Content- über Cashback/Couponing bis hin zu Postview- und Targeting-Publishern.

Wie kann man sich als Affiliate-Manager vor Betrug oder Missbrauch durch Affiliates schützen?

Man kann sich davor nicht 100-prozentig schützen. Schwarze Schafe gibt es in jeder Branche immer wieder und es werden stets neue Betrugsmethoden entwickelt. Die positive Nachricht ist, dass bis auf sehr wenige Ausnahmen die Affiliates seriös und sauber arbeiten.

Der Programmbetreiber kann die Betrugsfälle entweder mit den entsprechenden Agenturtools oder durch die manuelle Prüfung identifizieren, um zeitnah eingreifen und gegensteuern zu können.

Hier einige Empfehlungen und Hinweise, die Sie befolgen sollten:

- Legen Sie die genauen Teilnahmebedingungen fest. Was ist erlaubt, was nicht?
- Schauen Sie sich kritisch jeden Partner an, bevor Sie diesen zum Partnerprogramm zulassen.
- Überprüfen Sie regelmäßig die Statistiken und analysieren Sie genau die Auffälligkeiten: Views, Klicks, Klickraten

und ConversionRate. Sind diese Werte überdurchschnittlich hoch oder gibt es starke Schwankungen?

- Auch die Stornoquoten sind wichtig. Ist die Stornoquote bei einem Partner auffällig höher im Vergleich zu anderen Affiliates?
- Kontrollieren Sie, sofern möglich, die IP-Adressen und die Referrer der Affiliates.
- Nutzen Sie Tools, um betrügerische Methoden zu erkennen und ein ausgereiftes Validierungssystem, um Sales/Leads zu bearbeiten.

Wie sollte Deiner Meinung nach ein gutes Affiliate-Reporting aufgebaut sein und welche KPIs sollte dieses beinhalten?

Die KPIs, die man immer im Blick haben sollte:
CR (ConversionRate = Verhältnis Sales/Klicks), CTR (Click-Through-Rate = Klickrate, Verhältnis Klicks/Views), Brutto/ Netto Sales oder Leads, Stornoquote, durchschnittlicher CPO, Umsatz, Top-Publisher.

Wichtig ist, dass man die unterschiedlichen Affiliate-Geschäftsmodelle (Mailing, Gutscheinpartner) einzeln analysiert. Denn Klickrate (CTR) und Conversion Rate (CR) sind stark von der Art der Publisher abhängig. Diese Werte sind nicht aussagekräftig, wenn man die Daten global auswertet.

Welche Insights und Tipps kannst Du anderen Affiliate-Managern geben?

Seien Sie kreativ und haben Sie keine Angst etwas Neues auszuprobieren. Hören Sie Ihren Partnern zu und bieten Sie individuelle Lösungen an. Arbeiten Sie transparent und pauschalisieren Sie nicht.

Der persönliche und regelmäßige Kontakt zu Ihrem Top-Partner, auch wenn es mal nur Smalltalk ist, verbindet!

Das alles schafft Vertrauen und bildet eine Grundlage für eine erfolgreiche und langfristige Zusammenarbeit.

Welche Trends siehst Du in den nächsten Jahren auf die Affiliate-Branche zukommen und worauf sollte man sich vorbereiten?

Es wird spannend und turbulent! Die Veränderungen werden im deutlich schnelleren Rhythmus auf uns zukommen, als die Jahre davor.

Es wird zu einer viel engeren Zusammenarbeit aller Kanäle kommen (Search, Display,…). Wir werden die bereits gesammelten Daten („Big Data") viel effizienter verwenden müssen, um die Endkunden zu erreichen.

Auch solche Themen wie Entwicklungen und Updates von Google, Mobile-Marketing und device-übergreifendes Tracking werden den Markt bewegen.

Ich bin gespannt, welche neuen Geschäftsmodelle durch die Entwicklung entstehen werden.

Auf welchen Blogs, Info-Portalen, Zeitschriften oder Konferenzen bildest Du Dich weiter und wo informierst Du Dich über die neuesten Entwicklungen?

In der heutigen Zeit sind wir alle so gut vernetzt, dass die neuesten Entwicklungen sehr schnell über Twitter, Google+ oder auch Facebook geteilt werden.
Vernetzen Sie sich mit Gleichgesinnten!

Ich persönlich lese viele Fachzeitschriften, abonniere Feeds vieler Blogs rund um das Online-Marketing und besuche nach

Möglichkeit auch entsprechende Konferenzen.
Goldwert ist jedoch der Austausch mit den Partnern und Kunden. Also kommunizieren, austauschen und lernen!

ÜBER ELENA LAPSCHIN (ACTIVE PERFORMANCE GMBH)

Ich bin bereits seit 2004 im Online-Marketing unterwegs. 2004-2010 war ich bei der adbutler GmbH tätig und habe die Kunden im Affiliate Marketing operativ betreut und beraten sowie die strategische Weiterentwicklung der Partnerprogramme verantwortet. Während dieser Zeit bei adbutler habe ich auch ein berufsbegleitendes Fernstudium „Fachwirtin Direktmarketing" absolviert.

Danach war ich zwei Jahre bei der content.de AG (Plattform für die Erstellung von Unique Content) beschäftigt und habe, neben der Projektsteuerung und Umsetzung von Webprojekten, die Plattform inklusive aller Prozesse mitentwickelt und optimiert.

Seit Mai 2012 bin bei der active performance GmbH tätig. In meiner Position als Senior Online Marketing Manager betreue ich Kunden wie Vodafone und otelo in unterschiedlichen Online Marketing Kanälen.

Kontaktdaten:

Xing: https://www.xing.com/profile/Elena_Lapschin
Linkedin:http://www.linkedin.com/in/elenalapschin

INTERVIEW MIT EVA STOJANOFF

Wie lange bist Du schon in der Affiliate-Branche und wie bist Du dazu gekommen?

Nach meinem BWL Studium an der LMU in München, war ich auf der Suche nach einem Job in einer spannenden und innovativen Branche, die aber zugleich etwas mit meinem Schwerpunkt im Studium (Wirtschaftsinformatik und Neue Medien) zu tun hat. Dabei kam ich im November 2008 das erste Mal mit dem Thema Online Marketing in Berührung und wurde auch direkt davon eingenommen - natürlich im positiven Sinn. Die ersten Schritte habe ich im SEA gemacht, was noch immer einen Teil meiner Arbeit ausmacht. Affiliate Marketing kam nach einem Jahr dazu und rundet meine Arbeit bei blueSummit ab.

Was findest Du am Affiliate Marketing besonders spannend?

Das Thema Affiliate Marketing hat Berührungspunkte mit beinahe allen anderen Online Marketing Kanälen. Diese kanalübergreifende Betrachtung finde ich nicht nur spannend, sondern sehr sinnvoll und zielführend. Die Affiliate Branche birgt wahnsinnig viele Möglichkeiten, Kunden bei der

Erreichung ihrer Ziele zu unterstützen und ist zudem eben durch die intensive Kommunikation mit Partnern, Netzwerken und Merchants äußerst abwechslungsreich und interessant. Es ist schön zu sehen, dass aus geschäftlichen Kontakten in dieser Branche, häufig langjährige Freundschaften entstehen.

Worauf sollte ein Partnerprogrammbetreiber bei der Auswahl eines Affiliate-Netzwerks achten?

Jedes der bestehenden Affiliate Netzwerke hat seine speziellen Vorteile. Je nach Branche, Kunde, Länderausrichtung und Unternehmensgröße sollte man bei der Auswahl des oder auch der „richtigen“ Netzwerke im Einzelfall entscheiden. Kommt es dem Kunden auf ein bestimmtes Land an oder ist dieser an besonders hoher Reichweite interessiert? Was macht der Wettbewerb in der jeweiligen Branche und kann man von Erfahrungen eines Netzwerks in der entsprechenden Branche profitieren. Günstig ist, wie auch in vielen anderen Lebensbereichen, nicht immer gut, teuer aber auch nicht. Daher sollte man sich intensiv mit allen bestehenden Netzwerken auseinandersetzen, das ein oder andere Angebot einholen, um auf Grundlage dieser Daten eine wirtschaftliche und zweckmäßige Entscheidung zu treffen.

Worauf sollte ein Affiliate-Manager bei der Betreuung eines Partnerprogramms besonders achten?

Das saubere Aufsetzen eine Partnerprogramms ist kein Hexenwerk. Eine vorherige Auflistung aller notwenigen To Dos und einer Timeline sind sinnvoll und äußerst hilfreich. Damit ist es aber natürlich nicht getan: Es geht vor allem darum, den Kontakt zu den Partnern herzustellen und zu fördern. Dabei ist es erst einmal egal, ob der Partner ein Top-Partner ist oder wird, oder ob es sich um kleinere Partner handelt. Ein Affiliate-Manager ist die Schnittstelle zwischen Merchant und Partner, aber auch im ständigen Kontakt zu den Netzwerken. Im Affiliate Marketing ist Kommunikation manchmal einfach alles!

Wie sollte aus Deiner Erfahrung ein gutes Provisionsmodell aufgebaut sein?

Wirtschaftlichkeit ist auch im Bereich Affiliate Marketing das A und O. Jeder sollte am Ende des Tages für seinen geleisteten Beitrag so entlohnt werden, dass es sich rechnet. Ein gutes Vergütungsmodell hängt vom zu bewerbenden Produkt oder der beworbenen Dienstleistung ab. Dabei können fixe Commissions genauso wie prozentuale Vergütungen sinnvoll sein. Die Staffelung der Vergütung auf Basis des ein oder anderen KPIs, wie beispielsweise des Warenkorbwerts, der genierten Sales oder auch Leads, gibt Partnern die Möglichkeit, besser zu skalieren und zu optimieren. Diese Option würde ich in den meisten Fällen jedem Kunden ans Herz legen. Wer mehr leistet, sollte dafür auch entsprechend vergütet werden.

Welche Werbemittel eignen sich am besten und womit hast Du gute Erfolge erzielt?

Immer noch sehe ich den Leitsatz: "Content is King" als bezeichnend für den Kanal Affiliate Marketing. Daher finde ich es auch überaus sinnvoll, den Partnern diesen nach Möglichkeit zur Verfügung zu stellen.

Standardwerbemittel sollten in jedem Programm enthalten sein, es darf aber meiner Meinung nach auch experimentiert werden. Von Suchboxen über Widgets, selbsterstellbare Newslettertemplates und besonderen Text-Bild Kombinationen - hier sind sicher nur die technischen Möglichkeiten manchmal ein Hindernis.

Auf welche häufigen Fehler muss man sich in der Betreuung eines Partnerprogramms einstellen und wie kann man diese vermeiden?

Affiliate Programme sollten in ihrer Struktur immer wieder überarbeitet werden. Es gibt sicher in diesem Bereich nichts Schlimmeres, als ein Programm aufzusetzen und es dann Jahre lang einfach laufen zu lassen. Geht man nur ein bisschen mit der Zeit, schaut sich Neuerungen an und liest sich in verschiedene Affiliate Modelle ein, wird schnell klar, dass Partnerprogramme dynamisch sein müssen.

Welche Erfahrung hast Du mit Partner-Newslettern gemacht? Wie häufig sollte man diese verschicken, welche Informationen sind wichtig und wann ist das richtige Timing für den Versand?

Die Kommunikation mit den Partnern ist, wie auch bereits geschrieben, der Kern des Affiliate Marketings. Newsletter sind hierzu sicher ein willkommenes Mittel, Informationen in der breiten Masse zu streuen. Persönlich habe ich die Erfahrung gemacht, dass Newsletter häufig von Partnern nicht gelesen oder gar nicht erst gesehen werden. Sicherlich sollte man somit auf diesen Kommunikationsweg nicht verzichten, einige Partner sind ja doch dankbare Leser. Ich würde dieses Mittel als Assist wahrnehmen, die intensive Kommunikation aber lieber direkt pflegen. Und: Newsletter sollten nicht versendet werden, wenn es nichts zu sagen gibt.

Mit welchen Publisher-Modellen hast Du die besten Erfahrungen gemacht?

Im Grunde genommen gibt es bisher kein Partnermodell, mit dem ich keine guten Erfahrungen gemacht habe. Andererseits gibt es natürlich aus jedem Cluster auch immer Partner, die nicht ganz sauber arbeiten, das sind aber zum Glück mittlerweile die wenigsten.

Ich würde nicht behaupten ein spezielles Modell besonders zu bevorzugen. Momentan bin ich allerdings sehr gespannt was sich im Bereich der Gutscheinpartner noch tut und wo wir hier in 1-2 Jahren stehen. Dass dieser Markt so wie er jetzt ist nicht weiter bestehen kann, davon bin ich überzeugt. Die neuen Modelle und Ideen unserer Kontakte verfolge ich höchst aufmerksam.

Wie kann man sich als Affiliate-Manager vor Betrug oder Missbrauch durch Affiliates schützen?

Dieses Thema ist nach wie vor allgegenwärtig und leider nicht auszublenden.

Zum Schutz vor Fraud gibt es ja mittlerweile gute und zuverlässige Tools, die einem den Brandprotect stark erleichtern. Ich denke, dass man in erster Linie verstehen muss, um welche Art von Betrug es sich handelt, wofür ein gewisses technisches Verständnis Voraussetzung ist und auch erlernt werden sollte. Ich würde jedem raten sich auf dem Gebiet der Programmierung ein Basiswissen anzueignen, dann macht einem keiner mehr so leicht was vor. Der beste Schutz ist sicher aufmerksam mit den Partnerprogrammen umzugehen und bei minimalsten Zweifeln lieber einmal zu viel zu schauen, als einmal zu wenig.

Wie sollte Deiner Meinung nach ein gutes Affiliate-Reporting aufgebaut sein und welche KPIs sollte dieses beinhalten?

In einem guten Report hat man die Option auf den ersten Blick eine gute Übersicht zu bekommen und auf den zweiten Blick tief in die Programmentwicklung einsteigen zu können.
Die KPIs für einen Report sollten dabei kundenspezifisch abgesprochen und entsprechend aufbereitet werden. Ich finde es äußerst wichtig, nicht zu viel Zeit für einen Report

aufzuwenden. Am besten scheint mir eine mehr oder weniger gleichbleibende Form, die man mit den wöchentlichen oder monatlichen Daten befüllt. Die Zeit, die man für langwierige Reports aufwendet, fehlt am Ende bei der Optimierung.

Welche Insights und Tipps kannst Du anderen Affiliate-Managern geben?

Um Partnerprogramme ideal managen zu können, würde ich jedem raten, sich stets über die jeweilige Branche des Programms zu informieren, um Veränderungen schnell erkennen zu können und diese sowohl beim Kunden als auch bei Partnern zu platzieren. Man sollte den Kontakt zu anderen aktiven Online Marketing Kanälen suchen und sich mit den Kollegen intensiv über mögliche Überschneidungen austauschen. Man sollte zudem versuchen, sowohl neue Partnermodelle als auch neue technische Mittel zu testen. Nur dann kann man sehen, was funktioniert und was nicht. Intensives Arbeiten mit Excel und/oder Open Office und weiteren Tools sind natürlich Voraussetzung.

Welche Trends siehst Du in den nächsten Jahren auf die Affiliate-Branche zukommen und worauf sollte man sich vorbereiten?

In der nächsten Zeit steht für mich ganz klar der Wandel des Affiliate Marketings im Vordergrund. Dies betrifft sowohl eine verstärkte kanalübergreifende Betrachtung der Onlineaktivitäten, als auch die Entwicklung neuer und spannender Partnergeschäftsmodelle. Ganz weit oben steht natürlich auch die Entwicklung der Cookieregelungen und das Thema Privacy.

Auf welchen Blogs, Info-Portalen, Zeitschriften oder Konferenzen bildest Du Dich weiter und wo informierst Du Dich über die neuesten Entwicklungen?

Ich stehe natürlich in intensivem Austausch mit meinen Kollegen, wobei wir häufig aktuelle Themen und Entwicklungen diskutieren. Darüber hinaus sind Informationsquellen sowohl 100partnerprogramme, als auch AffiliateBLOG.de, Horizont, wuv.de. Ich freue mich natürlich ebenso über jedes gute Gespräch auf Affiliate Veranstaltungen. Als Affiliate Manager kann es auch ganz sinnvoll sein, sich auf eben diesen Veranstaltungen zum besseren Einblick die Publishervorträge anzuhören.

ÜBER EVA STOJANOFF (BLUE SUMMIT MEDIA GMBH)

Mein Name ist Eva Stojanoff und ich arbeite seit 2009 bei der Firma Blue Summit Media GmbH in München. Ich habe das Studium der Betriebswirtschaftslehre an der Ludwig-Maximilians-Universität in München absolviert. Ursprünglich komme ich aus Friedrichshafen und bin zum Studium ins schöne München gezogen. Ich habe mich einige Monate im Ausland aufgehalten, darunter in Kanada, Indonesien und Australien. Ich bin bei blueSummit Team Leader Affiliate Marketing und betreue zusammen mit meinen Kollegen über 25 Partnerprogramme, darunter Austrian Airlines, Universalversand, A.T.U und Fujitsu.

Kontaktdaten:

Telefon: 0176/10445752
E-Mail: evastojanoff@gmail.com

INTERVIEW MIT FABIAN SCHLEICHER

Wie lange bist Du schon in der Affiliate-Branche und wie bist Du dazu gekommen?

Neben den vielen Kollegen im Markt, die bereits auf eine langjährige Erfahrung zurückblicken können, bin ich sicher noch relativ neu in der Branche. Auf der Suche nach beruflicher Veränderung bin ich 2010 auf dem klassischen Weg per Bewerbung und Vorstellungsgespräch dort gelandet, wo ich noch heute bin.

Was findest Du am Affiliate Marketing besonders spannend?

Die täglich neuen Herausforderungen und die unterschiedlichen Charaktere im gesamten Zusammenspiel.

Worauf sollte ein Partnerprogrammbetreiber bei der Auswahl eines Affiliate-Netzwerks achten?

Das kann man nicht pauschalisieren, das hängt stark vom individuellen Fall ab - wichtige Faktoren sind: Marktstellung, Transparenz und Technik.

Worauf sollte ein Affiliate-Manager bei der Betreuung eines Partnerprogramms besonders achten?

Er sollte versuchen, sein Programm so aktuell wie möglich zu halten.

Welche Werbemittel eignen sich am besten und womit hast Du gute Erfolge erzielt?

Wer sich eine Werbemittelstatistik aus einem der Netzwerke anschaut, wird auf Anhieb sehen, dass sich mit Bannern nicht mehr viel erreichen lässt. Textlinks und Produktdaten bieten Potential.

Auf welche häufigen Fehler muss man sich in der Betreuung eines Partnerprogramms einstellen und wie kann man diese vermeiden?

Das Reduzieren der Fehlerquelle Mensch durch den Einsatz von Tools beim Abgleichen der Sales kann Zeit und Nerven sparen.

Welche Erfahrung hast Du mit Partner-Newslettern gemacht? Wie häufig sollte man diese verschicken, welche Informationen sind wichtig und wann ist das richtige Timing für den Versand?

Der Nachteil ist, dass man sich nicht darauf verlassen kann, dass die Informationen gelesen werden. Daher empfehle ich, nur Informationen zu verschicken, die wirklich relevant sind. Je nach Information sollte man eine angemessene Vorlaufzeit einkalkulieren.

Mit welchen Publisher-Modellen hast Du die besten Erfahrungen gemacht?

Alles in allem haben doch die meisten Modelle ihre

Daseinsberechtigung. Nischen finde ich sehr spannend und leider fehlen dem Markt die Contentpulisher. Die Dynamik von Schnäppchenblogs ist faszinierend und jeden Tag gibt es mindestens eine neue Gutscheinseite – ich will mich nicht festlegen.

Wie kann man sich als Affiliate-Manager vor Betrug oder Missbrauch durch Affiliates schützen?

Führe einen Salesabgleich durch. Lies die Statistik – gibt es dort Auffälligkeiten, wie z.B. die Häufung von Sales eines Publishers zu bestimmten Zeiten oder am Wochenende - suche nach Mustern. Wenn möglich, kontrolliere die Referrer, schreibe Publisher gezielt an und konfrontiere sie mit deiner Vermutung. Falls nötig, überwache die Brands mit einem geeigneten Tool.

Wie sollte Deiner Meinung nach ein gutes Affiliate-Reporting aufgebaut sein und welche KPIs sollte dieses beinhalten?

Die KPIs hängen stark davon ab, was der Kunde verlangt. Kennzahlen um die Affiliate-Entwicklung, Views, Klicks, CR (Conversion Rate), Anzahl der Sales, Umsatz, durchschnittlicher Warenkorbwert, Kosten, CPO (Cost per Order) und KUR (Kosten/Umsatz-Relation) sollten sicher nicht fehlen.

Welche Insights und Tipps kannst Du anderen Affiliate-Managern geben?

Na ja, es ist schwierig, wenn man zwischen den Stühlen sitzt. Man kann es nicht jedem recht machen, aber man kann versuchen, sich selbst treu zu bleiben.

Welche Trends siehst Du in den nächsten Jahren auf die Affiliate-Branche zukommen und worauf sollte man sich vorbereiten?

Der Marketingkanal wird sich auf neue Formen der Bewerbung einstellen müssen und die Shopbetreiber stehen vor der Herausforderung, passende Lösungen für die unterschiedlichsten Endgeräte bereit zu stellen. Wir werden mit immer mehr Daten konfrontiert, die richtig interpretiert sein wollen und uns eine neue Sicht der Dinge ermöglichen werden.

ÜBER FABIAN SCHLEICHER (AD AGENTS GMBH)

Nachdem ich die Schule beendet hatte, wollte ich mein eigenes Geld verdienen und startete eine Ausbildung zum Werbetechniker. Dies habe ich auch mit Pausen durch Zivildienst und Fachhochschulreife einige Zeit verfolgt, bis Computer immer stärker zum Werkzeug wurden und der Zugang zum Internet bezahlbar wurde. Da ich wissen wollte wie das mit dem Internet so funktioniert, habe ich angefangen eigene kleine Projekte zu entwickeln und absolvierte eine Weiterbildung zum Web-Developer. Danach arbeitete ich als Entwickler in einer Agentur, gründete eine eigene Firma, bekam Nachwuchs und suchte wieder eine Festanstellung. Seit September 2010 bin ich bei der Agentur ad agents und leite zwischenzeitlich den Bereich Affiliate Marketing.

Kontaktdaten:

Xing: www.xing.com/profile/Fabian_Schleicher2

INTERVIEW MIT BENJAMIN SPIES

Wie lange bist Du schon in der Affiliate-Branche und wie bist Du dazu gekommen?

Ich bin seit 2005 bei der Personello GmbH als Online Marketing Manager tätig. Nach meiner Ausbildung habe ich eine neue Herausforderung gesucht, idealerweise im Online Marketing Bereich. Seit ich 1994 das erste Mal online war, hat mich das Thema Internet nie wieder losgelassen, was letztendlich auch von meiner Gamingleidenschaft beeinflusst wurde.

Was findest Du am Affiliate Marketing besonders spannend?

Besonders spannend finde ich, nach mittlerweile acht Jahren Erfahrung, nach wie vor die Abwechslung. Ich habe zudem das Glück beide Seiten zu kennen und auch aktiv zu betreuen. Einmal als Advertiser mit Personello.com und auch als Publisher für Geschenke.de, bei dessen Aufbau ich von Anfang an beteiligt war.

Es wird einfach nie langeweilig durch die Themenvielfalt, kombiniert mit den Vergütungsmodellen und den persönlichen

Kontakten. Hieraus sind über die Jahre sogar teilweise Freundschaften entstanden.

Worauf sollte ein Partnerprogrammbetreiber bei der Auswahl eines Affiliate-Netzwerks achten?

Ich perönlich bin ja ein großer Fan unseres Inhouse Partnerprogramms. Ich kann zeitnah reagieren, wenn der Partner Unterstützung benötigt - in welcher Form auch immer. Von der Anpassung einer Landingpage bis hin zu speziellen und exklusiven Produktgrafiken, kann ich individuell reagieren und den Publishern eine sehr persönliche und intensive Betreuung zukommen lassen. Zudem lassen sich die Provisionen individuell steuern und unabhängig anpassen. Teilweise zeitlich begrenzt, produktbasiert oder auch rückwirkend.

Bei den Netzwerken gibt es natürlich auch Vor- und Nachteile. Man muss sich einfach vorab Gedanken machen, was man möchte. Es fängt schon mit großen Unterschieden bei der Einrichtungsgebühr an, geht weiter mit dem Zielpublikum, das man erreichen möchte, den Werbekanälen der Netzwerke und so weiter.

Eine intensive Recherche ist in jedem Fall von Vorteil und sollte auch genutzt werden.

Worauf sollte ein Affiliate-Manager bei der Betreuung eines Partnerprogramms besonders achten?

Man sollte sich auf jeden Partner individuell einstellen. Die Zeiten der Massenabfertigung sind meiner Meinung nach vorbei. Man muss sich einfach Zeit nehmen, auf die Bedürfnisse des einzelnen Partners einzugehen, in Kombination mit einer Einschätzung des Marktes sowie der Webseite und dem Erfolgspotential.

Ich stelle mir immer die Fragen: "Was möchte der Partner?", "Was möchte ich?", "Was können wir gemeinsam erreichen?" und "Wie können wir dies gemeinsam erreichen?".

Wie sollte aus Deiner Erfahrung ein gutes Provisionsmodell aufgebaut sein?

Auch hier muss ich wieder mit "individuell" antworten. Da wir auf Pay per Sale Basis arbeiten, bietet sich ein Staffelmodell an. Die Einstiegsprovision sollte hierbei schon attraktiv gestaltet sein, aber Luft nach oben lassen. Somit ist von Anfang an, eine Steigerung gegeben und die Optimierung macht den Publishern Spaß. Das Ganze kann man dann mit Sonderprovisionen oder Produktprovisionen anreichern und den Partner somit bei Laune halten und gleichzeitig wertschätzen.

Welche Werbemittel eignen sich am besten und womit hast Du gute Erfolge erzielt?

Das kommt immer auf den Partner an. Ich habe bisher sehr gute Erfahrungen mit thematisch passenden Bannern mit Call to Action gemacht. Diese müssen die Zielgruppe der jeweiligen Landingpage ansprechen. Genauso gut funktionieren aber auch klassische Textlinks in Kombination mit hochwertigem Content, bspw. auf Seiten, die zu 100 Prozent auf ein Thema setzen. Kombiniert mit Produktfotos und/oder Videos, schafft man attraktive und klickfreundliche Inhalte.

Auf welche häufigen Fehler muss man sich in der Betreuung eines Partnerprogramms einstellen und wie kann man diese vermeiden?

Ein häufiges Problem ist die Massenabfertigung. Ein Massenmailing an alle Publisher lockt keinen hinter dem Ofen hervor. Wenn man in diese Richtung arbeitet, sollte man vorher überlegen, für wen welcher Inhalt interessant ist und ggf. die eigenen Partner gruppieren und mit persönlicher Anrede und Mehrwert ansprechen.

Ein weiteres Problem ist das "einfach laufen lassen". Never change a running system ist im Affiliate Marketing fehl am Platz. Man muss immer am Ball bleiben, den Überblick behalten und die Zahlen täglich beobachten.

Welche Erfahrung hast Du mit Partner-Newslettern gemacht? Wie häufig sollte man diese verschicken, welche Informationen sind wichtig und wann ist das richtige Timing für den Versand?

Wie angesprochen, sollten Partner-Newsletter so individuell wie möglich gestaltet werden. Nicht jeder Inhalt ist für jeden Partner relevant. Man sollte sich im Vorfeld bereits Gedanken über einzelne Gruppen von Partnern machen und die Inhalte der Newsletter so gut wie möglich anpassen. Die persönliche Anrede und ein Goodie bringen hier natürlich weitere Vorteile und geben ein Gefühl von Persönlichkeit.

Das richtige Timing sollte man abhängig von Event, Produkt und Nachfrage abwägen.

Mit welchen Publisher-Modellen hast Du die besten Erfahrungen gemacht?

Ich bin ein großer Freund von "Pay per Sale". Durch unser eigenes Konzept von speziell angepassten Fotogeschenke-Tools, also komplette Warenkorb-Systeme im Design der Partnerseite, aber mit kompletter Abwicklung von Personello, macht das durchaus Sinn, funktioniert hervorragend und die Provisionen sind sehr individuell gestaltbar. Ein weiterer Vorteil besteht natürlich in der minimierten Betrugsgefahr seitens der Partner und/oder Kunden.

Wie kann man sich als Affiliate-Manager vor Betrug oder Missbrauch durch Affiliates schützen?

Wichtig ist meiner Einschätzung nach, das tägliche Screening als erste vorbeugende Maßnahme. Ein Betrug fällt oft durch Unregelmäßigkeiten in den bekannten Zahlen auf und ist ein erster Schritt zur Erkennung. Weiterhin wichtig ist die sorgfältige Vorauswahl der Affiliates. Ich setze dazu teilweise kurze Recherchen ein, überprüfe einzelne Projekte des Bewerbers und unterziehe diese je nach Erfolgseinschätzung einem intensiven Screening.

Wie sollte Deiner Meinung nach ein gutes Affiliate-Reporting aufgebaut sein und welche KPIs sollte dieses beinhalten?

Ein gutes Reporting sollte in jeden Fall übersichtlich sein. Monatszahlen, Vergleiche zu Vorjahren und Prozentzahl des Jahreszieles sollten auf einen Blick ersichtlich und nachvollziehbar sein. Weiterhin wichtig ist die korrekte Interpretation des Reportings im Bezug auf regionale und saisonale Ereignisse oder auch Updates unseres Freundes Google - um mit Panda nur einen Kandidaten zu nennen.
KPIs sollten immer ehrgeizig, aber auch realistisch gesetzt sein, speziell in Abhängigkeit zu Events und den bereits genannten Faktoren.

Welche Insights und Tipps kannst Du anderen Affiliate-Managern geben?

Meine Erfahrung hat gezeigt, dass der persönliche Kontakt zu den Partnern essenziell für eine langfristige und freundschaftliche Partnerschaft ist. In Kombination mit einer guten Vorauswahl und Abschätzung der Erfolgschancen eines Partnerprojektes, steht dem gemeinsamen Erfolg meist nichts mehr im Weg. Eine Massenabfertigung ist hingegen der Killer jeder intensiven und erfolgreichen Partnerschaft.

Welche Trends siehst Du in den nächsten Jahren auf die Affiliate-Branche zukommen und worauf sollte man sich vorbereiten?

Ich sehe den Trend zu höheren Provisionen auf uns zukommen. Wer einen Affiliate dauerhaft binden möchte, muss ihm auch etwas bieten. Ich muss immer an den Spruch denken: "Wieso geben Unternehmen den Affiliates nur 5 Prozent Provision pro Bestellung, während sie in anderen Kanälen 150 Prozent ausgeben?".

Auf welchen Blogs, Info-Portalen, Zeitschriften oder Konferenzen bildest Du Dich weiter und wo informierst Du Dich über die neuesten Entwicklungen?

Regelmäßige Webseiten, die ich verfolge sind selbstaendig-im-netz.de, AffiliateBLOG.de, 100partnerprogramm.de sowie t3n.de und iBusiness.de.

Ansonsten verfolge ich fast alle Podcasts von Radio4SEO.de und GuerrillaFM.de

Im Printbereich zählen der Suchradar und die Website Boosting zur regelmäßigen Lektüre.

Bei den Konferenzen steht die SEO Campixx in Berlin immer fest auf dem Plan. Ansonsten nehme ich eher an kleineren Barcamps und Stammtischen teil.

ÜBER BENJAMIN SPIES (PERSONELLO GMBH)

Mein Name ist Benjamin Spies und ich bin seit 2005 bei der Personello GmbH im Online Marketing beschäftigt. Neben dem Affiliate Marketing bin ich seit 2010 auch in verschiedenen Bereichen der Suchmaschinenoptimierung tätig. Erste Erfahrungen mit der digitalen Welt habe ich 1990 mit dem Nintendo Game Boy gesammelt, gefolgt von meinem ersten PC. Nachdem ich 1994 das erste Mal online war, hat mich das Thema nie wieder losgelassen. Privat betreibe ich mehrere Webprojekte im Musik- und Gamingbereich.

Kontaktdaten:

E-Mail: anfrage@benjamin-spies.de
Xing: http://www.xing.com/profile/Benjamin_Spies3
Facebook: http://www.facebook.com/B3njaminButton
Google+: https://plus.google.com/118325600210484103322
Twitter: http://www.twitter.com/holybenjamin

INTERVIEW MIT JENNIFER DIEHL-LÓPEZ

Wie lange bist Du schon in der Affiliate-Branche und wie bist Du dazu gekommen?

Vor etwa fünf Jahren wurde der Bereich "Affiliate Marketing" ein betreuungsintensives Thema in meinem derzeitigen Unternehmen. Da ich zu diesem Zeitpunkt erst seit einem Jahr im Unternehmen tätig war und noch Ressourcen frei hatte, befand man, dass dies eine gute Gelegenheit für mich sei, den Auf- und Ausbau des Bereichs zu unterstützen.

Was findest Du am Affiliate Marketing besonders spannend?

Affiliate Marketing ist ein spannendes Geschäfts-Modell, da Erfolge einfach gemessen werden können. Bei Bedarf können laufende Kampagnen optimiert werden, um ihren Erfolg maßgeblich zu beeinflussen. Außerdem ist es eine sehr offene und persönliche Branche – das schätze ich sehr.

Worauf sollte ein Partnerprogrammbetreiber bei der Auswahl eines Affiliate-Netzwerks achten?

Selbstverständlich sollte man zunächst das Umsatzpotential im Verhältnis zu den zur Verfügung stehenden Mitteln setzen, um sich einen groben Überblick zu verschaffen.

Darauf sollte eine Wettbewerbsanalyse für das jeweilige Geschäftsmodell folgen sowie Gespräche mit Affiliates, da oftmals persönliche Präferenzen eine Rolle spielen und somit die Größe des Netzwerks unter Umständen unerheblich wird.

Worauf sollte ein Affiliate-Manager bei der Betreuung eines Partnerprogramms besonders achten?

Auf den persönlicher Kontakt zu Publishern, aber auch auf die Netzwerke, klare Richtlinien (und ihre Einhaltung), Provisionsmodelle und attraktive Werbemittel, die jederzeit für den Publisher einsehbar sind.

Ich persönlich habe die Erfahrung gemacht, dass persönliche und flexible Betreuung das A&O einer guten Merchant-Publisher-Beziehung sind. Ein offener und ehrlicher Umgang machen das Ganze einfacher, vor allem wenn man das Gesicht zum Namen bereits kennt.

Man kann sich über Anregungen, Wünsche, Lob und Kritik auf beiden Seiten besser austauschen und erlangt somit am Ende eine Win-Win Situation.

Wie sollte aus Deiner Erfahrung ein gutes Provisionsmodell aufgebaut sein?

Ich präferiere ein simples Staffelmodell. Die zu verkaufenden Produkte werden kategorisiert und die einzelnen Kategorien mit einer Provision versehen. Sonderprovisionen für besondere Angebote sowie Salesrallyes bieten zusätzliche Anreize.

Welche Werbemittel eignen sich am besten und womit hast Du gute Erfolge erzielt?

Hier gibt es kein Patentrezept, sondern wieder nur den Hinweis: Mit den Publishern kommunizieren. Sie sagen einem was sie brauchen und man hat am Ende weniger Arbeit, denn was nützen die schönsten Skyscraper, wenn das Produkt einer so ausführlichen Beschreibung bedarf, dass am Ende doch nur Textlinks verwendet werden.

Eine Umfrage im eigenen Newsletter hilft jedoch, z.B. beim Start eines neuen Partnerprogramms.

Auf welche häufigen Fehler muss man sich in der Betreuung eines Partnerprogramms einstellen und wie kann man diese vermeiden?

Ich glaube die Betreuung in ihrem Gesamtkonstrukt wird häufig unterschätzt. Es handelt sich, je nach Geschäftsmodell, häufig um <u>keinen</u> 9 to 5 Job. Es gibt Affiliates, die auch nach 17 Uhr und am Wochenende noch arbeiten und diese brauchen demnach auch flexible Affiliate Manager, die auch dann noch für sie erreichbar sind. Denn wenn diese Affiliates wirklich gut sind, wollen auch noch andere Unternehmen ihr Angebot bei ihnen platziert wissen. Somit muss man als Unternehmen mit besonderen Anreizen voran gehen, z.B. sehr kurzen Bearbeitungszeiten und einem hohen Maß an Verlässlichkeit und Vertrauen – das ist nicht in Provisionen aufzuwiegen. Langfristiges Denken und Planen ist also angesagt.

Welche Erfahrung hast Du mit Partner-Newslettern gemacht? Wie häufig sollte man diese verschicken, welche Informationen sind wichtig und wann ist das richtige Timing für den Versand?

Hier ist es besonders wichtig, in den Dialog mit seinen

Publishern zu gehen. Die Erfahrung zeigt jedoch, dass Publisher frühzeitige Benachrichtigungen sowie klar strukturierte Newsletter mit den wichtigsten Informationen schätzen. Weniger ist manchmal mehr, gilt hier also nicht nur für die Menge an Text, sondern auch die Häufigkeit im Versand. Ein bis maximal zwei Mal in der Woche sollte der Partner-Newsletter-Versand nicht übersteigen, um keine frühzeitige Übersättigung herbeizuführen.

Mit welchen Publisher-Modellen hast Du die besten Erfahrungen gemacht?

Derzeit konvertieren vor allem Schnäppchen- und Gutscheinseiten sehr gut. Man erhält eine ausführliche Berichterstattung zum Produkt und wie man beim Kauf sparen kann.

Für langfristige Erfolge sind SEO-Kooperationen jedoch am besten zu empfehlen.

Wie kann man sich als Affiliate-Manager vor Betrug oder Missbrauch durch Affiliates schützen?

Bedauerlicherweise kann man sich nie ganz schützen. Ein konstanter Blick aufs Reporting sowie die Veränderungen am Markt helfen bspw. aktuellen Betrugsfällen vorzubeugen.
Auch der regelmäßige Austausch mit Agenturen, Netzwerken und Publishern kann wichtige Hinweise liefern.

Wie sollte Deiner Meinung nach ein gutes Affiliate-Reporting aufgebaut sein und welche KPIs sollte dieses beinhalten?

KPI's wie Views, Clicks, Sales und Conversionrate sind wichtige Faktoren für ein gutes Reporting, jedoch ist die Relation der KPI's, also wie sie sich zueinander verhalten der viel wichtigere Indikator, um Schwankungen auszumachen. Ein guter Affiliate-Manager sollte sich außerdem seines Produkts und evtl. saisonaler Schwankungen bewusst sein, da diese das Reporting massiv beeinflussen können.

Welche Insights und Tipps kannst Du anderen Affiliate-Managern geben?

Sollte man eine Agentur beschäftigen, sollte man immer versuchen dennoch selbst nah genug am Publisher zu sein, denn am Ende möchte man den Publisher ja stärker an sich und das Unternehmen binden und nicht ausschließlich an die Agentur.

Auch sollte man zusätzlich zu den aufbereiteten Reportings eigene Statistiken pflegen, um Veränderungen oder Schwankungen schnellstmöglich zu registrieren und darauf reagieren zu können.

Auch hier wieder der Hinweis auf den ständigen Dialog mit Branchenkennern.

Welche Trends siehst Du in den nächsten Jahren auf die Affiliate-Branche zukommen und worauf sollte man sich vorbereiten?

Ich denke ein großes Thema wird die Verknüpfung von Affiliate Marketing und Social Media werden. Denkbar wäre die Nutzung von Affiliate-Links in Sozialen Netzwerken oder die verstärkte Integration von Affiliate-Shops in bspw. Facebook.

Auf welchen Blogs, Info-Portalen, Zeitschriften oder Konferenzen bildest Du Dich weiter und wo informierst Du Dich über die neuesten Entwicklungen?

Gerne lese ich den Blog von Karsten Windfelder, 100partnerprogramme, aber auch die kolumne24 von Tibor

Bauer oder den AffiliateBLOG von Markus Kellermann. Nicht nur, weil dort aktuelle Themen angesprochen und kritisch hinterfragt werden, sondern auch weil der persönliche Kontakt vorhanden ist und man im persönlichen Dialog Themen anstoßen kann, die evtl. noch keine Aktualität besitzen.

Selbstverständlich sind Printmedien wie Website Boosting, Webselling oder die Internetworld guter Input, aber vor allem sind Verantstaltungen, auf denen Publisher, Merchants, Agenturen, aber auch Newbies zusammen kommen und sich austauschen können, ebenfalls sehr wichtig.

ÜBER JENNIFER DIEHL-LÓPEZ (SPARHANDY.DE)

Jennifer Diehl-López absolvierte eine Ausbildung zur Fremdsprachenkorrespondentin für Englisch und Spanisch. Bereits seit 2007 ist sie bei Sparhandy und dort mitverantwortlich für die Bereiche Affiliate Marketing, Social Media und Eventplanung. Parallel dazu absolviert sie ein Studium der Business Administration an der FOM Köln.

Kontaktdaten:

Telefon: 0221 - 277940
E-Mail: jennifer.diehl-lopez@sparhandy.de
Xing: https://www.xing.com/profiles/Jennifer_DiehlLopez

INTERVIEW MIT JÖRG MIDDELKAMP

Wie lange bist Du schon in der Affiliate-Branche und wie bist Du dazu gekommen?

Als Affiliate begonnen habe ich schon 1999. Damals habe ich mich zum ersten Mal neben meinem BWL Studium mit der Erstellung und dem Vertrieb von Webprojekten beschäftigt. Auf der Suche nach möglichen Einnahmequellen bin ich auf das Partnerprogramm von Amazon gestoßen. Der Betrieb von eigenen Webseiten wie machgeld.de war jedoch immer nur ein Hobby. Nach meinem Studium habe ich dann in verschiedenen Branchen gearbeitet. Ich habe jedoch immer mehr gemerkt, dass die Onlinewelt meine Berufung ist und habe dann 2007 bei der Affiliate Marketing Agentur ad-cons angefangen. Seitdem bin ich hauptberuflich in der Online- und Affiliatebranche und habe diese Entscheidung bislang nicht bereut.

Was findest Du am Affiliate Marketing besonders spannend?

Affiliate Marketing ist eine abwechslungsreiche und anspruchsvolle Tätigkeit. Neben operativen Aufgaben wie

Partnerbetreuung und Partnerkommunikation, Partnerfreischaltung, Erstellung von verschiedenen Reportings inkl. Fraudkontrolle oder Prüfung der Provisionen und Auszahlung an die Partner, fallen auch strategische und konzeptionelle Aufgaben an. Wie und wo findet man neue Partner? Welche Maßnahmen können wir unternehmen, um unsere Partnerprogramme immer weiter zu optimieren, mit dem Ziel, dass die Affiliates für uns noch mehr Gas geben? All das sind Fragen, die sich jeden Tag erneut stellen.

Ein weiterer Punkt, der die Arbeit als Affiliate-Manager reizvoll macht, ist der ständige Umgang mit Ansprechpartnern aus verschiedenen Bereichen. Neben dem Kontakt mit den Affiliates, ist man als Affiliate-Manager Schnittstelle zwischen Technik, Grafik und Management der zu betreuenden Merchants sowie der Technik und den Account-Managern der Affiliate-Netzwerke.

Als letzter Punkt kommt hinzu, dass Affiliate Marketing so ziemlich alle denkbaren Geschäftsmodelle des Onlinemarketings umfasst und man durch den steten Kontakt mit den Merchants und Affiliates ständig über die wichtigsten Entwicklungen informiert ist.

Worauf sollte ein Partnerprogrammbetreiber bei der Auswahl eines Affiliate-Netzwerks achten?

Grundsätzlich ist erst einmal zu prüfen, ob man überhaupt mit einem bzw. mehreren Affiliate-Netzwerken arbeiten möchte oder sich gleich für eine Inhouse-Lösung entscheidet. Affiliate-Netzwerke haben zweifelsfrei heutzutage immer noch ihre Berechtigung. Als wesentlichster Vorteil ist hier die meist schon recht hohe Anzahl an bestehenden Affiliates im Netzwerk zu nennen. Diese Affiliates sind alles potentielle Affiliates für das eigene Partnerprogramm. Möchte man gleich international starten, ist dieser Vorteil umso höher je internationaler ein Affiliate-Netzwerk aufgestellt ist.

Zudem erfordert der Betrieb eines Partnerprogramms über ein Netzwerk tendentiell etwas weniger Aufwand im Unternehmen, da das Netzwerk einige Aufgaben übernimmt - wie zum Beispiel die Provisionsauszahlung.

Den Vorteilen von Affiliate-Netzwerken stehen hauptsächlich die relativ hohen Kosten gegenüber. Vor allem die großen Affiliate-Netzwerke, die über besonders viele Affiliates verfügen, nehmen mehrere tausend Euro Setupkosten und teilweise fixe monatliche Gebühren. Zusätzlich haben sich 30 Prozent Provisionsaufschlag für das Netzwerk im Markt etabliert. Das bedeutet, wenn Ihren Affiliates im Monat 100.000 Euro an Provisionen zustehen, zahlen Sie zusätzlich 30.000 Euro an das Netzwerk. Dieses Geld kann man, wenn Sie stattdessen ein Inhouse-Partnerprogramm betreiben, natürlich auch anderweitig investieren - unter anderem in höhere Provisionen für Ihre Affiliates. Das macht Ihr Programm noch attraktiver.

Natürlich müssen Sie bei dem Start eines Inhouse-Partnerprogramms beachten, dass Sie dieses entsprechend Bekannt machen müssen. Erschwerend kommt hinzu, dass der Affiliate bei einem Inhouse-Partnerprogramm einen neuen Account erstellen muss. Dies bedeutet zeitlichen Extra-Aufwand und ist somit ein Hemmnis für die Anmeldung.

Grundsätzlich denke ich, je bekannter und größer ein Merchant ist, desto einfacher wird es sein, Affiliates für die Anmeldung in einem eigenen Inhouse-Partnerprogramm zu gewinnen. Möchte man allerdings innerhalb von einigen Wochen gleich Tausende neuer Partner gewinnen, wird dies auch bei starker Bewerbung des eigenen Inhouse-Partnerprogramms ein schwieriges Unterfangen. Startet man hingegen bei einem oder eventuell mehreren großen Partnernetzwerken ist dieses Ziel wesentlich realistischer.

Haben Sie sich nun entschieden, ein Partnerprogramm bei

einem oder mehreren Affiliate-Netzwerken zu starten sollten Sie sich folgende Fragen stellen:

1. In welchen Ländern bin ich aktiv bzw. möchte ich in mehreren Ländern ein Affiliate-Programm aufsetzen?
2. Hat sich das Netzwerk auf einen bestimmten Bereich spezialisiert, beispielsweise auf den Finanzbereich?
3. Wieviele Publisher sind im Netzwerk angemeldet? Wieviele davon bedienen den deutschen Markt? Wenn ein internationaler Programmstart angedacht ist, wieviele Publisher bedienen meine Zielmärkte?
4. Welche Kosten entstehen für den Programmstart?
5. Welche monatlichen Fixkosten fallen an?
6. Können die gängigen 30 Prozent Provisionsaufschlag, die das Netzwerk für sich berechnet, heruntergehandelt werden?
7. Können wir die Kosten aus 2. – 5. reduzieren, wenn dem Netzwerk Exklusivität zugestanden wird?
8. Wie ist der Support des Netzwerks? Diese Frage lässt sich praktisch erst nach dem Programmstart wirklich beantworten. Jedoch gibt es für die Beantwortung schon vor Vertragsunterzeichnung mit dem Netzwerk Ansatzpunkte: Wie schnell wird meine erste Kontaktanfrage bezüglich eines Programmstarts beantwortet? Werde ich gleich zurückgerufen oder bekommt man erst nach zehn Tagen lediglich eine Standardmail? Wird auf meine Fragen individuell eingegangen?
9. Arbeitet das Netzwerk bevorzugt mit zusätzlich eingeschalteten Agenturen, die Ihr Partnerprogramm betreuen sollen bzw. macht das Netzwerk dies sogar zur Bedingung? Die Betreuung eines Partnerprogramms durch eine Agentur hat einige Vorteile. Letztlich entstehen hier aber natürlich auch weitere Kosten.

10. Welche Tools und spezielle Werbemittel bietet das Netzwerk den Affiliates (Produktdatenfeeds, RSS Feeds, Gutscheinfilter, Werbemittelgeneratoren, etc.)?
11. Besteht die Möglichkeit, PostView einzusetzen? Inwieweit diese Kriterien für Sie relevant sind, müssen Sie dabei selbst entscheiden.

Worauf sollte ein Affiliate-Manager bei der Betreuung eines Partnerprogramms besonders achten?

Optimalerweise ist oder war man selbst Affiliate bei anderen Partnerprogrammen. So weiß man, was einem selbst wichtig ist und was man von einem guten Partnerprogramm bzw. einem guten Affiliate-Netzwerk erwarten darf.

Aus meiner Sicht sind eine schnelle und kompetente Beantwortung bei Supportanfragen, eine schnelle und transparente Stornoprüfung sowie eine rasche Auszahlung mit geringem Mindestauszahlungsbetrag wichtig.

Darüberhinaus sollte das Partnerprogramm insgesamt natürlich dem Affiliate auch gute Verdienste ermöglichen. Wenn man aber erst einmal das Vertrauen bei einem Affiliate verspielt hat, ist es in der Regel sehr schwer diesen zurückzugewinnen. Da können die Provisionen noch so hoch sein.

Wie sollte aus Deiner Erfahrung ein gutes Provisionsmodell aufgebaut sein?

Ob man per Lead, per Sale oder sogar eventuell per Klick seine Affiliates vergütet, hängt natürlich von dem eigenen Geschäftsmodell und den für das Partnerprogramm gesetzten Zielen ab. Wenn es in der Branche Mitbewerber gibt, die ebenfalls schon ein Partnerprogramm betreiben, bedarf es zudem guter Gründe bei dem Start seines eigenen Programms niedrigere Provisionen anzubieten als die Konkurrenz. Im optimalen Falle bietet man höhere Provisionen als der

Wettbewerb an. Zudem sollte mit Provisionsstaffeln ein Anreiz für besonders gute Affiliates geschaffen werden. Bezüglich der maximal auszahlbaren Provisionshöhe (in der höchsten Provisionsstaffel), würde ich von der maximalen Gewinnspanne ausgehen. Es gilt dabei zu berücksichtigen, dass bei Netzwerken noch die üblichen 30 Prozent Aufschlag auf die Partnerprovision hinzukommt.

Die volle Gewinnspanne als maximal mögliche Provision (inkl. Netzwerkvergütung) festzulegen, klingt auf den ersten Blick sicher sehr hoch. Man sollte jedoch bedenken, dass erstens nur wenige der Affiliates die höchste Provisionsstufe erreichen, man also mit den Sales bzw. Leads der anderen Affiliates mehr Geld verdient. Ebenso kommen Sales/Leads über Affiliates rein, die nicht getrackt werden. Beispielsweise besucht ein Kunde vom Rechner im Büro die Seite eines Affiliates. Dort erfährt er von Ihrem Angebot. Der Kunde bestellt aber erst vom Rechner zuhause in Ihrem Shop. Der Affiliate geht leer aus und Sie machen den Gewinn.

Letztlich bedeutet Affiliate Marketing für Sie auch noch kostenloses Branding, da Sie Ihre Affiliates in der Regel ja nur nach Erfolg bezahlen (Leads, Sales). Sie profitieren also auch dann von einem Affiliate-Programm, wenn Sie als maximale Provision die volle Gewinnspanne ausschütten.

Sollte sich Ihr Affiliate-Programm im Markt etablieren und die Affiliates verdienen mit Ihnen gutes Geld, besteht später immer noch die Möglichkeit über Provisionssenkungen nachzudenken. Ein Affiliate, der mit Ihnen bislang im Monat 1000 Euro verdient, wird die spätere Bewerbung vermutlich nicht beenden, wenn die Provisionen um 10 Prozent gesenkt werden. Behalten Sie dabei aber natürlich immer den Wettbewerb im Auge. Ihr Partnerprogramm sollte auch nach einer Provisionssenkung immer noch zu den Lukrativsten in der Branche gehören.

Welche Werbemittel eignen sich am besten und womit hast Du gute Erfolge erzielt?

Banner gehören natürlich zum Standard bei jedem Partnerprogramm. Dennoch dienen dieser eher dem Branding als dem reinen Abverkauf bzw. der Leadgenerierung. Banner werden von den Besuchern kaum bewusst wahrgenommen und entsprechend wenig geklickt. Affiliates machen es sich gerne leicht und bauen einfach schnell einen Banner auf ihrer Seite ein und wundern sich dann, dass diese Art der Bewerbung in der Regel relativ schlecht performt. Links, Bilder oder gar Videos in redaktionell anmutenden Beiträgen werden hingegen meist von den Besuchern als Mehrwert betrachtet. Dies gilt natürlich vor allem dann, wenn der Besucher sich auch noch für das Thema interessiert und die besuchte Seite zum Thema passt.

Die Wahrscheinlichkeit zum Klick und zur späteren Conversion ist dann wesentlich höher. Bieten Sie Ihren Affiliates also soviel wie möglich verwertbaren Content. Dazu zählen Produktdaten, Infofeeds, kurze Infovideos, Informationen zu neuen Produkten, Bestsellern, etc.

Bieten Sie auch möglichst viele Anlässe, über die die Affiliates schreiben können, wie Gutscheinaktionen oder Gewinnspiele.

Auf welche häufigen Fehler muss man sich in der Betreuung eines Partnerprogramms einstellen und wie kann man diese vermeiden?

Affiliates haben nur eine begrenzte Arbeitszeit, zumal die meisten einen festen Job haben. Wartet ein Affiliate Tage oder gar Wochen auf die Beantwortung seiner Partneranfrage oder - noch schlimmer - auf die Freischaltung seiner Bewerbung, sammeln Sie bei diesem natürlich viele Minuspunkt. Bedenken Sie: Der Affiliate hat die Auswahl aus Tausenden von Partnerprogrammen. Selbst in einer speziellen Branche gibt es oft zig bis hunderte konkurrierender Partnerprogramme, zu denen der Affiliate wechseln kann. Zeit ist Geld - nicht nur bei Ihnen sondern auch bei Ihren Affiliates.

Mein Tipp: Beantworten Sie Partneranfragen möglichst direkt bei Eingang in Ihrem Postfach. Bearbeiten Sie darüberhinaus die Partnerfreischaltungen (Bewerbungen von Partnern) mehrmals am Tag sowie einmal täglich am Wochenende und an Feiertagen. Das Einloggen in Ihren Merchant-Account können Sie auch von zuhause aus vornehmen und die Prüfung ist meistens nach wenigen Minuten abgeschlossen.

Ebenso sollten Sie regelmäßig und gründlich die wichtigsten Zahlen sowie den durch Ihre Affiliates gelieferten Traffic im Auge behalten, um möglichen Fraud und Verstöße gegen Ihre Partnerprogrammbedingungen zu entdecken. Prüfen Sie ebenso regelmäßig vermittelte Leads und Sales auf Stornos. Schludern bei der Fraud- und Stornoprüfung kann sehr teuer werden.

Ein Partnerprogramm kann also nur gut funktionieren, wenn man dieses permanent, ernsthaft und professionell betreut. Mit dem Setup des Partnerprogramms ist es nicht getan. Die Arbeit fängt dann eigentlich erst an und hört nie auf. Wenn Sie nicht mit einer Agentur arbeiten, die Ihnen viele Arbeiten (aber auch nicht alle!) abnehmen kann, oder Sie im Unternehmen keine (fachlich geeignete) Person haben, deren Hauptaufgabe die Betreuung des Partnerprogramms ist, ist es unwahrscheinlich, dass das Partnerprogramm einen relevanten Anteil zum Geschäftserfolg beitragen wird.

Welche Erfahrung hast Du mit Partner-Newslettern gemacht? Wie häufig sollte man diese verschicken, welche Informationen sind wichtig und wann ist das richtige Timing für den Versand?

Zum Timing für den Versand gibt es immer wieder

verschiedene Meinungen. Ich denke, sobald es wichtige Informationen zu verbreiten gibt, sollten diese unabhängig vom Wochentag schnellstmöglich verschickt werden.

Nicht selten gehen bei einem Affiliate am Tag 50, 100 oder mehr Mails ein. Man sollte also möglichst noch im wahrnehmbaren Zeitfenster seinen Newsletter verschicken. Diese sollten im Eingangsordner der Affiliates weit oben stehen. Daher empfehle ich für die Versanduhrzeit den frühen Nachmittag, etwa 15 Uhr. Größere professionell aufgestellte Affiliates (Firmen, Agenturen, ...) sind dann noch im Büro und können die News noch im Tagesbetrieb empfangen und bei entsprechender Relevanz direkt verwerten. Bei den „Feierabend-Affiliates" ist man mit seiner Mail zumindest vor den Mails gelandet, die bis zum Mittag hinzugekommen sind.

Zum Inhalt: Bei Netzwerken werden Newsletter teilweise vor der Veröffentlichung gegengelesen. Hat der Letter nur recht allgemeine Informationen wird es teilweise schwierig mit der Veröffentlichung.

Bei unserem auxmoney Inhouse-Partnerprogramm (auxmoney-partnerprogramm.de) funktionieren Partnerletter sehr gut. Wir informieren regelmäßig mindestens zweimal monatlich über alles rund um auxmoney und das auxmoney Partnerprogramm. Natürlich ändern sich so oft nicht wesentliche Punkte wie Provisionssteigerungen, neue Affiliateaktionen oder grundlegende Produktänderunen bei auxmoney selbst. Aber wir wollen uns mit den Newslettern immer wieder positiv bei den Affiliates in Erinnerung bringen. Die Hauptmotivation für unsere Newsletter ist die Partnermotivation und Aktivierung. Wir informieren beispielsweise darüber, dass wieder ein Affiliate einen Sonderbonus (zum Beispiel ein Apple iPad) erreicht hat, unser Partnerprogramm von einem weiteren Fachportal als eines der besten in der Branche bewertet wurde, und und und. Zudem berichten wir oft über Neuerungen und über die boomende Entwicklung bei auxmoney. Seitdem ich bei auxmoney bin, folgt ein Rekord dem nächsten. Auxmoney wird immer erfolgreicher und bekannter. Dies wollen wir natürlich auch den Affiliates mitteilen. Über Erfolg spricht man gerne.

Mit welchen Publisher-Modellen hast Du die besten Erfahrungen gemacht?

Die Beantwortung der Frage hängt stark vom eigenen Geschäftsmodell und der Marketingstrategie ab. Gut funktionierende Publisher-Modelle sind auch meiner Sicht:

- **Deals/Gutscheine**
  Hat Ihr Onlineshop attraktive Kundengutscheine? Ist die Verbreitung dieser Gutscheine durch Affiliates seitens der Geschäftsführung gewünscht? Dann sollten Sie verstärkt mit Gutschein- und Dealseiten zusammen arbeiten.

- **Suchmaschinenanzeigen, vor allem Google AdWords**
  Erlauben Sie den Affiliates die Bewerbung Ihres Brand in der Textazeige und der Display-URL bei Google AdWords? Sind Sie ein relativ großer Brand, dürfen über diesen Affiliatekanal sicher viele Klicks und Leads bzw. Sales kommen. Allerdings wären Sie wahrscheinlich insgesamt günstiger gefahren, wenn Sie dies Ihren Affiliates untersagt und selbst bei Google AdWords gebucht hätten.

- **PostView und Remarketing**
  Auch hier gibt es Anbieter auf dem Markt, die auf reiner Erfolgsbasis arbeiten. Hier tragen Sie also kein Risiko. Allerdings sollten Sie mindestens 100.000 Besucher im Monat vorweisen können, oft auch wesentlich mehr, damit dieses Modell für solch einen Affiliate interessant ist.

- **Produktsuchmaschinen**
  Hat man eine große Anzahl von Produkten im Onlineshop bietet sich die Bereitstellung von qualitativ hochwertigen Produktfeeds an. Aus meiner früheren Erfahrung im Bereich Preissuchmaschinenmarketing für einen führenden Computer- und Haushaltselektronik-Onlineshop, kann ich sagen, dass reine Klickvergütungen bei Preissuchmaschinen selten einen positiven ROI mit sich bringen. Da es aber auch einige bedeutende Preissuchmaschinen gibt, bei denen eine reine Affiliatevergütung möglich ist, sollten diese bei Bereitstellung eines Produktfeeds unbedingt als Affiliates gewonnen werden.

- **Infoportale, Fachblogs, Fachforen**
  Unabhängig von eventuellen Feeds oder Gutscheinen funktionieren nach meiner Erfahrung auch möglichst themenaffine und gut gemachte Informationsportale bzw. Fachblogs und Fachforen.

Wie kann man sich als Affiliate-Manager vor Betrug oder Missbrauch durch Affiliates schützen?

- **Keine automatische Zulassung Ihrer Partner**
  Stellen Sie Bedingungen auf, mit welchen Affiliates Sie zusammenarbeiten möchten. Haben Sie nur deutsches Zielpublikum, gilt es beispielsweise abzuwägen, ob man nur mit Affiliates mit einem gültigen Impressum und Sitz in Deutschland zusammen arbeiten möchte. Viele „böse" Affiliates haben zumindest ihren offiziellen Sitz nicht in Deutschland. Allerdings verschenken Sie bei dieser Politik natürlich auch Potential, da Sie sich bei der Anzahl der verfügbaren Partner stark einschränken.

- **Nutzungsbedingungen/Partner AGBs**
  Legen Sie Spielregeln fest. Ist die Verwendung Ihres

Brands, Slogans im Anzeigentext und der Display-URL erlaubt? Dürfen Affiliates auf diese Keywords buchen? Dürfen Ihre Affiliates PostView verwenden (meine Empfehlung ja, aber nur an zuverlässige ausgewählte Partner). Sind PopUps und Layerads erlaubt? Werden Affiliates für Eigenbestellungen vergütet? All das und noch viel mehr können Sie in Ihren Nutzungsbedingungen festlegen.

Das verhindert zwar natürlich nicht direkt, dass Affiliates gegen diese Regeln verstoßen. Sie können dann aber mit Verweis auf Ihre Nutzungsbedingungen die Provision stornieren. Dies muss dann auch das Affiliate-Netzwerk, das ja an den Partnerprovisionen mitverdient, einsehen.

- Es gibt verschiedende Arten von Betrug bzgl. Fehlverhalten der Affiliates (nicht konformes Verhalten gemäß der Partner AGBs), die es alle jeweils ständig zu controllen gilt.

    - **Prüfung auf Provisionsanspruch**
      Das versteht sich eigentlich von selbst, wird dennoch leider nicht bei jedem Partnerprogrammbetreiber immer gewissenhaft überprüft. Gleichen Sie die über Affiliates eingehenden Order-IDs mit denen aus Ihrem Shop-/ Bestell-/Kundendatensystem ab. Hat der Kunde nicht bezahlt oder die Bestellung nachträglich storniert, gibt es keine Provision für den Affiliate (bzw. optimalerweise bei Teilstornos des Kunden auch nur ein Teilstorno der Provision).

    - **Stornorate je Affiliate**
      Prüfen Sie Sales und Leads permanent auf Stornos können Sie die Stornoraten eines jeden Affiliate mit der Gesamtstornorate aller Affiliates vergleichen. Fällt hier ein Affiliate negativ extrem aus dem Rahmen, sollte man sich die vermittelten Bestellungen dieses Affiliates näher

anschauen. Eventuell wurden hier absichtlich falsche Daten bei den Bestellungen eingegeben, um Provision zu erschleichen.

- **Anzahl Klicks und Conversionrate Klicks zu Sales**
  Weichen Affiliates sowohl positiv als auch negativ erheblich von der durchschnittlichen Conversionrate Klick zu Sales ab, sollte man sich diese Affiliates gesondert ansehen. Natürlich kann es einmal auf Basis der Grundgegebenheiten sein, dass ein Affiliate bei drei Klicks gleich zwei Sales schafft. Unwahrscheinlich, zumindest aber außergewöhnlich, ist es bei 300 Klicks 200 Sales zu erreichen. Es kann dabei alles mit rechten Dingen zugehen, aber schauen Sie sich hier die vermittelten Klicks und Sales im Detail an. Ebenso sind extrem niedrige Conversionrates (1 Sale auf weniger als 1000 oder gar 10.000 Klicks) verdächtig. Eventuell handelt es sich hier um Cookiespamming und um massenhafte Layerad-/PopUp Generierung, die mit Ihren Nutzungsbedingeungen nicht vereinbar ist.

- **Überprüfung der Keywordanzeigen bei Google AdWords**
  Haben Sie Einschränkungen bzgl. der Bewerbung über AdWords sollten Sie natürlich auch prüfen, ob sich Ihre Affiliates daran halten. Sie können dies händisch tun, indem Sie bei Google einfach nach Ihrem Brand googeln. Taucht dann eine Anzeige auf, die Sie selbst nicht geschaltet haben, klicken Sie auf den Link. In der Browser-URL sollte in der Regel ein Parameter zu finden sein, der den Affiliate ausfindig macht. Zudem gibt es auch weitere (kostenpflichtige) Tools oder Dienstleister, die Ihnen hier wertvolle Dienste leisten können.

Wie sollte Deiner Meinung nach ein gutes Affiliate-Reporting aufgebaut sein und welche KPIs sollte dieses beinhalten?

Es sollten Daten wie Klicks, Sales, Leads, Warenkorbwerte und weitere betreiberabhängige wichtigen Zahlen wie (Kundenregistrierungen/Neukunden, Warenkorbhöhe, Anzahl Bestellungen aus einer bestimmten besonders wichtigen Kategorie,...) sowie alle diese Zahlen im Verhältnis zu den Klicks täglich erfasst werden.

Ebenso empfiehlt es sich hier auch, nach der Stornoprüfung, die Anzahl der bestätigten und der abgelehnten Sales/Leads je Tag anzugeben.

Zudem empfehle ich im Tagesreporting eine gleitende 5-, 10-, 30-, und 60-, Tagessumme bzw. bei den Verhältniszahlen gleitende Durchschnittszahlen, bezogen auf diese Zeiträume, anzulegen.

Zudem sollte mindestens ein Monatsreporting erstellt werden, welches die Monatssummen aus Klicks, Leads, Sales und den weiteren betreiberabhängigen Kennzahlen, Stornoquoten sowie sämtlichen Conversionrates und Durchschnittswerten enthält.

Im Monatsreporting sollte zudem die Entwicklung der absoluten und aktiven Partner (aktiv: Partner mit Sales/Leads im Monat) genannt werden.

Zudem empfehle ich (je nach Größe des Partnerprogramms) eine separate monatliche Top-Partner-Auswertung. Welche Top10, Top50, Top100 Partner haben wieviele Sales/Leads gemacht. Haben diese Affiliates sich im Vergleich zu den Vormonaten verbessert oder verschlechtert?

Welche Insights und Tipps kannst Du anderen Affiliate-Managern geben?

Ich denke, ich habe hier die vorab gestellten Fragen schon alle sehr ausführlich beantwortet. Meine wichtigste Aussage: Stelle Dir vor, Du bist selbst Affiliate. Was ist Dir wichtig und was erwartest Du von einem Partnerprogramm? Wenn Du denkst, Du kannst mit Deinem Partnerprogramm Deine eigenen Anforderungen erfüllen, dann solltest Du auf einem guten Weg sein.

Welche Trends siehst Du in den nächsten Jahren auf die Affiliate-Branche zukommen und worauf sollte man sich vorbereiten?

Merchants werden zukünftig immer mehr darauf achten, inwieweit der Affiliatekanal am Gesamtergebnis beteiligt ist. Welchen Beitrag leisten die Affiliates an der Customer Journey?

Bei uns in der auxmoney GmbH werden ganzheitlich sämtliche Werbekanäle, wie Affiliate, Suchmaschinenanzeigen, Displayanzeigen, Direct Traffic und sogar TV Schaltungen vor allem unter Gesichtspunkten der Customer Journey analysiert. Inwieweit man diese Ergebnisse dann in zukünftige Provisionsmodelle einfließen lässt, ist dabei ein anderes Thema. Stellt sich heraus, dass man nach Customer Journey Erkenntnissen die Affiliates im Vergleich zu den anderen Kanälen überproportional vergütet und senkt dementsprechend die Provisionen, kann diese Strategie fehlschlagen, wenn die Affiliates aufgrund der Senkung wesentlich weniger Sales und Leads – als vorher vermutet - vermitteln. Dennoch werden die Erkenntnisse aus der Customer Journey immer mehr Einfluss auf die Verteilung der Marketing- und Vertriebsbudgets nehmen.

Auf welchen Blogs, Info-Portalen, Zeitschriften oder Konferenzen bildest Du Dich weiter und wo informierst Du Dich über die neuesten Entwicklungen?

Abonniert habe ich die Zeitschrift Website Boosting sowie die Internet World Business. Im Bereich Affiliate Marketing kann ich die Webportale 100partnerprogramme.de, AffiliateBLOG.de und Affiliate-Marketing.de empfehlen.

Ansonsten abonniere ich vor allem die Newsletter von bzw. besuche regelmäßig die Internetportale Internet World Business (internetworld.de), Abakus-Internet-marketing.de, Shopanbieter.de, Ibusiness.de, Adzine.de, Eisy.eu sowie t3n.de.

Bislang habe ich die mehrmals die Affiliate-TactixX sowie die Affiliate Conference besucht. Dort werden nicht nur reine Affiliate-Themen behandelt. Man nimmt auch viel Wissen aus anderen Bereichen des E-Commerce mit, wie SEO, Onlinerecht, Conversionoptimierung. Zudem besuche ich Webmaster- und SEO-Stammtische, die aber mehr dem Networking als der Fortbildung dienen. In meiner Anfangszeit habe ich auch an einigen Publisherseminaren von Merchants teilgenommen.

Gerne würde ich auch noch weitere Konferenzen rund um Onlinemarketing und E-Commerce besuchen. Mittlerweile gibt es aber eine fast unüberschaubare Anzahl an Kongressen, Konferenzen, Seminaren, Stammtischen etc. zu fast zu jedem Spezialgebiet, wie Social Media, SEO, SEM, Conversionopimierung, Webanalyse, Emailmarketing, etc. Hier den Überblick zu behalten und zu wissen, welche Veranstaltungen gut und sinnvoll sind, fällt mir jedoch recht schwer. Deshalb habe ich vor kurzem mein eigenes Onlineprojekt www.ecommerce-termine.de ins Leben gerufen. Dort kann jeder Besucher Termine rund um E-Commerce Events eintragen - egal ob es sich um einen kleinen

Webmasterstammtisch, eine große SEO-Konferenz oder ein Webinar zum Thema Wordpress Plugins handelt.

ÜBER JÖRG MIDDELKAMP (AUXMONEY GMBH)

Nach meinem Abitur und dem Zivildienst habe ich an der FH Gelsenkirchen Wirtschaftswissenschaften mit den Schwerpunkten „Internationales Absatz- und Beschaffungsmarketing“ sowie Unternehmensführung/ Management“ studiert.

Während meines Praxissemesters 1999 bei der Deutschen Telekom AG in Bonn hat mich dann das Internetfieber gepackt. Dort habe ich im Bereich New Business Development gearbeitet und viel von der damals schon sehr dynamischen Onlinewelt erfahren. Seitdem betreibe ich selbst eigene Onlineportale.

Nach dem Studium bin ich über Umwege, unter anderem bei einer Unternehmensberatung sowie als Arbeitsvermittler bei der Bundesagentur für Arbeit, 2007 hauptberuflich im Online-Marketing gelandet.

Von 2007 bis 2009 habe ich für die Agentur ad-cons Gmbh aus Düsseldorf vor allem Partnerprogramme im Bereich Retail betreut u.a. Herrenausstatter.de, Medionshop.de, Rtlshop.de (heute channel21). Danach war ich freiberuflich tätig und war vor allem für die Portale sparen.de und vergleiche.de sowie den

Relaunch von Pflege.de verantwortlich.

Seit Mitte 2011 betreue ich das Inhouse Partnerprogramm der auxmoney GmbH. Dieses ist mittlerweile von zahlreichen Webmasterportalen ausgezeichnet und gilt als eines der besten und größten Partnerprogramme im deutschsprachigen Raum.

Kontaktdaten:

E-Mail: auxmoney Partnerprogramm: partner@auxmoney.com sowie middelkamp@auxmoney.com
Email privat: joergmiddelkamp@web.de
Xing: https://www.xing.com/profiles/Joerg_Middelkamp
Facebook: facebook.com/joerg.middelkamp
Twitter: twitter.com/JoergMiddelkamp
Skype: middelkamp.auxmoney

INTERVIEW MIT JULIUS EWIG

Wie lange bist Du schon in der Affiliate-Branche und wie bist Du dazu gekommen?

Ich bin nun seit knapp 5 Jahren in der Branche. Aufmerksam auf Affiliate Marketing wurde ich erstmals während des Studiums, als ich im 4. Semester eine Projektarbeit zu diesem Thema geschrieben habe.

Was findest Du am Affiliate Marketing besonders spannend?

Die sich ständig verändernden Rahmenbedingungen, neue Geschäftsmodelle, technische Innovationen und der Kontakt mit vielen, unterschiedlichen Menschen – dadurch wird die Arbeit nie langweilig.

Worauf sollte ein Partnerprogrammbetreiber bei der Auswahl eines Affiliate-Netzwerks achten?

Dies variiert je nach Sparte, in der der Advertiser zugegen ist. Mittlerweile haben sich „Special-Interest-Netzwerke" gerade im Finanz-Sektor etabliert. Ein wichtiger Faktor ist auch die zukünftige Ausrichtung. Bei einer internationalen Ausrichtung kann sich die Netzwerkstrategie deutlich von einer rein nationalen unterscheiden.

Worauf sollte ein Affiliate-Manager bei der Betreuung eines Partnerprogramms besonders achten?

Dass Strategien, Maßnahmen und Aktionen des Advertisers klar und deutlich an die Affiliates kommuniziert werden. Diese sollten im Mittelpunkt aller Handlungen stehen. Des Weiteren ist natürlich ein Blick über den Tellerrand von Nutzen: Welche Trends und News gibt es innerhalb der Branche? Was machen meine Wettbewerber?

Wie sollte aus Deiner Erfahrung ein gutes Provisionsmodell aufgebaut sein?

Das lässt sich nicht pauschal beantworten. Wichtiger Eckpunkt ist allerdings ein klarer und nachzuvollziehender Ansatz. Zudem müssen bei Staffelmodellen die Ziele bzw. Staffeln so gesetzt sein, dass sie auch von den Affiliates erreicht werden können. Elementar ist zudem, dass das Provisionsmodell mit den Margen des Advertisers in Einklang steht. Im Nachhinein die Provisionen nach unten anpassen zu müssen, ist für Affiliates, die häufig mit ihrer Medialeistung in Vorleistung gehen, oft ein Grund, das Programm nicht mehr zu bewerben.

Welche Werbemittel eignen sich am besten und womit hast Du gute Erfolge erzielt?

Der Textlink ist immer noch ein beliebtes Werbemittel, da er sich vielseitig einsetzen lässt. Auch das Unternehmenslogo in unterschiedlichen Größen ist ein Werbemittel, das gerne genutzt wird. Weitere Werbemittel sind je nach Branche wichtig: Im Retail sollte z.B. ein Produktfeed nicht fehlen, im Finanzsektor ist ein Kreditrechner gerne genutzt und im Reisebereich sind Verfügbarkeitsabfragen sehr begehrt.

Welche Erfahrung hast Du mit Partner-Newslettern gemacht? Wie häufig sollte man diese verschicken, welche Informationen sind wichtig und wann ist das richtige Timing für den Versand?

Partner-Newsletter sind immer noch ein wichtiges Mittel zur Kommunikation mit dem Partner. Viele Partner ziehen sich aus den Newslettern Ideen und Contents für ihre eigene Seite oder planen auch ihre Vorgehensweise, je nach dem welche Aktionen es gerade beim Advertiser gibt. Aus diesem Grund könnten alle Neuigkeiten des Advertisers für den Publisher von Interesse sein und sollten in einem Newsletter kommuniziert werden.

Mit welchen Publisher-Modellen hast Du die besten Erfahrungen gemacht?

Es gibt nicht das "eine" Publisher-Modell, mit dem ich gute Erfolge erzielt habe, sondern unterschiedliche Publisher-Modelle unterstützen unterschiedliche Vorhaben. Möchte man kurzfristige Aktionen pushen und darüber schnelle Erfolge erzielen, eignet sich eine Vermarktung über Gutschein- und Newsletterpartner. Über Postview-Partner kann man eine hohe Reichweite erzielen und eine solide Sales-Basis erhält man immer noch, wenn man den klassischen Content-Partner unterstützt.

Wie kann man sich als Affiliate-Manager vor Betrug oder Missbrauch durch Affiliates schützen?

Als Affiliate Manager ist es schwer, sich zu 100 Prozent vor Missbrauch zu schützen. Aber mit gesundem Menschenverstand und ein paar technischen Tools zur Unterstützung lässt sich Missbrauch bereits ganz gut begegnen. Ein Affiliate-Manager sollte sein Programm in- und auswendig kennen, so dass Auffälligkeiten hinsichtlich Traffic-Zahlen und klassischen KPIs direkt auffallen und hinterfragt werden können.

Wie sollte Deiner Meinung nach ein gutes Affiliate-Reporting aufgebaut sein und welche KPIs sollte dieses beinhalten?

Auch hier gibt es keine universelle Lösung, denn jeder Kunde hat hier unterschiedliche Vorstellungen. Zudem unterscheiden sich Reportings hinsichtlich des Verticals. Ein Retail-Kunde interessiert sich für andere KPIs als eine Airline. Klarheit und Struktur im Aufbau sind allerdings sicherlich relevant für alle Kunden.

Welche Insights und Tipps kannst Du anderen Affiliate-Managern geben?

Den Kunden, die Strategie des Kunden und die zu vermarktenden Produkte verstehen. Dies ist der erste Schritt hin zu kreativen Vermarktungsstrategien. Ein emotionaler Bezug zum Job ist sicherlich förderlich, wenn es in die Kommunikation mit Affiliates geht. Ansonsten ist häufig ein langer Atem gefragt, denn Affiliate Marketing ist stark von technischen Umsetzungen abhängig, die meistens Zeit benötigen.

Welche Trends siehst Du in den nächsten Jahren auf die Affiliate-Branche zukommen und worauf sollte man sich vorbereiten?

Big Data und Mobile sind sicherlich in aller Munde. Doch auch die Attribution innerhalb des Affiliate-Kanals wird weiterhin ein wichtiges Thema bleiben.

Auf welchen Blogs, Info-Portalen, Zeitschriften oder Konferenzen bildest Du Dich weiter und wo informierst Du Dich über die neuesten Entwicklungen?

Häufig auf nationalen Kongressen und Networking Veranstaltungen. Wichtig ist es aber auch, über die nationalen Grenzen zu schauen; deshalb besuche ich ebenfalls die A4U und Affiliate Management Days, die ihren Ursprung in den USA haben.

Blog-Empfehlung: http://www.amnavigator.com/blog/

ÜBER JULIUS EWIG (METAAPES GMBH)

Julius Ewig ist seit 2008 für das Unternehmen metaapes bzw. metapeople in Duisburg tätig. Nach einer Ausbildung im klassischen Marketing in der WAS?! Werbeagentur und einem Studium der Medienwirtschaft an der Rheinischen Fachhochschule in Köln, wo er die ersten Berührungspunkte mit Online-Marketing hatte, startete er seine Karriere als Account Manager im Affiliate Marketing bei metaapes. Hier war er u.a. für den Aufbau und Betreuung der Fluglinien Lufthansa und Swiss International Air Lines in diversen europäischen Märkten erfolgreich zuständig.

Seit 2011 ist Julius Ewig als Head of Affiliate Marketing für die strategische Ausrichtung der Kunden, die Erschließung von neuen Märkten und die Steuerung von einem großen Account-Management Team zuständig.

Seit Januar hat er zudem die Position des Geschäftsführers von metapeople inne.

Kontaktdaten:

E-Mail: julius.ewig@metapeople.de

INTERVIEW MIT MATTHIAS FEIFEL

Wie lange bist Du schon in der Affiliate-Branche und wie bist Du dazu gekommen?

Seit 1999 bin ich beruflich im Online-Bereich aktiv. Je nach beruflichem Schwerpunkt mal mehr mal weniger auch im Bereich Affiliate. Zu Beginn betreute ich bei einem Münchner Mietwagen-Unternehmen deren internes Affiliate-Programm. Seit Gründung meiner Agentur ONLINE UNITED im Jahre 2011 kümmere ich mich hauptsächlich um unsere Affiliate-Kunden

Was findest Du am Affiliate Marketing besonders spannend?

Spannend ist vor allem, dass über den Affiliate-Kanal das komplette Online-Marketing auf Erfolgsbasis abgewickelt werden kann. Man kann sich in unterschiedlichsten Online-Marketing-Disziplinen ausprobieren. Die Ergebnisse sind schnell sichtbar und man kann seinen Kunden demonstrieren, was man kann.

Worauf sollte ein Partnerprogrammbetreiber bei der Auswahl eines Affiliate-Netzwerks achten?

Entscheidend ist unter anderem, ob innerhalb des Netzwerks Wettbewerber vorhanden sind. Ferner, ob zum besagten Netzwerk ein guter Kontakt vorhanden ist und damit zusammenhängend, ob ein individuelles Angebot erstellt werden kann.

Worauf sollte ein Affiliate-Manager bei der Betreuung eines Partnerprogramms besonders achten?

Gute Kontakte zu den Publishern sind hier das A und O. In Anlehnung an diesen Gedanken auch die regelmäßige Kommunikation von Informationen und Aktionen. Daneben ist es äußerst wichtig, die Entwicklung des Partnerprogramms stets zu überwachen und auf Veränderungen schnell zu reagieren.

Wie sollte aus Deiner Erfahrung ein gutes Provisionsmodell aufgebaut sein?

Das Provisionsmodell sollte unbedingt ein Anreizmodell sein: Gute Arbeit sollte belohnt werden. Allerdings sollte für alle eine vergleichbare Ausgangssituation geschaffen werden. Entsprechend dürfte die Provision der Gutscheinpublisher etwas niedriger als die Standard-Rate angesetzt werden.

Welche Werbemittel eignen sich am besten und womit hast Du gute Erfolge erzielt?

Wir versuchen die Werbemittel meist simple und funktional zu halten. Oftmals erzielt ein schönes Logo die besten Ergebnisse. Daneben haben wir sehr gute Erfahrungen mit animierten gif-Bannern gemacht. Der Call-to-Action-Button ist hierbei der wichtigste Faktor für die Click-Rate – dennoch gerne vergessen. Unter den sogenannten intelligenten Werbemitteln bevorzugen wir den html-Suchbanner. Er wird ebenfalls häufig und mit Erfolg genutzt.

Auf welche häufigen Fehler muss man sich in der Betreuung eines Partnerprogramms einstellen und wie kann man diese vermeiden?

Bei der regelmäßigen Nutzung von Aktionswerbemitteln, gerade wenn es sich um kurzweilige Aktionen handelt, gilt: Lieber einmal mehr testen. Sollte sich dennoch einmal ein kleiner Fehler einschleichen, ist wieder die Publisher-Kommunikation entscheidend. Alle Parteien müssen sich darauf verlassen können, dass sie füreinander erreichbar sind und dass auf ihr Anliegen schnell reagiert wird.

Welche Erfahrung hast Du mit Partner-Newslettern gemacht? Wie häufig sollte man diese verschicken, welche Informationen sind wichtig und wann ist das richtige Timing für den Versand?

Meiner Erfahrung zufolge, sollte mindestens einmal alle zwei Wochen ein Partner-Newsletter versendet werden. Inhaltlich sollten alle Informationen darin stehen, die dem Publisher dabei helfen, Umsatz zu machen: Primär jedoch Endkundenaktionen und Publisher-Anreize.

Mit welchen Publisher-Modellen hast Du die besten Erfahrungen gemacht?

Gutscheinportale sind sehr starke Distributionspartner im Affiliate Marketing. Sie können den Kaufdruck auf den User erhöhen wie kein anderer. Intelligent eingesetzt, ist der Gutschein eines der besten Instrumente bisher. Leider ist hier der Aspekt der Nachhaltigkeit meist fraglich.

Wie kann man sich als Affiliate-Manager vor Betrug oder Missbrauch durch Affiliates schützen?

Durch regelmäßige Kontrolle der Zahlen und der Publisher durch spezielle Tools sowie den direkten Kontakt, insbesondere zu den Top-Publishern. Auch ein zuverlässiger Account-Betreuer im Netzwerk ist wichtig. Entscheidend ist, dass alle Parteien, die ein sauberes Affiliate Marketing betreiben wollen, an einem Strang ziehen und zusammenarbeiten.

Wie sollte Deiner Meinung nach ein gutes Affiliate-Reporting aufgebaut sein und welche KPIs sollte dieses beinhalten?

Ein gutes Reporting sollte in erster Linie eine gute Übersicht über die in einem bestimmten Zeitraum erzielte Performance bieten. Zu viele Informationen müssen nicht sein. Letzten Endes ist für den Merchant hauptsächlich interessant, wie die tendenzielle Entwicklung aussieht. Alles andere kann auf Anfrage nachgereicht werden.

Welche Insights und Tipps kannst Du anderen Affiliate-Managern geben?

Ein guter Affiliate-Manager muss sich in allen ihn betreffenden Bereichen auskennen. Er muss sowohl den Shop kennen, dessen Partnerprogramm er betreut; als auch dessen Wettbewerber. Daneben die spezifischen Möglichkeiten, die die unterschiedlichen Netzwerke bieten. Die einzelnen Publisher-Modelle und deren Spezifika sowie die Top-Partner unter ihnen. Der Affiliate-Manager ist ein Vertreter, der in alle Richtungen arbeiten können, und jedes „Produkt“, das er der einen oder anderen Seite vorstellt, in- und auswendig kennen muss. In diesem Zusammenhang sind Schulungen und Informationsveranstaltungen immer hilfreich.

Welche Trends siehst Du in den nächsten Jahren auf die Affiliate-Branche zukommen und worauf sollte man sich vorbereiten?

Die jetzt schon drohende Cookie- und damit verbundenen Datenschutzthematik wird den ganzen Affiliate-Bereich vor die technische Herausforderung stellen, Sales weiterhin korrekt messen zu können.

Daneben bieten natürlich die neuen mobilen Werbewege – sei es via Smartphone oder bald auch über intelligente Brillen – interessante Potentiale, Kunden intelligent anzusprechen.

Auf welchen Blogs, Info-Portalen, Zeitschriften oder Konferenzen bildest Du Dich weiter und wo informierst Du Dich über die neuesten Entwicklungen?

Print: IWB, Website boosting.

Konferenzen & Messen: Affiliate TactixX, Affiliate Conference, dmexco, persönlicher Austausch in- und außerhalb diverser Networking-Veranstaltungen.

Online: Soziale Netzwerke machen es möglich, dass ein wichtiger und informativer Blogbeitrag schnell die Runde macht.

ÜBER MATTHIAS FEIFEL (ONLINE UNITED GMBH)

Mein Name ist Matthias Feifel. Geboren 1974, startete ich im Jahre 1999 noch als Nebenbeschäftigung in die Online-Branche. Nach kaufmännischer Ausbildung und späterem Studium baute ich zunächst bei einem Münchner Mietwagen-Unternehmen den E-Commerce-Bereich auf. Danach verantwortete ich bei einer der größten Immobilien-Börsen den Online-Marketing Bereich, bevor ich dann von einem großen Adresshändler nach Stuttgart geholt wurde, um dort eine Online-Marketing-Agentur aufzubauen. Auf dieser Basis gründete ich im Jahre 2011 meine eigene kleine, aber feine Agentur mit dem Namen ONLINE UNITED GmbH in meiner fränkischen Heimat.

Kontaktdaten:

Telefon: 0700 1200 2000
E-Mail: info@online-united.de
Xing: https://www.xing.com/profile/Matthias_Feifel2

INTERVIEW MIT MICHAELA PLYASKIN

Wie lange bist Du schon in der Affiliate-Branche und wie bist Du dazu gekommen?

Mittlerweile schon seit zweieinhalb Jahren und das - wie sicherlich ganz viele Affiliate Manager – mehr oder weniger durch Zufall. Ich hatte mich eigentlich aufgrund meiner Masterarbeit zum Thema Mobile Marketing bei meinem ersten Arbeitgeber für eine Stelle im Mobile Marketing beworben. Doch stattdessen bekam ich einen Job in der Affiliate-Abteilung angeboten. Und habe die Entscheidung bis heute nicht bereut.

Was findest Du am Affiliate Marketing besonders spannend?

Ganz klar: Die tagtägliche Kommunikation mit den unterschiedlichsten Menschen - ob am Telefon, per Email, bei persönlichen Treffen oder auf Networking-Events. Affiliate Marketing ist ein People-Business und es macht mir Spaß, nicht nur jeden Tag stumpf Reportings oder Analysen fahren zu müssen. Außerdem finde ich es toll, wenn ich sehe, wie sich mein Partnerprogramm weiterentwickelt und die von mir vorgeschlagenen und ausgeführten Maßnahmen und Aktionen positive Auswirkungen haben. Denn das Gute ist: Die Ergebnisse der Affiliate-Arbeit lassen sich bis ins Detail genau beziffern.

Worauf sollte ein Partnerprogrammbetreiber bei der Auswahl eines Affiliate-Netzwerks achten?

Das ist und bleibt die Analyse des Partnerprogramms und des Wettbewerbs – mit folgenden Fragen: Welche Produkte will ich mit meinem Partnerprogramm vermarkten? In welchen Affiliate-Netzwerken ist der Wettbewerb bereits vertreten? In welchen Ländern soll mein Partnerprogramm vermarktet werden? Und dabei sollte niemals vergessen werden, dass es für einige Branchen Spezialnetzwerke gibt, wie beispielsweise Affiliando oder financeAds für den Finanzbereich oder tracdelight für den Fashionbereich.

Worauf sollte ein Affiliate-Manager bei der Betreuung eines Partnerprogramms besonders achten?

Ein Affiliate Manager sollte vor allem die Top Affiliate-Partner seines Partnerprogramms genau kennen, besonders hinsichtlich dieser Punkte: Wie ist das Vermarktungsvorgehen, die aktuelle Performance, was wird für einen Performance-Push benötigt? Und genau dabei ist der persönliche Kontakt zu den Affiliates entscheidend. Genau wie dieser Faktor: Eine selbsterklärende und Conversion-optimierte Landingpage ist ein Muss!

Wie sollte aus Deiner Erfahrung ein gutes Provisionsmodell aufgebaut sein?

Ein gutes Provisionsmodell basiert auf einer CPO-Vergütung,

die allen Beteiligten Spaß macht – Affiliates, der Agentur und dem Advertiser. Dies hat sich in der Praxis am besten bewährt. Oft sind dabei Hybrid-Modelle, also ein Mischung aus CPL und CPO-Vergütung, vorteilhaft, wenn z.B. auch Newsletter-Partner langfristig an ein Partnerprogramm gebunden werden sollen. Meiner Meinung nach sind CPC-Vergütungen nicht sehr zielführend, da diese meistens die Haupttreiber für einen schlechten ROI darstellen.

Welche Werbemittel eignen sich am besten und womit hast Du gute Erfolge erzielt?

Am besten eignen sich nach wie vor Textlinks, denn die sind unter anderem von den Affiliates nach ihren Wünschen textlich anpassbar. Auch gif-Banner und Logos werden häufig genutzt und eignen sich perfekt, um zusätzliche Brandingeffekte für den Advertiser zu erzielen. Den Aufwand sparen kann man sich jedoch bei Flash-Werbemitteln, die immer noch angeboten, aber von den meisten Affiliates ohnehin nicht genutzt werden. Dafür sollten aber diese interessanten Werbemittel nicht außer Acht gelassen werden: Ratenrechner, Newsletter-Templates.

Auf welche häufigen Fehler muss man sich in der Betreuung eines Partnerprogramms einstellen und wie kann man diese vermeiden?

Ein häufiger Fehler ist, voreilige Schlüsse zu ziehen – zum Beispiel, dass der Schlüssel zum Erfolg bei dem einen Partnerprogramm auch bei einem anderen Partnerprogramm funktioniert. Diese „Best-Practice"-Idee wird immer mit den besten Absichten angewandt, jedoch unterscheidet sich jedes Programm und hat seine programmspezifischen Eigenheiten und Erfolgsfaktoren.

Und es gibt noch einen zweiten Punkt: Support. Affiliates schätzen es, einen persönlichen Ansprechpartner zu haben, den sie jederzeit kontaktieren können, sowie schnelle Reaktionszeiten.

Welche Erfahrung hast Du mit Partner-Newslettern gemacht? Wie häufig sollte man diese verschicken, welche Informationen sind wichtig und wann ist das richtige Timing für den Versand?

Generell versende ich nur Partner-Newsletter, wenn es wirklich interessante Neuigkeiten für die Affiliates im Partnerprogramm gibt, d.h. ein neues Produkt, Konditionsänderungen, spezielle Aktionen oder Gutscheine.

Ist ein bestimmter Turnus vom Advertiser gewünscht, würde ich einen Newsletter nicht häufiger als alle 2 Wochen versenden, damit dieser auch von den Affiliates gelesen wird. Wichtige Informationen: Provision für Publisher, Mehrwert für User, genauer Zeitraum der Aktion, Gutscheincode. Und das sollte idealerweise einige Tage Vorlaufzeit vor Start der Aktion haben.

Mit welchen Publisher-Modellen hast Du die besten Erfahrungen gemacht?

Hier kommt es vor allem darauf an, welche User mit der Vermarktung durch die Affiliates angesprochen werden sollen und wie der Advertiser seine Marke im Online-Umfeld platziert haben möchte. Generell eignen sich natürlich Content-Seiten und Vergleichs-Seiten am besten, um qualitativen Traffic zu erzielen. Gutscheinportale und Couponing-Websites werden derzeit allerdings immer beliebter, um Neukunden zu gewinnen oder den Umsatz zu steigern. Persönlich sehe ich Re-Targeting momentan als

Publisher-Modell mit hohem Potential, denn hier werden User erneut angesprochen, die bereits ein Interesse gezeigt haben.

Wie kann man sich als Affiliate-Manager vor Betrug oder Missbrauch durch Affiliates schützen?

Ein sehr restriktives Vorgehen bei der Publisherzulassung ist das A und O, um sich von vornherein gegen Betrug zu schützen. Zudem kann man bei der täglichen Statistik-Kontrolle bereits Betrüger wie Cookie Dropper oder E-Mail-Spammer meistens an der hohen CTR erkennen. Zusätzlich identifizieren die meisten Affiliate Netzwerke ja bereits iFrame Cookie Stuffing Methoden und bieten IP- und Referrer-Checks. Andere Methoden kann man mit etwas Übung mit dem Live HTTP Header für Mozilla Firefox erkennen, da dieses Tool alle Aufrufe, Weiterleitungen, geladenen Bilder und Pixel im Hintergrund zeigt. Auch AdGooroo kann helfen, Click Fraud zu erkennen.

Für Brand-Bidding Fraud oder Brand-Hijacking verfügt iCrossing über ein eigenes BrandControl-Tool.

Wie sollte Deiner Meinung nach ein gutes Affiliate-Reporting aufgebaut sein und welche KPIs sollte dieses beinhalten?

Ein gutes Affiliate-Reporting sollte meiner Meinung nach umfangreich, aber überschaubar sein und vor allem grafisch ansprechend aufbereitet sein, um die gesuchten Informationen schnell herausfiltern zu können.

Die wichtigsten KPIs sind: CR, CTR, Sales gesamt, Umsatz, Kosten gesamt, CPO pro Produkt, Bestätigungsquote, Stornoquote.

Welche Trends siehst Du in den nächsten Jahren auf die Affiliate-Branche zukommen und worauf sollte man sich vorbereiten?

Wie schon vorher erwähnt, gibt es aktuell einen regelrechten Boom im Gutschein-Bereich. Allerdings gibt es zwar sehr viele Gutschein- und Couponing-Seiten, jedoch nur wenige, die Affiliate Marketing professionell betreiben. Deshalb denke ich, dass es hier zu einer Konsolidierung des Marktes kommen wird. Die Anfänge dieses Trends lassen sich hier momentan schon beobachten. Zudem werden alternative Werbeformen zunehmen, die Affiliate Marketing etwas out of the box anbieten, wie z.B. AffiliPrint oder VeInteractive.

Auf welchen Blogs, Info-Portalen, Zeitschriften oder Konferenzen bildest Du Dich weiter und wo informierst Du Dich über die neuesten Entwicklungen?

Dmexco, Lead Digital, Internet World Business, Gespräche auf Networking-Veranstaltungen wie der Affiliate NetworkxX, Active Lounge oder Affilinet Performance Lounge, Austausch mit anderen Affiliate Managern und Affiliates.

ÜBER MICHAELA PLYASKIN (ICROSSING GMBH)

Michaela Plyaskin (geb. Kössinger) hat im Frühjahr 2011 das Masterstudium in BWL mit Schwerpunkt Marketing absolviert und danach bei der Zieltraffic AG mit dem Finanznetzwerk Affiliando gearbeitet.

Derzeit arbeitet sie bei der iCrossing GmbH als Senior Affiliate Manager und nutzt ihre Erfahrung, um Marken wie Hewlett-Packard, Santander Consumer Bank und Staples im Affiliate Marketing weiterzuentwickeln. Im Fokus ihrer Arbeit stehen dabei insbesondere die Strategie und Kampagnenziele der Kunden, sowie das Verknüpfen des Affiliate Marketings mit den weiteren iCrossing Servicelines SEO, SEA, Display und Social Media.

Kontaktdaten:

E-Mail: michaela.plyaskin@gmail.com

INTERVIEW MIT PATRICIA FÜHR

Wie lange bist Du schon in der Affiliate-Branche und wie bist Du dazu gekommen?

Bei der Recherche nach einer neuen Herausforderung bin ich auf explido und den Bereich Affiliate Marketing gestoßen. Seit 2008 arbeite ich dort als Affiliate-Managerin und bin somit seit über 5 Jahren in der Affiliate-Szene vernetzt.

Was findest Du am Affiliate Marketing besonders spannend?

Der konstruktive Austausch zwischen Affiliates und Merchants, um für beide Seiten das lukrativste Ergebnis und die beste Performance zu erzielen.

Worauf sollte ein Partnerprogrammbetreiber bei der Auswahl eines Affiliate-Netzwerks achten?

Grundsätzlich besteht natürlich die Möglichkeit, sich für mehrere Affiliate-Netzwerke anzumelden, allerdings sollte man sich zu Beginn erst einmal auf max. zwei Netzwerke spezialisieren, um den Streuverlust möglichst gering zu halten.

Die Auswahl ist abhängig von verschiedenen Faktoren wie Publisherstamm, Netzwerk-Vergütungsstruktur, Statistik-Center, Auszahlungszeiten sowie dem Service und persönlichen Kontakt zum Netzwerk.

Zudem gibt es spezialisierte Affiliate-Netzwerke, die nur Partnerprogramme einer bestimmten Branche abdecken.

Worauf sollte ein Affiliate-Manager bei der Betreuung eines Partnerprogramms besonders achten?

Das Wichtigste ist der direkte Kontakt zu den Affiliates und eine offen Kommunikation mit den Werbepartnern hinsichtlich Tipps & Restriktionen für die Bewerbung.

Wie sollte aus Deiner Erfahrung ein gutes Provisionsmodell aufgebaut sein?

Die Provisionen sollten im wettbewerbsfähigen Bereich und auf Niveau der größten Mitbewerber liegen. Ein Provisionsstaffelmodell bietet sich an, um auch besonders erfolgreiche Affiliates anzusprechen und entsprechend zu belohnen.

Welche Werbemittel eignen sich am besten und womit hast Du gute Erfolge erzielt?

Der Klassiker ist der Textlink, da eine einfache Erstellung auf individuelle Zielseiten möglich ist und vom Endkunden nicht direkt als Werbung wahrgenommen wird.

Auch mit produktspezifischen Werbebannern, Rabattgutscheinen als Werbemittel oder einer umfangreichen CSV-Produktliste können gute Ergebnisse erzielt werden.

Auf welche häufigen Fehler muss man sich in der Betreuung eines Partnerprogramms einstellen und wie kann man diese vermeiden?

Nicht durchdachte Provisionsmodelle, bei denen die Affiliates nicht gebührend verdienen können, fehlende Anreize in Sales-Ralleys sowie Potentialvergabe durch Partner-Restriktionen und Einschränkungen der Publisher-Modelle. Auch gerade, was die Qualität des Partnerprogramms angeht, ist es wichtig die Affiliates regelmäßig zu überwachen und bei Auffälligkeiten aktiv zu werden.

Welche Erfahrung hast Du mit Partner-Newslettern gemacht? Wie häufig sollte man diese verschicken, welche Informationen sind wichtig und wann ist das richtige Timing für den Versand?

Partner-Newsletter sind wichtig, sofern dic richtige Information und Umsetzung dahinter steckt.

Neben einem grafisch ansprechenden Template, sollte auch der Betreff präzise gewählt werden, um auf Sonderaktionen, Extra-Provisionen oder neue Werbemittel hinzuweisen.

Ein Affiliate ist bei mehreren Partnerprogrammen angemeldet und erhält deswegen natürlich auch viele Partner-Newsletter. Daher sollte man die Affiliates nicht mit Newslettern überschütten. Um die Partnerbindung aber aufrecht zu erhalten, empfiehlt sich dennoch ein regelmäßiger Kontakt.

Der ideale Zeitpunkt für den Versand ist meiner Meinung nach Montagabend oder auch Donnerstagnachmittag, um die Affiliates gezielt nach der Email-Flut vom vorherigen Wochenende oder beim Abarbeiten der wöchentlichen ToDos zu erreichen. Wer geht schon gerne mit offenen Emails ins Wochenende.

Mit welchen Publisher-Modellen hast Du die besten Erfahrungen gemacht?

Jedes Publisher-Modell hat seine Vorteile und Bedenken. Der Erfolg hängt vom jeweiligen Partnerprogramm, den Einschränkungen und der anzusprechenden Zielgruppe ab. Große Umsatz-Pusher sind natürlich Couponing, Re-Marketing sowie Cashback-Portale.

Wie kann man sich als Affiliate-Manager vor Betrug oder Missbrauch durch Affiliates schützen?

Durch regelmäßige Überwachung und Kontrolle der Affiliates (Vertipper-Domains, Referrer-Auswertung, Statistik-Monitoring, Brandbidding) und dem Einsatz verschiedener Fraud-Identifizierung-Tools zur Erkennung von Betrugsmaßnahmen. Ein wichtiger Punkt sind zudem die Advertiser AGBs, die der Affiliate bei Programmteilnahme akzeptieren muss.

Bei Auffälligkeiten sollte in jedem Fall das Netzwerk miteinbezogen werden.

Wie sollte Deiner Meinung nach ein gutes Affiliate-Reporting aufgebaut sein und welche KPIs sollte dieses beinhalten?

Übersichtlich, aussagekräftig und detailgenau. Die Gewichtung der KPIs ist je nach Advertiser unterschiedlich. Grundsätzlich sich die wichtigsten Kennzahlen Sales, Umsatz, Publisherprovision, Stornoquote, eCPM, Trafficvolumen.

Welche Insights und Tipps kannst Du anderen Affiliate-Managern geben?

Jeder Affiliate-Manager sollte den richtigen Weg für sich

finden - da gibt es keine Erfolgsformel.

Am wichtigsten ist, sich mit seinem betreuenden Partnerprogramm identifizieren zu können und den regelmäßigen Kontakt zu den Affiliates suchen, um sie mit relevanten Informationen des Merchants zu versorgen. Das fördert die Zusammenarbeit und den Geldbeutel. ☺

Welche Trends siehst Du in den nächsten Jahren auf die Affiliate-Branche zukommen und worauf sollte man sich vorbereiten?

Ich sehe zukünftig eine Konsolidierung im Markt aufgrund der Verschmelzung von Performance Display und Affiliate Marketing. Hier besteht sicherlich ein großes Potential, das wir optimal ausschöpfen und dadurch zusätzliche Umsätze generieren können.

Ein wichtiger Punkt ist zudem die Entwicklung der EU-Privacy-Richtlinie in Deutschland sowie die wachsende Bedeutung von Fraudüberwachung und Transparenz.

Auf welchen Blogs, Info-Portalen, Zeitschriften oder Konferenzen bildest Du Dich weiter und wo informierst Du Dich über die neuesten Entwicklungen?

Neuigkeiten beziehe ich von 100partnerprogramme.de, anderen spezialisierten Affiliate Marketing Blogs sowie die Informationen der Netzwerke per Newsletter oder Blog.
Als lehrreiche Konferenzen der Affiliate Szene gelten die Affiliate TactixX & Affiliate NetworkxX.

ÜBER PATRICIA FÜHR (EXPLIDO GMBH & CO. KG)

Die gelernte Kauffrau für Marketingkommunikation Patricia Führ arbeitet seit Juni 2008 als Affiliate Managerin bei explido und übernahm 2011 die Leitung eines Affiliate Teams.

Davor war sie in einer Augsburger Werbeagentur für den Bereich audiovisuelle Medien als Marketingassistenz tätig. Ihr Tätigkeitsschwerpunkt bei explido ist die intensive Betreuung von Partnerprogramm-Accounts sowie die Spezialisierung auf verschiedene Verticals mit Kooperationspartnern.

Kontaktdaten:

Telefon: +49 821 - 21 77 95 657
E-Mail: patricia.fuehr@explido.de
Xing: http://www.xing.com/profile/Patricia_Fuehr

INTERVIEW MIT SVEN METZGER

Wie lange bist Du schon in der Affiliate-Branche und wie bist Du dazu gekommen?

Ich manage seit März 2008 das Advertiser-Programm von Verivox und bin seit diesem Zeitpunkt in der Affiliate-Branche.

Was findest Du am Affiliate Marketing besonders spannend?

Besonders spannend am Affiliate Marketing ist, dass es alle Bereiche des Online Marketing umfasst, es täglich neue Herausforderungen gibt und vor allem, dass man immer wieder mit interessanten, spannenden Publishern zu tun hat.

Worauf sollte ein Partnerprogrammbetreiber bei der Auswahl eines Affiliate-Netzwerks achten?

Die Qualität in der Zusammenarbeit ist der wichtigste Punkt. Es ist unerlässlich bei wichtigen Fragen rasch einen Ansprechpartner zu erreichen. Programmbetreiber sollten wissen, dass es hier große Qualitätsunterschiede zwischen den Netzwerken gibt.

Worauf sollte ein Affiliate-Manager bei der Betreuung eines Partnerprogramms besonders achten?

Das A und O für jeden Affiliate-Manager muss es - neben der Erreichbarkeit und Ansprechbarkeit - sein, alles dafür zu tun, dass die Stornorate so niedrig wie möglich ist. Schließlich haben wir gegenüber den Publishern die Verantwortung, dem organisierten Traffic entsprechende Auszahlungen gegenüberzustellen. Hier bei Verivox haben wir es mit sehr viel Detailarbeit geschafft, die Stornorate innerhalb eines Jahres mehr als zu halbieren.

Wie sollte aus Deiner Erfahrung ein gutes Provisionsmodell aufgebaut sein?

Natürlich muss sich ein Provisionsmodell an den Wettbewerbern orientieren und Anreize für Top-Publisher schaffen. Attraktive Provisionen reichen jedoch für den Erfolg eines Programms allein nicht aus. Eine große Auswahl an aktuellen Werbemitteln, eine optimierte Landingpage und eine niedrige Stornorate sind ebenso wichtige Bestandteile eines guten Affiliate-Programms.

Welche Werbemittel eignen sich am besten und womit hast Du gute Erfolge erzielt?

Auch hier gilt, dass es nicht nur ein gutes und erfolgreiches Format gibt. Die Vielzahl der Publisher hat hier unterschiedliche Anforderungen, so dass es wichtig ist, ein breites Angebot zur Verfügung zu stellen. Selbstverständlich müssen die Werbemittel aktuell sein und man sollte flexibel auf Anforderungen reagieren. Und Textlinks funktionieren besser als mancher so denkt.

Auf welche häufigen Fehler muss man sich in der Betreuung eines Partnerprogramms einstellen und wie kann man diese vermeiden?

Der Glaube, alles selbst inhouse lösen zu wollen scheint mir weit verbreitet zu sein. Dabei kann eine gute Agentur eine große Hilfe zur Verbesserung der Programmqualität darstellen.

Welche Erfahrung hast Du mit Partner-Newslettern gemacht? Wie häufig sollte man diese verschicken, welche Informationen sind wichtig und wann ist das richtige Timing für den Versand?

Partner-Newsletter sind ein erfolgreiches Instrument, um Publishern die neuesten Informationen zum eigenen Programm mitzuteilen. Es ist darauf zu achten, dass die News auch wirklich Relevanz haben. Wenn die Bedeutung gegeben ist, kann die Frequenz der Newsletter auch einmal höher sein. Wichtig ist, dass Qualität des Inhalts vor Quantität der Newsletter kommt.

Mit welchen Publisher-Modellen hast Du die besten Erfahrungen gemacht?

Wir können glücklicherweise sagen, dass unser Programm von verschiedensten Publisher-Modellen genutzt wird, so dass hier keine Abhängigkeit von nur einem Modell vorliegt. Aufgrund der Schnelllebigkeit des Onlinemarkts ist es wichtig, hier den Mix vieler Businessmodelle zu schaffen und unter seinen Publishern beispielsweise Mail-Versender, Themenseiten, Cashback-Portale und auch Communities zu vereinen.

Wie kann man sich als Affiliate-Manager vor Betrug oder Missbrauch durch Affiliates schützen?

Schutz vor Betrug und Missbrauch bedarf eines klugen Zusammenspiels des gesamten Unternehmens. Deshalb ist es wichtig die einzelnen Abteilungen, wie beispielsweise den Kundenservice oder das Search Engine Marketing-Team, in die Arbeit des Affiliate-Managers einzubinden, um schnelle Kommunikationswege zu ermöglichen.

Eine wichtige Rolle im Umgang mit Fraud spielen auch die Netzwerke. Dieser Verantwortung werden jedoch leider nicht alle Marktteilnehmer gerecht. So zeigt sich nach meiner Erfahrung an diesem Punkt am besten, welche Qualität das Netzwerk besitzt, mit dem man zusammenarbeitet.

Wie sollte Deiner Meinung nach ein gutes Affiliate-Reporting aufgebaut sein und welche KPIs sollte dieses beinhalten?

Ein Reporting, das erklärt werden muss, hat seinen Sinn verfehlt. Es sollte individuell einstellbar und anpassbar sein. Unverzichbare KPIs sind die Kosten, der eCPM, die CTR und die Stornorate.

Welche Insights und Tipps kannst Du anderen Affiliate-Managern geben?

Wer bin ich, dass ich KollegInnen per Buch öffentlich Ratschläge geben würde? Bei Interesse an einem Austausch darf man mich gerne jederzeit unter den unten angegebenen Kontaktdaten ansprechen. ☺

Welche Trends siehst Du in den nächsten Jahren auf die Affiliate-Branche zukommen und worauf sollte man sich vorbereiten?

Ist Mobile noch ein Trend oder schon wieder ein alter Hut? Ich glaube, dass dieser Bereich große Wachstumschancen hat, da die Monetarisierung des mobilen Traffics noch deutliches Steigerungspotential in sich trägt.

Das zweite große Thema wird „Big Data" sein. Wie schaffen wir es, vorhandene Daten und damit das Wissen über den Nutzer so anzuwenden, dass daraus auch Umsatzzuwächse entstehen?

Auf welchen Blogs, Info-Portalen, Zeitschriften oder Konferenzen bildest Du Dich weiter und wo informierst Du Dich über die neuesten Entwicklungen?

Die Affiliate TactixX sollte Pflichtveranstaltung für jeden sein, der sich im Bereich Affiliate Marketing bewegt. Neben den üblichen Verdächtigen unter den Blogs und Programmbeschreibungen, sollten Affiliate-Manager ihre Social Media Kanäle als entsprechende Informationsquellen sehen. Gerade Twitter bietet hier eine Menge, aus meiner Sicht bisher zu wenig genutze Möglichkeiten.

ÜBER SVEN METZGER (VERIVOX.DE)

Sven Metzger steuert als Senior Key Account Manager neben wichtigen Vertriebskooperationen das Affiliate-Programm von Verivox.de, dem unabhängigen Vergleichsportal. Dabei kommen ihm seine langjährigen Kenntnisse des Online- und Energiemarktes sehr entgegen.

Wenn Arbeit und Familie es zeitlich zulassen, unterstützt er seinen Verein SC Freiburg im Stadion. Ansonsten schaltet er gerne auch beim Tai-Chi oder einer Partie Schach einfach mal ab.

Kontaktdaten:

E-Mail: sven.metzger@verivox.com
Xing: http://www.xing.com/profile/Sven_Metzger3
Google+: http://gplus.to/svenmetzger

INTERVIEW MIT CLAUS KREITMEIER

Wie lange bist Du schon in der Affiliate-Branche und wie bist Du dazu gekommen?

Die Affiliate-Branche begleitet mich seit Beginn meines Studiums im Jahr 2006. Ich habe vor Beginn meines Studiums ein Praktikum bei explido absolviert und bin seitdem der Branche und explido treu geblieben.

Was findest Du am Affiliate Marketing besonders spannend?

Das Affiliate Marketing wandelt sich stetig und entwickelt sich dabei rasant weiter. Von den erfolgreichen Geschäftsmodellen aus 2006 haben nur relativ wenige bis heute überlebt, gleichzeitig entstehen laufend neue Publishermodelle. Besonders spannend am Affiliate Marketing ist, dass man viel mit anderen Online Marketing Kanälen in Kontakt kommt und nicht nur in seinem Kanal tätig ist.

Worauf sollte ein Partnerprogrammbetreiber bei der Auswahl eines Affiliate-Netzwerks achten?

Zunächst sollte ein Partnerprogrammbetreiber entscheiden, ob er eine Public- oder Private-Netzwerk-Lösung wählt oder eine Hybrid-Strategie. Je nach Größe und Branche des Programmbetreibers kann es sinnvoll sein, zunächst exklusiv bei einem Netzwerk zu starten, da hier teilweise vergünstigte Konditionen möglich sind. In verschiedenen Branchen wie bspw. im Bereich Versicherungen und Finanzen gibt es mittlerweile auch themenaffine Netzwerke, die ein starkes, zielgerichtetes Publisher-Portfolio bieten.

Worauf sollte ein Affiliate-Manager bei der Betreuung eines Partnerprogramms besonders achten?

Besonders wichtig für ein erfolgreiches Partnerprogramm ist der persönliche Kontakt zu den Publishern. Damit erfährt man laufend die Stärken und Schwächen des betreuten Partnerprogramms und erhält zahlreiche Ideen zur Optimierung. Zudem ist eine tägliche Prüfung der Statistiken/ KPIs unerlässlich, insbesondere hinsichtlich möglichem Fraud.

Wie sollte aus Deiner Erfahrung ein gutes Provisionsmodell aufgebaut sein?

Meiner Meinung nach gibt es nicht DAS Provisionsmodell. Häufig wird auch übersehen, dass hohe Provisionen nicht zwangsweise hohe Umsätze bedeuten. Oft spielen für Publisher andere Faktoren wie die Reputation des Shops, Kundenservice und die Usability eine wichtigere Rolle als die absolute Höhe der Provision.

Die Erfahrung zeigt jedoch, dass Staffelmodelle den Publishern durchaus einen zusätzlichen Anreiz bieten, ebenso (je nach Produkt) eine Lifetime-Vergütung. Hilfreich kann auch ein zusätzliches WKZ-Budget sein, mit dem man kurzfristig Aktionen auf reichweitenstarken Seiten platzieren kann.

Welche Werbemittel eignen sich am besten und womit hast Du gute Erfolge erzielt?

Generell sind (sofern möglich) Produktlisten ein sehr conversionstarkes Werbemittel. Wichtig ist auch, den Publishern bspw. in Form von Textlinks Deeplinks zu möglichst allen Shop-Kategorien zu bieten, um eine zielgerichtete Bewerbung zu ermöglichen. Für kurzfristige Aktionen und Rabatte bieten viele Netzwerke Gutschein-/ Incentive-Tools, mit denen ohne großen Aufwand die relevanten Publisher zeitnah erreicht werden können.

Auf welche häufigen Fehler muss man sich in der Betreuung eines Partnerprogramms einstellen und wie kann man diese vermeiden?

Nach dem Setup eines Partnerprogramms fängt die Arbeit erst richtig an. Der größte Fehler ist, sich darauf zu verlassen, dass sich die Partner schon anmelden und die Werbemittel einbinden. Nur eine proaktive Betreuung ab der ersten Minute ermöglicht dem Programmbetreuer den Erfolg des Partnerprogramms selbst zu steuern.

Welche Erfahrung hast Du mit Partner-Newslettern gemacht? Wie häufig sollte man diese verschicken, welche Informationen sind wichtig und wann ist das richtige Timing für den Versand?

Meine Devise bei Partner-Newslettern ist "weniger ist mehr". Meiner Meinung nach sollten maximal zwei Newsletter pro Woche (eher weniger) verschickt werden, damit diese auch Aufmerksamkeit erregen. Dabei sollte man auch darauf achten, nur dann Newsletter zu verschicken, wenn man auch Neuigkeiten zu kommunizieren hat. Plant man Publisher- oder Endkunden-Aktionen sollten die Publisher mit möglichst viel Vorlauf informiert werden.

Mit welchen Publisher-Modellen hast Du die besten Erfahrungen gemacht?

Das hängt immer vom Ziel der Maßnahme ab. Will man kurzfristig Endkunden-Aktionen und Rabatte pushen, gelingt dies sehr gut mit Gutschein-, Deal- und Cashback-Publishern. Für langfristige Kooperationen eignen sich fast alle Geschäftsmodelle, insbesondere Content-und Vergleichsseiten.

Wie kann man sich als Affiliate-Manager vor Betrug oder Missbrauch durch Affiliates schützen?

Die effektivste Methode ist die tägliche Kontrolle der Accounts. Dabei sollte man nicht nur die View, Klick und Saleszahlen monitoren, sondern auch die generierten Sales auf Publisherebene prüfen.

Zusätzlich gibt es für Affiliate Manager hilfreiche Tools, die beim Überschreiten von definierten Schwellenwerten vor Abweichungen warnen. Daneben ist die Erfahrung des einzelnen Affiliate Managers von großer Bedeutung, um bestimmte Muster und Betrugsmodelle zu erkennen.

Wie sollte Deiner Meinung nach ein gutes Affiliate-Reporting aufgebaut sein und welche KPIs sollte dieses beinhalten?

Wie bereits erwähnt sollten alle relevanten Trafficzahlen enthalten sein. Die Stornoquote gibt hilfreiche Hinweise auf die Qualität des gelieferten Traffics. Je nach Anbieter sind auch Aufschlüsselungen nach Produktgruppen oder der durchschnittliche CPL/CPO bei Staffelmodellen relevant.
Dabei sollten alle Auswertungen immer sowohl auf Basis von Zeiträumen als auch auf Publisher-Basis erfolgen, um die Qualität der jeweiligen Publisher besser messen zu können.

Welche Insights und Tipps kannst Du anderen Affiliate-Managern geben?

Neben der aktiven Betreuung der eigenen Programme, sollte man sich immer auch als Publisher bei den Partnerprogrammen der Mitbewerber registrieren um über aktuelle Aktionen und Marketingmaßnahmen informiert zu sein. Auch ist durchaus hilfreich, selbst das ein oder andere Affiliate Projekt aufzusetzen, um die Probleme der Affiliates besser verstehen zu können.

Welche Trends siehst Du in den nächsten Jahren auf die Affiliate-Branche zukommen und worauf sollte man sich vorbereiten?

Das Thema Tracking wird mittelfristig sicher weiterhin im Fokus stehen. Durch Änderungen an den Browsern und dem vermehrten Einsatz von Ad-Blockern o.ä. wird das klassische Cookie-Tracking immer unzuverlässiger. Zudem wird sich auch bei den Vergütungsmodellen einiges weiterentwickeln. Erste Merchants haben ja bereits schon auf ein Customer Journey Vergütungsmodelle umgestellt. Dieser Trend wird sich meiner Meinung nach fortsetzen.

Auf welchen Blogs, Info-Portalen, Zeitschriften oder Konferenzen bildest Du Dich weiter und wo informierst Du Dich über die neuesten Entwicklungen?

Ich informiere mich meist online in Blogs und Themenportalen sowie auf Konferenzen. Dabei lese ich regelmäßig die Blogs der Affiliate Netzwerke sowie Themenblogs wie AffiliateBLOG.de, zusätzlich die Online Ausgaben bpsw. der IWB oder W&V. In meinem Feedreader finden sich aber auch viele Blogs aus den Bereichen SEO und Conversion Optimierung, da zahlreiche Entwicklungen und Trends dort direkte Auswirkungen auf das Affiliate Marketing haben.

ÜBER CLAUS KREITMEIER (EXPLIDO GMBH & CO. KG)

Claus Kreitmeier arbeitete bereits während seines Studiums bei explido in der Abteilung Affiliate Marketing. Nachdem er sein Studium der Soziologie, Volkswirtschaftslehre und Arbeitslehre an der Universität Augsburg abgeschlossen hatte, wurde er im Juli 2012 bei explido fest angestellt. Seit Januar 2013 leitet Claus Kreitmeier ein Affiliate Marketing-Team.

Sein Tätigkeitsschwerpunkt ist die kontinuierliche strategische Weiterentwicklung der Affiliate Partnerprogramme unter Berücksichtigung aktueller Trends und Entwicklungen.

Kontaktdaten:

Xing: https://www.xing.com/profile/Claus_Kreitmeier

INTERVIEW MIT ALF KONHÄUSER

Wie lange bist Du schon in der Affiliate-Branche und wie bist Du dazu gekommen?

Aktiv in der Affiliate Branche bin ich nun seit fast 15 Jahren und der Weg dorthin war, wenn ich es heute betrachte, doch recht kurios. Zu damaliger Zeit war ich hauptberuflich noch selbstständiger Unternehmer und war im Event Bereich tätig. Eigentlich nur durch Zufall haben wir nach einer Möglichkeit gesucht unsere Tickets, aber auch andere Konzertkarten an den Mann zu bringen. So bin ich eher zufällig über das Thema gestolpert. Ende 2005 wurde ich dann als Projektleiter Onlinevertrieb bei der FTI Tochter TVG mbH mit genau diesem Thema betraut und habe seit dieser Zeit die gesamten Programme als Abverkaufskanal aufgebaut. Auch nach dem internen Wechsel zum FTI eCommerce wurde mir die gesamte Affiliate Verantwortung übertragen.

Was findest Du am Affiliate Marketing besonders spannend?

In der heutigen Zeit, wo der Vertrieb von Produkten immer mehr die zentrale Rolle übernimmt, ist es wichtig einen Absatzkanal zu finden, welcher gleich mehrere Fliegen mit einer Klappe schlägt. Für mich ist das auch der Kanal Affiliate Marketing. Einerseits hat man mit den unterschiedlichsten Menschen Kontakt, anderseits werden die technischen Anforderungen immer größer. Affiliate Marketing dient einerseits dem Transport der Marke und sorgt gleichzeitig dafür, entsprechende Werbeaussagen zu verbreiten. Durch die leichte Anbindung kann jeder Produktgeber - Merchant/ Advertiser direkt mit dem Endkunden durch neue Vertriebspartner – Publisher in Verbindung treten, ohne dabei große Werbebudgets in Betracht zu ziehen. Provisionen werden gezahlt, wenn Sales/Leads gemacht werden.

Worauf sollte ein Partnerprogrammbetreiber bei der Auswahl eines Affiliate-Netzwerks achten?

Ich kann hier natürlich nur meine eigenen Erfahrungen wiedergeben und möchte darauf hinweisen, dass ein wichtiger Faktor bei der Auswahl zuerst das Produkt ist. Mittlerweile gibt es Netzwerke, welche wirklich auf alle Sparten ausgerichtet sind. Dies kann natürlich von Vorteil sein, je nachdem welches Produkt ich über diesen Kanal streuen möchte. Jedoch gib es auch spezielle Anbieter. Diese sollte man vor Start des Programms genau recherchieren, wo das Netzwerk den Fokus hat. Weiterhin sollten Programmbetreiber auch darauf achten welchen Stellenwert das Netzwerk auf dem Markt hat. Dabei helfen Communities sehr gut, um die Meinungen und Erfahrungen anderer einzuholen. Für mich sind Transparenz und ein persönlicher Kontakt die wichtigsten Punkte.

Worauf sollte ein Affiliate-Manager bei der Betreuung eines Partnerprogramms besonders achten?

Einer der größten Irrglauben ist, wenn das Partnerprogramm einmal aufgesetzt ist, dann läuft es von alleine. Ganz so einfach ist jedoch nicht. Ganz am Anfang sollte natürlich die Akquise im Vordergrund stehen, denn ohne die richtigen Partner auch keine Ergebnisse. Ist man einmal in der Situation, dass man viele Partnerschaften hat, so müssen diese betreut, gehegt und gepflegt werden. Nicht jeder meiner Partner ist spezialisiert auf den Bereich, aus welchem mein Produkt kommt. Jeder der ein Partnerprogramm aufgesetzt hat, sollte deshalb klare Spielregeln aufstellen. Diese dienen nur dazu, jedem von vornherein zu sagen, das lasse ich zu oder dieses ist bei mir nicht erlaubt. Natürlich gibt es wie in jedem anderen Geschäft auch hier schwarze Schafe – klar, denn da wo es etwas zu holen gibt und man auch mit Betrug an Provisionen kommt, ist die Saat bereits ausgelegt. Deshalb gilt – die wichtigsten KPI's sollten stetig betrachtet werden. Nur dadurch kann ich sicherstellen, dass hier alles genau so läuft wie meine Regeln es deklarieren.

Wie sollte aus Deiner Erfahrung ein gutes Provisionsmodell aufgebaut sein?

Dies ist ein Thema, zu welchem ich mir lange Gedanken gemacht habe. Als erstes muss man das zu vergütende Produkt anschauen. Hierzu gibt es meiner Meinung nach Unterschiede. Jeder von uns kennt die Situation von Angebot und Nachfrage. Ist das Programm gefragt und wie ist die entsprechende Abverkaufsmöglichkeit? Wie in meinem Fall als Verantwortlicher der ReiseProgramme der FTI Group habe ich anfangs immer die Staffelvergütung nach Sales favorisiert.

Schnell merkte ich in Gesprächen mit den Publishern, dass dies relativ schwierig nachvollziehbar ist. Also wie viel der Affiliate verdienen würde, war immer mit einem Rechenaufwand nach Anzahl der Sales verbunden. Ich selbst habe deshalb ein einfaches Model aufgebaut. Dieses wird nicht mehr nach Menge, sondern nach Leistung vergütet. Jeder Partner bekommt eine Standardvergütung von 6 Prozent, diejenigen, welche kontinuierlich performancestarke Sales generieren, erhalten dann die erhöhte Provision. Grundsätzlich gilt jedoch, der Merchant sollte für seine Affiliates ein attraktives Vergütungsmodell zur Verfügung stellen. Man sollte auch bereit sein, auf Kompromisse einzugehen.

Welche Werbemittel eignen sich am besten und womit hast Du gute Erfolge erzielt?

Da in der heutigen Zeit die Publisher immer versierter sind, bin ich der Meinung, dass in Sachen Werbemittel auch bei den Merchants noch einiges getan werden kann. Gerade in den Bereichen Schnittstellentechnologien sollte noch einiges aufgeholt werden. In der heutigen Zeit wollen die Affiliates ihre Besucher so lange wie es nur geht auf ihrer Seite halten. Doch nichtsdestotrotz sind die klassischen Textlinks immer noch genauso angesagt und beweisen, dass auch ihr Einsatz zu einer Conversion führt.

Potential für die Zukunft haben contentbasierte Werbeformen - um damit auch gleich das Thema SEO in Betracht zu ziehen. Hier gibt es noch erheblichen Bedarf um auch die Interessen der Affiliates zu unterstützen.

Auf welche häufigen Fehler muss man sich in der Betreuung eines Partnerprogramms einstellen und wie kann man diese vermeiden?

Wer denkt, ein Programm in einem Netzwerk aufzusetzen und eine Agentur zu Rate zu ziehen, ist vor Problemen oder Betrug geschützt, ist leider auf dem Holzweg. Es muss auf Details geachtet werden. Zahlen, welche vorliegen, werden ungenau ausgewertet und auch Partnerschaften werden nicht regelmäßig geprüft. Werbemittel, welche hinterlegt werden sowie den gesamten Prozess des Tracking, welcher als dringende Notwendigkeit dient, müssen in regelmäßigen Abständen getestet werden. Damit stellt der Merchant sicher, dass der gesamte Ablauf aller Mechanismen gewährleistet ist.

Welche Erfahrung hast Du mit Partner-Newslettern gemacht? Wie häufig sollte man diese verschicken, welche Informationen sind wichtig und wann ist das richtige Timing für den Versand?

Grundsätzlich habe ich damit sehr gute Erfahrungen gesammelt, jedoch ist es empfehlenswert, die wichtigsten Informationen zu bündeln und diese auch den richtigen Partnern zur Verfügung zu stellen. Nicht jeder angenommene Partner verfolgt das gleiche Geschäftsmodell, deshalb ist es wichtig, die Informationen nicht überhäuft, sondern gezielt zu versenden. Aufgrund der Tatsache, dass viele Affiliates ihr Geschäft anfänglich als Nebenberuf aufbauen und doch mehr am Wochenende arbeiten, empfehle ich die News und Aktionen eher zum Wochenende zu versenden. Die Infos sollten auf jeden Fall knackig sein und hierbei ist es wichtig nicht zu oft den Partner mit Infos zu überhäufen. Ich denke, einmal im Monat ist hier völlig ausreichend. Natürlich spricht auch nichts dagegen, bei Sonderaktionen bzw. wichtigen Programm-News einen Newsletter zwischendurch zu versenden.

Mit welchen Publisher-Modellen hast Du die besten Erfahrungen gemacht?

Meine persönlichen Favoriten bei den heutigen Geschäftsmodellen sind Themen-Websiten, Communityportale und Cashback- und Bonusprogramm-Seiten. Mit diesen habe ich die besten Erfahrungen gemacht, weil sie einerseits die Marke gut transportieren und anderseits durch sehr gute Conversions aufwarten. Für die Zukunft denke ich, werden RTB Modelle sowie auch das Thema Re-Targeting zusätzlich eine positive Wirkung bei den oben genannten Modellen haben.

Wie kann man sich als Affiliate-Manager vor Betrug oder Missbrauch durch Affiliates schützen?

Sobald ein Programm aufgesetzt ist oder das Programm bereits läuft, besteht die Möglichkeit das betrügerische Publisher einen Weg suchen, um an die Provisonen des Merchants zu kommen. Wir haben für unsere Programme intern festgelegt, dass wir bereits bei der Freischaltung darauf achten, woher die Partner stammen. Bei uns werden Partneranmeldungen mit einer Limited grundsätzlich erst einmal genauestens geprüft, wenn nicht sogar gleich abgelehnt. Das soll jetzt nicht bedeuten, dass diese alle mit einem betrügerischen Hintergrund unterwegs sind. Jedoch haben wir für uns in den letzten Jahren so viele negative Erfahrungen gesammelt und deshalb dieses für uns festgelegt. Es gibt auch mit Sicherheit Ausnahmen, diese sind den Netzwerken aber bekannt und sind meist größere Partner.

Ein ganz wichtiger Punkt ist, bestehende Partnerschaften sollten regelmäßig geprüft werden. Ist das Geschäftsmodell noch das gleiche, wie sind die Werbemittel eingebaut und natürlich auch eine Nachfrage beim Partner bringen viel Transparenz. Einige Tools wie die Browser Add On's „http Fox" oder „http Header" helfen dabei, um nachzuvollziehen, was im Hintergrund der Partnerseite passiert.

Wie sollte Deiner Meinung nach ein gutes Affiliate-Reporting aufgebaut sein und welche KPIs sollte dieses beinhalten?

Ich selbst greife auf verschiedene Reportingarten und Berichte zurück. Ganz wichtig für mich ist ein professionelles Tracking Tool - optimaler Weise ein Fallbacksystem. In unserem Fall der Einsatz einer speziellen Tracking-Software, mit deren Hilfe wir auch unsere Affiliate-Reportings ausgeben. Dies sollte am besten auf Wochen und Monatsbasis aufgebaut werden. Werte wie Views, Impressions, Clicks, Bouncerate, Conversion Rates,

Sales/Leads als auch Warenkorbwerte auf Partnerbasis dienen dazu, diese wichtigen KPI's gegenüberzustellen und miteinander zu vergleichen. Anhand dieser ist es auch möglich entsprechende Betrugsvarianten aufzudecken.

Welche Insights und Tipps kannst Du anderen Affiliate-Managern geben?

Der wichtigsten Tipp, den ich selbst geben möchte, ist relativ simple. Wer als Affiliate-Manager aktiv ist, sollte nicht nur die Seite des Merchants betrachten, sondern versetzt euch in die Lage aller Beteiligten. Also untersucht auch einmal mit einer Website oder einem kleinen Blog den Einsatz eures Programms oder auch anderer Programme. Testet technische Möglichkeiten und spielt einfach einmal Szenarien der unterschiedlichsten Geschäftsmodelle durch. Erst, wenn Affiliate Marketing aus verschiedenen Betrachtungswinkeln verstanden wurde, kann man meiner Meinung nach ein gutes Business machen.

Welche Trends siehst Du in den nächsten Jahren auf die Affiliate-Branche zukommen und worauf sollte man sich vorbereiten?

Sehr schwierig zu beantworten, jedoch denke ich, dass das Thema Affiliate Marketing einige Veränderungen mit sich bringen wird. Als erstes möchte ich den Punkt Tracking und Datenschutzrichtlinie erwähnen. Hier wird es sicherlich einige neue Umstellungen geben. Dadurch beeinflusst werden demnach auch Trends realisiert oder diese einfach wegfallen. Für mich persönlich werden SEO Affiliates einen maßgeblichen Einfluss haben. Weiterhin denke ich, dass ein wichtiger Trend das Thema Bewegtbilder sein wird. Käufer wollen sich informieren und dies, wenn möglich, auf allen Kanälen. Wenn hier in Zukunft Symbiosen geschaffen werden, dann glaube ich, wird das einer der Trends sein.

Auf welchen Blogs, Info-Portalen, Zeitschriften oder Konferenzen bildest Du Dich weiter und wo informierst Du Dich über die neuesten Entwicklungen?

Da hier das Spektrum sehr breit gefächert ist, kann ich hier nur ein paar nennen. Durchaus gibt es sehr viel mehr und ich empfehle jedem, einfach einmal im Netz zu suchen. Favoriten sind natürlich Blogs - hier sind www.kolumne24.de, www.eisy.eu oder auch www.onlinemarketing.de für mich persönlich interessant. Auch die Auftritte der Netzwerke und Agenturen haben immer spannende Beiträge.

Zeitschriften oder auch Fachliteratur gib es auch einige. Allen voran ist die Internet World Business für mich persönlich immer eine Empfehlung wert.

Bei den Veranstaltungen ist die dmexco – als auch die Affiliate TactixX & Affiliate Conference sowie die Affiliate Stammtische in München und den anderen großen Städten zu empfehlen.

Zum Schluss noch Twitter – hier finde ich zum Thema sehr viele Insider und wertvolle Infos.

ÜBER ALF KONHÄUSER (FTI GROUP)

Seit nun mehr als 15 Jahren bin ich im Bereich Online Marketing aktiv tätig. Der Einstieg kam als selbständiger Unternehmer, wo ich den Bereich Affiliate Marketing für mich entdeckte. Als ich meine berufliche Karriere bei einem Thüringer Reiseveranstalter fortsetzte, wurde auch hier das Tätigkeitsumfeld auf der Basis des Online Marketings fortgeführt. Nach dem Wechsel zu einer Tochterfirma der FTI Touristik Group, mit welchem ich auch die Verantwortung des Website-Management einiger Konzernwebsites übernahm, konnte ich das bis dahin erworbene Wissen erfolgreich einsetzen und legte dadurch den Grundstein für den Ausbau des eCommerce innerhalb der gesamten Gruppe. Dies führte dazu, dass ich direkt nach München in den zentralen Firmensitz beordert wurde und hier den Bereich „Leitung Onlinevertrieb" übernahm. Nach zweieinhalb Jahren wurde mir der Aufbau und Ausbau des Kanal Affiliate Marketing übertragen. Maßgeblich waren meine Kenntnisse und Fähigkeiten verantwortlich für die positive Entwicklung der FTI Group Affiliate Programme.

Kontaktdaten:

Xing: www.xing.com/profile/Alf_Konhaeuser2
Google+: www.plus.google.com/114066469387490384838
Twitter: www.twitter.com/AffiliMan

INTERVIEW MIT DINO LEUPOLD VON LÖWENTHAL

Wie lange bist Du schon in der Affiliate-Branche und wie bist Du dazu gekommen?

Ich bin seit 2005 in verschiedenen Positionen im Online Marketing, respektive Affiliate Marketing tätig. Ich komme ja ursprünglich aus der Investmentbank-Ecke, habe mich aber schon seit ca. 1999 für Internet, unter anderem Websiteerstellung (erste eigene Seiten gebaut) interessiert. Und so hat sich dann 2005 die Möglichkeit ergeben, bei einem börsennotierten US Unternehmen, welches weltweit im Online Marketing tätig ist, anzufangen. Seitdem brenne ich für dieses Thema und bin froh, hier meine Passion zum Beruf gemacht zu haben.

Was findest Du am Affiliate Marketing besonders spannend?

Besonders spannend ist gerade im Affiliate Marketing die große Bandbreite an Publisher Modellen und den damit verbundenen Möglichkeiten, einem Advertiser ein komplettes Spektrum des Online Marketings auf Performance Basis anzubieten. Auch ist das Networking und People Business sehr interessant, da sich die Gemeinde des Affiliate Marketing als „eine große Familie“ ansieht und das kommt mir als Familienmensch somit sehr entgegen.

Worauf sollte ein Partnerprogrammbetreiber bei der Auswahl eines Affiliate-Netzwerks achten?

Es soll einen großen Stamm an Publishern für das entsprechende Vertical des Advertisers bieten. Auch sollte es technisch immer up-to-date sein. Auf Transparenz und Fraud Prevention sollte man ebenfalls ein Augenmerk legen. Und natürlich die Betreuung. Ist es sehr responsive in einer angemessenen Zeit, oder muss man sich durch Warteschleifen und 0800er Hotline-Nummer quälen, wenn man eine Frage hat. Schlussendlich ist natürlich auch der Preis für Setup, Maintenance, etc. zu nennen, den ich persönlich bei den großen Netzwerken als relativ vergleichbar ansehe.

Abgesehen von den „großen“ Netzwerken gibt es auch noch sog. Special Interest Netzwerke, die sich auf ein oder zwei spezielle Verticals fokussiert haben und hier oftmals auch ein anderes Preisangebot bieten können.

Worauf sollte ein Affiliate-Manager bei der Betreuung eines Partnerprogramms besonders achten?

Dass es gerade im technischen Bereich sauber und transparent aufgestellt ist und somit jedem Publisher klar ist, was er darf, was nicht und was wann in welcher Höhe verprovisioniert wird. Desweiteren sollte ein Minimum an Werbemittelformaten zur Verfügung stehen. Extrem wichtig sind gerade im Retail Bereich aktuellste und umfangreiche Produktdaten des Advertisers. Zudem ist natürlich auch die enge Kommunikation und Abstimmung mit dem Advertiser sehr wichtig, sowie proaktives Vorschlagen von Promotion und Push-Möglichkeiten des Programms. Die Bearbeitung der Publisher Bewerbungen, als auch die Betreuung der Publisher ist ebenso ein essentieller Teil des Tagesgeschäftes.

Wie sollte aus Deiner Erfahrung ein gutes Provisionsmodell aufgebaut sein?

Transparent. Branchenüblich. Gerecht. Variabel. Saisonal unterschiedliche Aussteuerungsmöglichkeiten. Customer Journey Tracking sollte abbildbar sein, wenn gewünscht. Auch sollten verschiedene Publisher Modelle unterschiedlich vergütbar sein.

Welche Werbemittel eignen sich am besten und womit hast Du gute Erfolge erzielt?

Prinzipiell sind im Affiliate Marketing gerade die Textlinks ein sehr populäres Werbemittel, da es ja auch häufig aus Produktdaten automatisiert erzeugt wird, als auch in vielen Blogs in den Fließtext eingefügt wird. Aber auch die Standard IAB Werbemittelsets freuen sich großer Beliebtheit. Im Speziellen sind aber auch dynamische Werbemittel gerade im Bereich Re-Targeting sehr erfolgreich, als auch in ein Werbemittel eingebaute Vergleichsrechner. Der Erfolg und die Beliebtheit eines Werbemittels hängen sowohl vom Publisher Modell, als auch vom jeweiligen Markt ab, in welchem der Advertiser sein Partnerprogramm betreibt.

Auf welche häufigen Fehler muss man sich in der Betreuung eines Partnerprogramms einstellen und wie kann man diese vermeiden?

Die häufigsten Fehler passieren in der Kommunikation, beim Tracking und Aufsetzen des Programms. Gerade das Tracking bekommt immer mehr Facetten. Früher hat man hier das Tracking des Netzwerks verwendet und gut war es. Dann kam Postview mit den HTLP (High Traffic Landing Pages) und das Setzen eines weichen View-Cookies vs. der Übergewichtung eines harten Click-Cookies. Dann kam Re-Targeting mit eigenem Tracking und zwingendem Einbau von Tracking-Pixeln auf der Advertiserseite, etc.

Seit ca. 2-3 Jahren ist das Thema Customer Journey und das damit verbundene, bereichsübergreifende Tracking ein Thema. Jetzt muss man auch noch verschiedene Trackingsysteme aus zum Beispiel Media, SEA, Onsite Tracking und Affiliate Tracking vereinen. Und zu guter Letzt ist natürlich das agenturbasierte Tracking auch noch vorhanden. Ich denke man sieht, wie komplex sich diese Materie entwickelt hat und dass es einiges an Erfahrung, Manpower und Know-how bedarf, hier keine Fehler zu machen.

Welche Erfahrung hast Du mit Partner-Newslettern gemacht? Wie häufig sollte man diese verschicken, welche Informationen sind wichtig und wann ist das richtige Timing für den Versand?

Partnernewsletter sind ein probates Mittel, um in Kommunikation mit seinen Publishern zu treten. Ich folge immer getreu dem Motto: So oft wie nötig, so selten wie möglich. Das hat ganz banale Hintergründe. Man möchte seinen Publisher natürlich informieren, aber eben nicht zuspamen. Auch gibt es viele weitere Wege, News eines Advertisers public zu machen. Auf der Webseite der betreuenden Agentur, in Facebook, per spezieller Landingpage mit RSS Funktionalität, etc. Wir leben in der Generation Info und Internet. Da gibt es unzählige Möglichkeiten, dies auch zu nutzen. Somit kann man nicht sagen – DAS ist DAS probate Mittel und nichts anderes. Das hängt ja auch immer sehr vom Vertical des Advertisers und vom Advertiser selbst ab.

Mit welchen Publisher-Modellen hast Du die besten Erfahrungen gemacht?

Ganz klar ist hier der klassische Content Publisher zu nennen. Aber auch hier gibt es für jedes Publisher-Vertical sehr gute und verlässliche Partner, aber auch weniger gute und eher dubiose Partner. Mit der Zeit bekommt man hier aber über sein Netzwerk, als auch über die Erfahrung, ein sehr gutes Gespür für die Partner. Manche Modelle wie Virtual Currency werden ja eher als „schlecht" von Advertisern angesehen. Hier muss ich aber feststellen, dass es in diesem speziellen Fall auch immer auf die Beratung ankommt, was der Advertiser will, wie man dies mit diesem Modell umsetzen kann und auf was man achten muss, um es auch sauber und transparent für beide Seiten aufzusetzen.

Wie kann man sich als Affiliate-Manager vor Betrug oder Missbrauch durch Affiliates schützen?

Ein 100-prozentiger Schutz vor Betrug ist nicht möglich. Das muss einmal so gesagt werden. Aber das ist in jeder Branche so. Nicht nur im Affiliate Marketing, dem ja das Thema Fraud seit seiner Entstehung anhängt. Ich persönlich denke, dass gerade durch die Skalierbarkeit und diffizile Ausmessung der Werbemaßnahmen über das Affiliate Marketing es erst möglich ist, Fraud fast komplett zu messen und zu verstehen. Prinzipiell ist man am besten durch langjährige Erfahrung vor Fraud geschützt. Denn nur, wenn man weiß, was die Zahlen sprechen und man dies richtig interpretiert, kann man Fraud und fraudulente Tendenzen erkennen und im Keim verhindern. Desweiteren gibt es natürlich auch einige Tools, die einen unterstützen. Brandprotection Tools, zum Beispiel, aber auch andere. Wir haben zum Beispiel sehr gute eigenentwickelte Tools, die wir als Unterstützung bei der Fraud Bekämpfung einsetzen und uns immer wieder gute Dienste leisten.

Wie sollte Deiner Meinung nach ein gutes Affiliate-Reporting aufgebaut sein und welche KPIs sollte dieses beinhalten?

Prinzipiell hängt es natürlich auch stark vom Kunden ab, was in welcher Granularität dort abgebildet werden soll. Prinzipiell ist es aber so, dass Top-Listen mit einem zeitlichen Bezug absolut sinnvoll sind. Neue Publisher, natürlich auch die Performance Daten des Programms netzwerkübergreifend konsolidiert, etc., KPIs wie ecpm, CTR, CR, durchschnittlicher Warenkorbwert, Stornoraten, etc. - all dies sind im Affiliate Marketing feste Größen. Auch sollte immer eine Zielerreichungsquote mit aufgeführt sein und in Freitext die Maßnahmen, die getroffen wurden und die noch getroffen werden. Aber hier kann man, wie schon erwähnt, alle Varianten spielen, die der Advertiser wünscht.

Welche Insights und Tipps kannst Du anderen Affiliate-Managern geben?

Für die Sache brennen, immer offen und ehrlich sein, sich immer weiterbilden und sich ein gutes Netzwerk an Kontakten aufbauen. Denn das macht das Affiliate Marketing mitunter aus. Das People's Business. Ach ja, und nicht alles glauben, was man erzählt bekommt. Hier backt auch nur jeder mit Cookies. Um es einmal bildlich darzustellen.

Welche Trends siehst Du in den nächsten Jahren auf die Affiliate-Branche zukommen und worauf sollte man sich vorbereiten?

Als Trend sehe ich eine Verschmelzung der Online Marketing Kanäle Performance Display und Affiliate Marketing. Insgesamt wird es auch im Affiliate Marketing mehr Abrechnungsmodelle, als das bisherige „last-cookie-wins-cpo-Modell" geben. Ich denke da an Hybridmodelle auf Performance Basis, als auch WKZ und Customer Journey-Vergütungsmodelle, die mittlerweile bereits im kleinen Maße eingeführt wurden.

Auf welchen Blogs, Info-Portalen, Zeitschriften oder Konferenzen bildest Du Dich weiter und wo informierst Du Dich über die neuesten Entwicklungen?

Blogs lese ich sehr viele, somit ist eine einzelne Nennung hier nicht möglich. Das ist sehr themenabhängig. Veranstaltungen wie die einmal jährlich stattfindende größte Branchenmesse dmexco in Köln und die Affiliate TactixX als auch die Affiliate Conference sind ein Muss. Extrem wichtig sind aber auch Networking Events, wie die Affiliate NetworkxX, die Active Lounge, Netzwerk-Events, etc. International ist natürlich auch die A4U (europäische Ebene) und die Affiliate Summit in den USA sehr interessant.

ÜBER DINO LEUPOLD VON LÖWENTHAL (EXPLIDO GMBH & CO. KG)

Seit 2005 ist Dino Leupold von Löwenthal im Online Marketing zuhause und arbeitete bei der ValueClick Deutschland GmbH in den Bereichen Commission Junction und Corporate Sales.

Zu seinen Kernkompetenzen gehören Performance Marketing in all seinen Facetten und ein großes Netzwerk an Business Kontakten. Dino Leupold von Löwenthal ist seit Januar 2013 Head of Affiliate Marketing bei explido GmbH & Co. KG und leitet die gleichnamige Abteilung mit mehr als 20 Mitarbeitern. Davor lenkte er als Teamleiter eines von drei Affiliate Teams und berichtete direkt an Markus Kellermann. Auch publizierte er schon Artikel im eCommerce Magazin, wie auch in weiteren Fachzeitschriften.

Kontaktdaten:

Telefon: +49 152 34179318
E-Mail: dino.von.loewenthal@explido.de
Xing:
https://www.xing.com/profile/Dino_LeupoldvonLoewenthal

Interviews mit Affiliate-Veteranen

INTERVIEW MIT ANDRE ALPAR

Du bist selbst seit vielen Jahren sowohl als Affiliate als auch als Advertiser u.a. damals mit Hitflip/Hitmeister, aber auch als Agentur mit AKM3 aktiv. Welchen Bereich findest Du am spannendsten?

Die Seite des Affiliates ist schon diejenige mit mehr „Herausforderungen" und daher wahrscheinlich die Spannendere. Google verändert seine Algorithmen immer mehr, um es Affiliates schwer zu machen. Hier muss man einfallsreicher als früher vorgehen und sich auch mit geringeren Margen als früher zufriedenstellen. Wer es als Affiliate schafft, viel und guten Traffic zu gewinnen, wird immer einen guten Weg der Monetarisierung finden. Die Advertiser-Seite sieht nicht mehr so rosig aus wie vor einigen Jahren. Affiliates, die inkrementelle Sales bringen, sind immer schwerer zu finden und das technische Hochrüsten im Schutz vor Betrug, macht Affiliate Marketing deutlich weniger attraktiv als andere Online Marketing-Kanäle.

Du berätst und investierst auch in viele Startup-Unternehmen. Zudem bist Du auch in der Jury zum Startup des Jahres. Für welche Unternehmen eignet sich Deiner Meinung nach Affiliate Marketing am ehesten?

Die "Lücke", die Google lässt, sind meiner Meinung nach erklärungsbedürfte Geschäftsmodelle. Wer einen klassischen Onlineshop hat, der wird es schwierig haben, Traffic zu bekommen, der nicht von Google vermittelt wird. Wer hingegen ein Geschäftsmodell aus dem Bereich Abo-Commerce oder Nischen-Shoppingclub hat, der könnte durchaus nachhaltig mit Affiliate Marketing Neukunden gewinnen, denn das Produkt ist erklärungsbedürftig und genau da können Affiliates das Preselling, Erklären und Näherbringen leisten.

Was sagst Du jungen Startups, die mit Affiliate Marketing mal eben schnell Neukunden gewinnen wollen?

Grundsätzlich sollten Startups am ehesten mit SEA als Onlinemarketing-Kanal anfangen. Es ist der einfachste und grundlegendste Kanal. Wenn man das nicht hinbekommt, sollte man eher ganz grundlegend noch einmal nachdenken. Affiliate Marketing kann am Start nur dann interessant sein, wenn man mit Leads in Form von Kundendaten arbeiten kann/möchte und die CRM-Maßnahmen, die man mit diesen Kundendaten durchführen will, gut geplant hat.

Wie bist Du denn eigentlich generell zum Affiliate Marketing gekommen?

Ohne es zu wollen. In den Jahren 1999/2000 hatte ich eine Website mit Casual Games und IVW zertifizierten über 2 Mio. Unique Usern im Monat. In den Jahren der ersten Dotcom-Blase habe ich die wundervoll zu hohen TKPs vermarkten können. Dann platzte die Blase und keiner wollte mehr zu TKPs buchen. Damals waren die meisten Affiliate-Programme noch auf CPC Basis. Affiliate Marketing war damals erst einmal eine herbe Enttäuschung für mich. Ich verdiente nur ca. 10-20 Prozent von dem, was ich mit TKP-Vermarktung vorher mit meiner Website verdiente, aber es war dafür verlässlicher als die TKP-Vermarktung.

Was war denn die kurioseste Geschichte, die Du im Affiliate Marketing erlebt hast?

Man sieht wirklich leider auch heute noch kuriose Geschichten. Advertiser vergüten ein und den gleichen Lead/ Sale gleichzeitig bei mehreren Netzwerken. Manche erlauben SEA Affiliates, aber machen keine Aussagen darüber, ob man die Brand bebuchen darf. Advertisier durchdringen Postview nicht und vergüten es genauso wie durch PostClick vermittelte Leads oder Sales. Wenn man Affiliate Marketing technisch und inhaltlich nicht durchdringt, gibt es leider viele Fehlerquellen.

Welche häufigen Fehler werden Deiner Meinung nach von Advertisern gemacht und wie könnte man diese vermeiden?

Affiliate Marketing ist technisch wirklich nicht ohne. Viele Werbetreibende scheitern noch immer mit der Komplexität von Tracking und Attribution. Wenn man es nicht schafft, diese Themen in den Griff zu bekommen, würde ich eher kein Affiliate Marketing betreiben.

Welche Insights und Tipps kannst Du Affiliate-Managern geben?

Meine Empfehlung wäre immer, komparativ zu denken. Wie schaffe ich es, dass mein Affiliate-Programm bevorzugt eingesetzt wird als ein vergleichbares Programm? Wenn man es schafft, dafür Argumente zu finden, stößt man bei Affiliates auf offene Ohren. Der zweite wichtige Gedanke ist, auf Affiliates zuzugehen. Auch wenn das eigene Unternehmen

B2C ist, ist Affiliate Marketing aus Affiliate-Manager-Perspektive wie B2B-Marketing. Der Affiliate ist kein Endkunde, sondern ein Geschäftsmann. Der Affiliate wird dann das B2C-Marketing leisten, aber der Affiliate-Manager ist B2B-Marketer und muss demnach viel über Affiliate Relationship-Management nachdenken und die menschliche Seite in den Vordergrund rücken.

Du bist ja mit der OMCap auch Veranstalter einer der größten Online-Marketing-Konferenzen Deutschlands. Welche Tipps kannst Du Affiliate-Managern geben, wenn sie sich über Affiliate Marketing weiterbilden wollen?

Die OMCap ist mit über 40 Referenten voll gespickt mit Weiterbildung, allerdings würde ich die Frage gerne breiter als nur auf meine Konferenz bezogen beantworten. Insbesondere auf anderen Konferenzen, würde ich empfehlen, die Vorträge, die man anhört, eher Sprecherbezogen zu wählen, als nach dem Titel des Vortrags. Ich würde hierzu empfehlen, jemanden anzusprechen, der sich schon ein wenig besser auskennt und von dieser Person Empfehlungen einzuholen, welcher Sprecher hervorzuheben ist. Mit der Vorgehensweise denke ich, dass man das meiste aus jedem Konferenzbesuch rausholt.

Die zweite Empfehlung ist mindestens genauso wichtig. Raus aus der Comfort Zone und neue Leute ansprechen und kennen lernen. Man wird mit Sicherheit auch Personen kennen lernen, mit denen man außer dem ersten Plausch nicht mehr viel sprechen wird, aber es sind immer auch neue Bekanntschaften dabei, mit denen man sich vielleicht ein ganzes Berufsleben fachlich austauschen kann und wird.

ÜBER ANDRE ALPAR (AKM3 GMBH)

Andre Alpar ist Partner der 80-köpfigen Berliner Online Marketing Agentur AKM3.de und bereits seit über 10 Jahren unternehmerisch im Online Marketing tätig. Neben seiner Tätigkeit in der Agentur ist er auch CMO des Online-Zigarren-Shops Noblego.de; Buchautor (www.ombuch.de) sowie Referent auf europaweiten Konferenzen der Branche.

Bei Rocket Internet war Andre Alpar ehemals leitend im Marketing für Projekte wie Zalando, Groupon, eDarling und viele mehr verantwortlich. Parallel zu seiner beruflichen Karriere engagiert er sich als Business Angel bei Internet Start-Ups und ist Veranstalter der größten Online Marketing Konferenz in Berlin OMCap & SES Berlin www.omcap.de, die jährlich im Oktober stattfindet.

Kontaktdaten:

Xing: https://www.xing.com/profile/Andre_Alpar
Facebook: http://www.facebook.com/andre.alpar
Google+:
https://plus.google.com/106524744290992795297/posts
Twitter: twitter.com/andrealpar
Podcast: www.omreport.de

INTERVIEW MIT KARSTEN WINDFELDER

Mit 100partnerprogramme.de hast Du das bekannteste Informationsportal über Affiliate Marketing geschaffen. Wie kam es zu dieser Idee und wie bist Du damals mit dem Projekt gestartet?

Im Jahr 2002 begann ich, mich nebenberuflich mit Partnerprogrammen zu beschäftigen. Ich war damals bei einem ehemaligen Staatsunternehmen beschäftigt und völlig unterfordert. Privat habe ich schon immer viel gelesen und so habe ich eine Webseite mit persönlichen Buchrezensionen gestartet und mit dem Amazon-Partnerprogramm meine ersten Provisionen verdient.

Damit begann meine Beschäftigung mit Affiliate Marketing. Ich stieg als Reise-Affiliate ein und hatte zahlreiche Reiseportale am Laufen, die damals richtig Provision abwarfen. Daraus erwuchs die Idee, die 100 besten Partnerprogramme vorzustellen. Das Feedback war gewaltig und so sind es inzwischen über 7.000 Partnerprogramme, die auf 100pp beschrieben sind.

Mittlerweile gibt es ja neben 100partnerprogramme.de noch eine Vielzahl weiterer Portale von Dir. Wie genau ist Dein Imperium aufgebaut?

Ach, so umfangreich ist das gar nicht mehr. Die ehemals thematisch aufgesplitteten Blogs haben wir mittlerweile wieder auf 100pp zusammengeführt. Zusätzlich gibt es inzwischen Mikro-Websites für meine verschiedenen Newsletter im Bereich Affiliate Marketing. Diese sind dann wiederum auf einer Website zusammengefasst (www.partnerprogramm-newsletter.de).

Als zweites großes Portal habe ich Affiliate-People (affiliate-people.de) konzipiert. In dem Branchennetzwerk treffen sich Affiliates, Merchants und Mitarbeiter der Affiliate-Agenturen, Affiliate-Netzwerke und Dienstleister rund um das Thema. So kann jeder gezielt die richtigen Kontakte aufbauen und alle können voneinander profitieren.

Du warst ja selbst schon sowohl als Affiliate als auch als Partnerprogramm-Betreiber aktiv. Welchen Bereich findest Du interessanter?

Bei unserem eigenen Partnerprogramm (affiliate.100partnerprogramme.de) vergüten wir Newsletter-Anmeldungen, aber auch Werbeverkäufe mit bis zu 200 Euro pro Sale plus Lifetime-Provision. Es ist ein echtes Nischenprogramm mit großen Chancen für Publisher, die auf ihrer Website Leute im Affiliate-Bereich ansprechen oder einfach alle, die sich für Geld verdienen im Internet interessieren.

Aber um ehrlich zu sein, hat mir die Arbeit als Affiliate schon immer mehr Freude bereitet. Ich finde es extrem reizvoll, mir ein Nischenthema auszusuchen und dafür eine Strategie mit passenden Partnerprogrammen zu überlegen.

Was war Deine aufregendste Affiliate-Geschichte, die Du erlebt hast?

Die drei Abmahnungen. Drei sind nicht wirklich viele in 11 Jahren Online-Marketing, von daher kann ich mich nicht beschweren.

Die erste kam von einem Merchant, der mir vorwarf, ihm mit geschützten Markenbegriffen 10.000 Euro Umsatz im Monat zu vermitteln. Das war so ca. 2004, glaube ich.

Die zweite Abmahnung kam von einem ebay-Händler. Er hatte mich ganz offensichtlich betrogen und ich ihm daraufhin eine schlechte Bewertung gegeben. Dagegen ging er vor und ich sollte die Bewertung wegen Rufschädigung wieder rausnehmen.

Die dritte Abmahnung brachte es sogar zu einem Artikel "Die lustigste Abmahung des Jahres" in Spiegel-Online. Eine Firma hatte intern einen Werbeblocker installiert, um den Mitarbeitern unerwünschte Werbung zu ersparen. Diese wurde mit dem eigenen Firmenlogo überdeckt, was natürlich nur firmenintern sichtbar war. Nach Hinweisen aufgeschreckter Mitarbeiter an die Rechtsabteilung begann diese nun, Webseitenbetreiber abzumahnen, weil sie "unerlaubt ihr Firmenlogo verwendet haben". Nach einem ersten Schock war ich der Firma sehr dankbar, bescherte mir die Geschichte doch 26.000 Besucher in 24 Stunden, hunderte von Backlinks und 300 Kommentare auf meinem Blog (www.100pp.de/komsa).

Auf welche häufigen Fehler muss man sich in der Betreuung eines Partnerprogramms einstellen und wie kann man diese vermeiden?

Die Betreuung des 100pp-Partnerprogramms habe ich an eine Agentur (www.affilex.de) ausgelagert, gerade um Fehler zu vermeiden. Aber ich habe mich selbst öfter dabei ertappt, als

Partnerprogrammbetreiber die Merchantbrille aufzuhaben. Dann entwirft man die Provisionen für das Partnerprogramm und lässt Werbemittel erstellen und geht davon aus, dass auch der Affiliate begeistert ist. Dem ist aber in aller Regel nicht so.

Welche Insights und Tipps kannst Du Affiliate-Managern geben?

Sich in den Affiliate hineinzuversetzen – für jedes Partnerprogrammthema erneut – ist eine große Herausforderung, die oft vernachlässigt wird, aber eine große Wirkung entfachen kann. "Wie denkt der Affiliate" meines Partnerprogramms und vielleicht noch wichtiger: "Wie denkt der User, der überzeugt werden soll, meine Produkte oder meine Dienstleistung zu kaufen?".

Welche Trends siehst Du in den nächsten Jahren auf die Affiliate-Branche zukommen und worauf sollte man sich vorbereiten?

Der Trend zur mobilen Internetnutzung ist nicht aufzuhalten. Das Surf-Verhalten ändert sich weg vom Schreibtisch hin zur Couch, weg vom Büro hin zur Nutzung unterwegs.

Darauf müssen sich auch Merchants und Affiliates einstellen. Merchants mit klar strukturierten Formularen, die auch auf iPad oder gar iPhone funktionieren. Und Affiliates müssen leicht bedienbare Affiliate-Websites bereithalten, die sich an die jeweilige Plattform anpassen.

Du bist mit Deiner Familie ja vor einigen Jahren von Deutschland in die Schweiz ausgewandert und jetzt weiter nach Kanada. Was findest Du so spannend als Globetrotter?

Laptop, Steckdose und Internetzugang. Das sind die drei Zutaten, die es mir und vielen Affiliates ermöglichen, von jedem Ort der Welt aus zu arbeiten. Abgesehen von der Zeitverschiebung ändert sich für meine Kunden nichts.

Und warum sollte man, wenn man die Möglichkeit hat, genau das nicht „leben“ und sich einen Ort frei wählen? Ich bin von Natur aus neugierig und finde es spannend, mich in einer neuen Umgebung zu orientieren. Alles muss erkundet werden. Menschen, Sprache, Freizeit- und Einkaufsmöglichkeiten.

Natürlich ist das Ganze auch mit Aufwand verbunden. Um nur einige Felder zu nennen, mit denen wir uns gerade beschäftigen: Einwanderung, Führerschein, Kinderbetreuung, Firmengründung, Steuerrecht, Versicherungen, usw.

Dem einen fällt es leichter, dem anderen schwerer. Einem Online-Marketer kommt zugute, dass er sein Online-Kontaktnetz ja bereits aufgebaut hat und samt Job und Kunden an seinen Traumort mitnehmen kann. Ich kann es nur empfehlen!

ÜBER KARSTEN WINDFELDER (100PARTNERPROGRAMME.DE)

Karsten Windfelder ist gelernter Bankkaufmann, war langjähriger Journalist und Chefredakteur sowie Produktmanager in der Telekommunikationsbranche.

Seit 2002 betreibt er das netzwerkübergreifende Affiliate Marketing-Portal 100partnerprogramme.de. Er lebt mit seiner Familie in Nova Scotia/Kanada.

Kontaktdaten:

E-Mail: kw@100pp.de
www.100partnerprogramme.de
www.karsten-windfelder.de

INTERVIEW MIT VIENGMANY THUN VONGPRASEUT

Als eine der wenigen Frauen in der Affiliate-Branche zählst Du auch schon zu den Veteranen. Wie hat es Dich überhaupt in die Affiliate-Branche verschlagen?

Ich habe 2002 im Bereich Suchmaschinenmarketing bei metapeople angefangen. Kurze Zeit später hatte ich zudem auch die Betreuung von 2 Portalen übernommen und dadurch das erste Mal Affiliate-Luft schnuppern dürfen. Dies hatte mir so viel Spaß gemacht, dass ich den Bereich Affiliate Marketing in der Agentur stärker etablieren wollte und seitdem innerhalb der Tochtergesellschaft metaapes GmbH ausgebaut habe.

metaapes ist eine der bekanntesten Affiliate-Agenturen in Deutschland. Ist es heutzutage schwieriger als vor 10 Jahren, Kunden vom Affiliate Marketing zu überzeugen?

Vor 10 Jahren musste man den Kunden noch davon überzeugen, dass es wichtig ist den Kanal Affiliate Marketing in den Online-Marketing-Mix zu integrieren. Dies ist heute nicht mehr der Fall. Die Unternehmen haben grundsätzlich verstanden, dass Affiliate Marketing für eine gute und umfassende Marketingstrategie nicht fehlen darf.

Gibt es Deiner Meinung nach bestimmte Geschäftsmodelle, die nicht so gut für das Affiliate Marketing geeignet sind?

Der Bereich Affiliate Marketing lebt von seinen vielfältigen Publisher-Geschäftsmodellen, daher gibt es meiner Meinung nach kein Geschäftsmodell, was nicht geeignet wäre. Natürlich hat jedes Partnerprogramm seine eigenen Ziele, Richtlinien und Vorgehensweisen. Daher sollte von dem Affiliate-Manager genau geprüft werden, welche Publisher-Modelle für das eigene Programm zielführend sind, so dass diese unterstützt werden können. Publisher-Modelle, die für ein Partnerprogramm nicht erwünscht sind, sollten klar kommuniziert werden.

Wie hat sich Deiner Meinung nach das Affiliate Marketing in den letzten Jahren verändert?

Der Kanal Affiliate Marketing hat sich in vielerlei Hinsicht stark verändert. Während man früher Content-Partner als die "klassischen Affiliates" angesehen hat, fußt heute das Affiliate Marketing auf vielfältigen Publisher-Modellen.
Im Bewusstsein des Kunden war Affiliate Marketing früher immer ein Low-Budget-Kanal, in den man nichts bzw. nicht viel investieren wollte und trotzdem maximale Resultate erwartet hat. Heute ist es Kunden bewusst, dass sie in ihre Partner investieren müssen, um ein erfolgreiches Affiliate Programm zu betreiben.

Was war denn die kurioseste Geschichte, die Du im Affiliate Marketing erlebt hast?

Affiliate Marketing ist täglich ein Erlebnis, daher gibt es keine "kurioseste" Geschichte bei uns, nur tägliche kleine Geschichten, die uns zum Schmunzeln bringen.

Welche häufigen Fehler werden Deiner Meinung nach von Advertisern gemacht und wie könnte man diese vermeiden?

Als Advertiser ist es wichtig, dass man sich nicht nur auf die Top-Partner fokussiert, sondern auch die kleinen Partner und damit den Longtail anspricht. Einige Advertiser vergessen auch, dass Affiliate Marketing ein People's Business ist und Vertrauen sowie Transparenz eine große Rolle spielen. Für die Partner ist es daher oftmals wichtiger, auch schlechte Nachrichten transparent kommuniziert zu bekommen als im Unklaren gelassen zu werden.

Welche Insights und Tipps kannst Du Affiliate-Managern geben?

Den Kunden, die Strategie des Kunden und die zu vermarktenden Produkte verstehen. Dies ist der erste Schritt hin zu kreativen Vermarktungsstrategien. Ein emotionaler Bezug zum Job ist sicherlich förderlich, wenn es in die Kommunikation mit Affiliates geht. Ansonsten ist häufig ein langer Atem gefragt, denn Affiliate Marketing ist stark von technischen Umsetzungen abhängig, die meistens Zeit benötigen.

Welche Trends siehst Du in den nächsten Jahren auf die Affiliate-Branche zukommen und worauf sollte man sich vorbereiten?

Big Data und Mobile sind sicherlich in aller Munde. Doch auch die Attribution innerhalb des Affiliate-Kanals wird weiterhin ein wichtiges Thema bleiben.

ÜBER VIENGMANY VONGPRASEUT (METAAPES GMBH)

Viengmany Vongpraseut ist Geschäftsführerin und Mitbegründerin der metaapes GmbH. Die metaapes GmbH ist ein Tochterunternehmen der metapeople GmbH mit Sitz in Deutschland und spezialisiert auf den Bereich Affiliate Marketing.

Innerhalb des Unternehmens verantwortet Viengmany Vongpraseut insbesondere die Bereiche Sales sowie Customer Relation und Affiliate Retention Management.

Seit 2002 sammelte die Diplom-Ökonomin wertvolle Erfahrungen im Bereich Suchmaschinen-Marketing und Portalbetreuung bei der metapeople GmbH und baute ab 2004 den Bereich Affiliate Marketing in der metapeople Gruppe auf.

Kontaktdaten:

E-Mail: viengmany.vongpraseut@metaapes.com

INTERVIEW MIT ULI TRUCKENBROD

Als Urgestein der Affiliate-Branche hast Du 2001 mit sunnysales eine der ersten Affiliate-Agenturen in Deutschland gegründet. Was war damals Deine Ambition, diesen zur damaligen Zeit aufstrebenden Bereich als Dienstleister abzudecken?

Nach der Dotcom Blase im Jahr 2000 stellte ich fest, dass Kunden kaum mehr an TKP basierte Geschäftsmodelle glaubten und wir mit einem rein CPO orientierten Ansatz genau das Interesse von Merchants trafen. Es stellte sich heraus, dass wir mit dem Thema „performance orientierte Abrechnung“ genau den richtigen Nerv zur richtigen Zeit trafen.

War es zur damaligen Zeit schwierig, Unternehmen vom Affiliate Marketing zu überzeugen?

Nein, es war relativ einfach Kunden zu gewinnen, da das Risiko recht gering für die Merchants war und ein Versuch somit nicht schaden konnte. Ausser Werbemitteln und etwas IT-Einsatz für das Tracking mussten sie nicht viele Voraussetzungen erfüllen. Setup-Fees fielen damals bei den Netzwerken noch nicht an und wir arbeiteten auch rein erfolgsorientiert. Und die Aussicht auf "richtige" Sales und Umsätze war zu dem Zeitpunkt sehr verlockend. Die größte Hürde bei Neukunden war, ihnen zu vermitteln, was Affiliate Marketing ist und wie es funktioniert.

Wie bist Du denn generell zum Affiliate Marketing gekommen?

Nach ersten Online-Erfahrungen in der Verlagsbranche machte ich recht gute Erfahrungen mit Affiliate Marketing für Zeitschriften. Hier bediente ich zahlreiche Verlage im Abonnentenbereich und Leadgenerierung war ein großes Thema.

Wie hat sich das Affiliate Marketing in den letzten Jahren verändert?

Der ganze Bereich hat sich sehr professionalisiert. Am Anfang waren die Programme noch fast "Selbstläufer". Aber das änderte sich schnell als sich Erfolge einstellten. Die Kunden forderten immer mehr an Aktionen, Transparenz, Reichweiten und qualitativen Verbesserungen. Es entdeckten immer mehr Agenturen das Thema (Stand heute > 140 Agenturen lt. 100pp.de). Vor allem auch "klassische" Agenturen bauten personelle Ressourcen auf.

Und auch auf Publisherseite hat sich einiges getan. Waren es anfangs noch Einpersonenfirmen sind es heute meist kleine/ mittlere GmbHs mit mehreren Mitarbeitern, die das Thema vollerwerblich umsetzen.

Was war Deine aufregendste Affiliate-Geschichte, die Du erlebt hast?

Da gab es natürlich einige schöne Geschichten. Jedoch hat mich am meisten die Story eines Merchants fasziniert. Es handelte sich um einen Kunden aus der

Telekommunikationsbranche mit dem wir sagenhafte 90 Mio. (echte) Klicks im Monat machten. Das bedeutete, dass quasi jeder deutsche Bundesbürger zu der Zeit einmal über uns erreicht wurde und auf der Seite war.

Diesen Kunden hatte ich bekommen, weil ein Netzwerk keinen Exklusivvertrag mit ihm abschließen konnte (Begründung: Vertragsgestaltung zu kompliziert, nur der Netzwerkvertrag ist der einzig wahre Vertrag). Das Netzwerk vermittelte mich, ich rief den Kunden an, wir telefonierten 2 Stunden und waren uns sofort einig, das Programm zu starten. Der erste persönliche Kontakt zum Merchant fand erst nach 2 Monaten statt und der Kunde ist mir über die ganze Firmenzeit bis heute treu geblieben.

2009 hast Du dann ja gemeinsam mit Robert Verhoeve das Affiliate-Netzwerk retailerweb.net gegründet. Wie kam es zu der Entscheidung, neben einer Agentur nun auch ein eigenes Netzwerk zu starten?

Die Agenturkunden forderten bei zunehmenden Erfolg natürlich auch von uns Kosten- und Technikoptimierungen vorzunehmen. Die alteingessenen Netzwerke zeigten sich den Vorschlägen nicht sehr aufgeschlossen und so entschloss ich mich, die Netzwerkfunktionen selbst abzubilden. Auch die Ausrichtung auf ein spezielles Segment – bei uns der Bereich Retail – erschien mir sinnvoll, um die Publisher besser bedienen zu können. Da aber eine Doppelfunktion (Agentur und gleichzeitig Netzwerk) nicht gegenüber den Netzwerken durchsetzbar war, entschloss ich mich, mich nur noch der Aufgabe des Netzwerks zu widmen.

Wie lange dauert es aus Deiner Erfahrung, bis ein neu gestartetes Affiliate-Programm die ersten relevanten Umsätze erzielt?

Das Thema Affiliate Marketing wird üblicherweise langsam

aufgebaut. Man muss einem Programm auch die Chance zur Entwicklung geben. Gerade seitens des Merchants muss man hier schon einen Zeitraum von 3-6 Monaten abwarten um eine finale Aussage über den Erfolg eines Programms treffen zu können. Natürlich muss hier auch zeitgleich der Publisheraufbau vorangetrieben werden. Das sollte am besten professionell durch eine Agentur durchgeführt werden.

Auf welche häufigen Fehler muss man sich in der Betreuung eines Partnerprogramms einstellen und wie kann man diese vermeiden?

Oft unterschätzen Merchants den Zeit- und Arbeitsaufwand für ein Programm. Einem Merchant sollte klar sein, dass er einen Hauptverantwortlichen für das Programm benennen sollte, der das Bindeglied zur Agentur und/oder dem Netzwerk darstellt.

Der Merchant muss auch aktiv gewillt sein, das Thema Affiliate Marketing zu betreiben und voranzubringen und sich dabei auch mit Ideen einzubringen hat.

Natürlich liefern hier auch die Agenturen/Netzwerke einen großen und wichtigen Input, aber ohne kooperative Zusammenarbeit geht es auch hier nicht. Am besten hat es aus meiner Sicht immer funktioniert, wenn der Merchant die Dienstleister nicht nur als reine Erfüllungsgehilfen, sondern als vollwertige Vertriebspartner - mit allen Rechten und Pflichten - gesehen hat.

Welche Insights und Tipps kannst Du Affiliate-Managern geben?

Man merkt sehr schnell, wenn die jungen und unerfahren Affiliatemanager nicht kompetent sind. Hier kann ich nur empfehlen:

- **Betrachtet den Markt genau!**
  Abonniert alle Partnernewsletter, erkennt welche Aktionen die Mitbewerber eurer Merchants durchführen
- **Bildet euch technisch weiter!**
  Erlernt HTML & PHP Grundkenntnisse, lernt Bildbearbeitung
- **Seid selbst Publisher!**
  Versetzt euch damit in die Lage eines Publishers, baut am besten eine Seite zu einem Thema das euch interessiert, lernt die Probleme eines Publishers damit besser zu verstehen
- **Qualifiziert euch!**
  Nutzt die Möglichkeiten der Netzwerkqualifizierungen
- **Besucht Veranstaltungen!**
  Vernetzt euch, jeder persönliche neue Kontakt bringt euch weiter

Welche Trends siehst Du in den nächsten Jahren auf die Affiliate-Branche zukommen und worauf sollte man sich vorbereiten?

Das Thema Tracking wird uns sicherlich die nächsten Jahre noch stark beschäftigen. Es wird sicher eine Ablösung der klassischen Trackingmethoden geben und hierauf werden sich Netzwerke, Agenturen und Kunden einstellen müssen.

Übergreifende Lösungen werden hier sicherlich ihren Weg finden , aber auch Bereiche wie Webtracking, Userverhalten, Warenkorbabbrecher oder Customer Journey (also wer hat den Kunden gebracht) werden in die Bewertung eines Sales einfließen.

Es wird eine Verschmelzung von Display und Performance Marketing geben, in die zahlreiche Faktoren einfließen werden.

Ein weiteres wichtiges Thema ist auch der Bereich Datenschutz und Cookie-Richtlinien, auf die sich die

Marktteilnehmer einstellen müssen. Die zunehmende Reglementierung wird auch hier Einzug halten und neue Formen der Werbung erzeugen.

ÜBER ULI TRUCKENBROD (WEB4SALES GMBH)

Uli Truckenbrod (geb. 1964) studierte Wirtschaftsinformatik an der Fachhochschule Konstanz und ist seit 1993 im Bereich Online/Medien tätig. Als Gründer einer der ersten auf rein Affiliate Marketing spezialisierten Agenturen und heute als Netzwerkbetreiber verfügt er über fundierte langjährige Kenntnisse im Bereich Affiliate Marketing.

Kontaktdaten:

Telefon: 089 - 61199827
E-Mail: ut@web4sales.net
Web: www.retailerweb.net
Xing: https://www.xing.com/profile/Uli_Truckenbrod
Twitter: https://twitter.com/utru

INTERVIEW MIT WOLFGANG VOGT

2004 habt ihr mit Zieltraffic eine der ersten Agenturen gegründet, die sich v.a. auf einen ganz speziellen Bereich fokussiert hat, nämlich den Finanzsektor. Wie kam es zu der Entscheidung sich zu spezialisieren?

Aufgrund unserer vorherigen Tätigkeit bei der Immobilien- und Baufinanzierungsplattform PlanetHome hatten wir, neben guten Kontakten in der Finanzbranche, auch die Möglichkeit umfangreiche Erfahrungen im Online Marketing für Finanzprodukte zu sammeln. Daneben hatten wir drei Gründer allesamt bereits zuvor im Finanzbereich zu tun – meine beiden Kollegen in der HVB und ich bei der Allianz.

So gesehen war die Fokussierung auf den Finanzsektor also gar nicht unbedingt eine explizite Entscheidung, sondern vielmehr eine Opportunität bzw. die logische Konsequenz unseres vorherigen Werdegangs.

Auch im Nachhinein betrachtet war das aber genau der richtige Weg. Der Finanzsektor war aufgrund der starken Vermittler- und Provisionsdenke wie für das Performance Marketing gemacht und wir rannten mit unserem Ansatz der erfolgsabhängigen Agenturvergütung offene Türen ein.

Kurz darauf habt ihr mit Affiliando auch eines der ersten vertikalen Affiliate-Netzwerke für den Finanzbereich gegründet. Wie entstand die Idee dazu?

Bereits von Anfang an, im Jahr 2004, bauten wir sukzessive direkte Partnerschaften mit Suchmaschinenoptimierern auf, die bei den für unsere Kunden relevanten Keywords die guten Rankings belegten. So entwickelte sich Affiliate Marketing bereits sehr früh zu einem wichtigen Standbein in unserem Unternehmen.

Mangels eigener Software war jedoch damals vor allem die Statistik und Abrechnung häufig sehr viel Handarbeit, da das Tracking meist über das Vermittlertracking unserer Kunden erfolgte. Daraus mussten wir dann für unsere Affiliates Statistiken und Abrechnungen erstellen. Nachdem wir aber schon damals interessante Programme, gute Provisionen und ausgezeichneten Affiliate Support boten, nahmen unsere Partner scheinbar diese kleinen Unwegbarkeiten gerne in Kauf. Erst ca. 1,5 Jahre nach dem Start entschieden wir uns dann, endlich eine Software zum Handling unserer direkten Partnerschaften einzusetzen.

Der Name Affiliando und die Kommunikation nach außen als Finanz-Affiliate-Netzwerk entstand dann erst im Jahr 2010. Bis dahin trug unser System den Namen „zieltracker" und flog eher unter dem Radar. 2010 sind wir dann erst mit der eigenen Website, der Präsentation unserer Partnerprogramme und der offiziellen Kommunikation als Finanz-Netzwerk an den Start gegangen.

Wie unterscheidet sich der Affiliate-Finanzbereich von anderen Affiliate-Geschäftsmodellen?

Ebenso wie die meisten anderen Branchen lebt auch der Finanzbereich vom Produktvergleich. Jedoch muss der Affiliate meines Erachtens redaktionell noch deutlich mehr nachhelfen, als dies bei weniger erklärungsbedürftigen Produkten der Fall ist. Der User muss an die Hand genommen werden und mit Hilfe von redaktionellen Produktinformationen umfassend über Für und Wider der einzelnen Produkte informiert werden. Zu viele Sternchentexte hatten in der Vergangenheit Intransparenz in die Produktlandschaft gebracht und zu groß ist das Angebot an scheinbar ähnlichen Produkten. Da ist es die Aufgabe des Affiliates gegenüber dem User glaubwürdig aufzutreten, die richtigen Informationen in möglichst objektiver Form nahezubringen und ihm das für ihn passende Produkt „schmackhaft" zu machen. Produktvergleiche anhand von Hardfacts sind sicherlich Kernbestandteil in der Informationskette, aber letzten Endes entscheidet der Gesamteindruck der Affiliate-Website, sowie die Qualität der Inhalte dabei, ob sich der User direkt entscheiden kann oder doch noch einmal auf einer anderen Website weiterrecherchiert.

Der Affiliate hat im Finanzbereich also nicht nur die Aufgabe, Reichweite für den Merchant zu schaffen, sondern vielmehr die nötigen Vorinformationen für den User zu liefern, die er benötigt, um sich für ein bestimmtes Produkt zu entscheiden. Das erklärt sicherlich auch, weshalb wir überwiegend mit SEOs und qualitativ hochwertigen und thematisch auf Finanzen fokussierten Affiliates zusammenarbeiten. Verkauft wird über redaktionelle Inhalte und nicht über die Bereitstellung von Werbeflächen. Den Großteil unserer Affiliates könnte man als Finanz-Journalisten bezeichnen. Sie beschäftigen sich intensiv mit den Unternehmen und Produkten der Branche, sind über Trends und Entwicklungen bestens informiert und bereiten dieses Wissen gekonnt auf, um die oben angesprochene Überzeugungsarbeit gegenüber dem User zu bewerkstelligen.

Als Entschädigung für diesen Aufwand bietet der Finanzsektor dafür attraktive Vergütungen.

2012 habt ihr drei Gründer die Zieltraffic AG verlassen und mit netzeffekt eine neue Agentur gegründet, an der Jung von Matt von Beginn an beteiligt ist. Mit FinanceQuality habt ihr nun ein weiteres Finanz-Affiliate-Netzwerk gegründet. Wie unterscheidet sich dieses von Affiliando?

Die Ausrichtung von Affiliando war zwar stark auf Finanzen fokussiert, jedoch wollten wir das damals durch die Erweiterung um die Themen Jobs & Education und Beauty & Health nicht so lassen. Ziel war die Branchendiversifizierung - sowohl für uns als auch für die Affiliates. Wir wollten also auch unseren Affiliates den Zugang zu interessanten Programmen in weiteren Branchen und so die Reduzierung ihrer Abhängigkeit von einer Fokusbranche ermöglichen. Da ich nun seit gut einem Jahr nicht für Affiliando tätig bin, kann ich allerdings nichts über die strategische Ausrichtung und die zukünftige Marschrichtung dort sagen, aber ich gehe davon aus, dass dort zukünftig eine noch stärkere Branchendiversifizierung stattfinden wird.

Was unterscheidet FinanceQuality von Affiliando? Auf jeden Fall ganz klar - wie der Name schon sagt - die volle Fokussierung auf den Finanzbereich. Außer Finanz- und Versicherungsprogrammen wird es bei FinanceQuality nichts geben. Da wir in der Vergangenheit mit der Ausrichtung auf starken Service und Online-, wie Fachkompetenz des gesamten Teams sehr gut gefahren sind, verfolgen wir diesen Ansatz auch bei FinanceQuality weiter. So steht für das FinanceQuality-Team der Affiliate im Mittelpunkt. Ebenso wie wir bei netzeffekt unsere Kunden beraten, wie sie das Optimum aus ihrem Onlineangebot machen, beraten und unterstützen wir auch unsere Affiliates. So profitieren unsere Affiliates nicht nur von unserem kompetenten FinanceQuality-Team, sondern auch von dem Know-how unserer gesamten Agentur. Das beginnt bei sehr speziellen Fragen zu SEA oder SEO und geht bis hin zur Conversion Optimierung oder auch technischen Detailthemen im Tracking. Unsere Affiliate Manager haben jederzeit Zugriff auf Ressourcen und Know-how der gesamten netzeffekt-Mannschaft, wovon definitiv auch unsere Affiliates stark profitieren.

Speziell für den österreichischen Markt habt ihr nun auch eine neue Generation von Finanz-Vergleichsrechnern entwickelt, welche bisher einzigartig sind. Welche Chancen seht ihr speziell in Österreich für das Affiliate Marketing?

Wir haben schon seit einigen Jahren engen Kontakt zu österreichischen Finanz-Affiliates. Auch dort gibt es haufenweise gute und engagierte Affiliates. Leider ist Affiliate Marketing aber scheinbar noch nicht so richtig in den Köpfen der Marketing- und Vertriebsverantwortlichen der österreichischen Banken verankert oder die Vorbehalte hinsichtlich Qualität bzw. Risiken im Affiliate Marketing zu groß. Und so bearbeiten die österreichischen Affiliates v.a. den deutschen Markt. Im Endeffekt stehen sie seit Jahren in den Startlöchern und warten nur darauf, dass die österreichischen Merchants an den Start gehen.

Auch wenn der österreichische Markt deutlich kleiner ist als der deutsche, erachten wir ihn als hochinteressant. Das ist auch der Grund, weshalb wir bereits im ersten Jahr nach Gründung unsere österreichische Niederlassung gegründet haben. Uns ist wohl bewusst, dass Österreich ein völlig eigenständiger Markt ist und nicht mit dem deutschen identisch ist. Dennoch sind wir davon überzeugt, dass wir das Know-how, das wir in den letzten Jahren in Deutschland gesammelt haben, auf den österreichischen Markt anwenden können. Und deshalb arbeiten wir weiter daran, österreichische Banken und Versicherungen für Affiliate Marketing zu gewinnen.
Dabei – und jetzt komme ich endlich auf die Frage zurück – stellen die Vergleichsrechner einen wichtigen Baustein dar. Im Affiliate Marketing stehst Du als Netzwerk am Anfang ja

immer vor der Henne-Ei-Problematik – ohne Merchants keine Affiliates und umgekehrt. Wir gehen jetzt mit der Erstellung unserer Vergleichsrechner für Österreich und der dazugehörigen Produktdatenpflege in Vorleistung und bieten den Affiliates einen Mehrwert für ihre Websites. Sobald die ersten die Rechner eingebunden wurden, können wir diese wiederum den Merchants zeigen. Damit machen wir Affiliate Marketing greifbar und fördern die Erkenntnis, dass es ein Vorteil bzw. eine Notwendigkeit ist, dabei zu sein.

Wie hat sich Deiner Meinung nach das Affiliate Marketing generell in den letzten Jahren verändert?

Ein ganz klarer Trend ist meines Erachtens die Professionalisierung der Affiliates. Als wir 2004 gestartet sind, war Affiliate Marketing für die meisten Affiliates ein netter Nebenverdienst, mehr nicht. Jeder hatte ein paar Websites und hat – meistens nach Feierabend – ein bisschen daran herumgebastelt und damit ein paar hundert Euro verdient. Heute hat man es zwar nach wie vor häufig noch mit One-Man-Shows zu tun, die aber erstens beachtliche Umsätze machen und sich zweitens auf das konzentrieren, was sie gut können und alles andere an externe Dienstleister outsourcen. Und immer häufiger entwickeln sich Affiliates zu Unternehmen mit einigen festen Mitarbeitern.

Das erfordert auch ein verändertes Denken auf Netzwerk- und Agenturseite. War der Affiliate Manager früher häufig noch derjenige, der dem Affiliate erklären musste, wie Werbemittelcodes eingebaut werden, ist er heute ebenso der Ansprechpartner in allen fach-/produktspezifischen Fragen, wie für detaillierte Fragen rund um das Thema Tracking oder Optimierung der Affiliate Website. Der Affiliate Manager von heute ist also Vertriebsunterstützung mit umfassendem Produkt-Know-how und Online Marketer mit breitem Generalistenwissen.

Neben dem Affiliate und dem Affiliate Manager blieb aber auch der Merchant von den Veränderungen der letzten Jahre nicht verschont. Professionelle Affiliates verlangen nach professionellen Programmen. Neben einem kompetenten Affiliate Management sind ein ordentliches Werbemittelangebot, hochwertige und zielgerichtete Landingpages, sowie selbsterklärende und hürdenfreie Onlineprozesse Grundvoraussetzung für ein erfolgreiches Affiliate Programm.

Professionelle Affiliates lassen sich nicht mehr von großen Brands oder beeindruckenden Provisionen blenden – sie betrachten bereits im Vorfeld sehr genau, ob ein Programm für sie wirklich attraktiv ist oder nicht. Und dabei spielen Art und Qualität der bereitgestellten Werbemittel, conversionstarke Landingpages, reibungslose Online- wie Offlineprozesse sowie ebenso zuverlässiges Tracking eine entscheidende Rolle wie ein attraktives Vergütungsmodell und Transparenz bei Transaktionsstornos. Letzten Endes zählt für den Affiliate, was hinten heraus kommt – und das wird gemessen in harten Zahlen: EPC, Conversionrates und Cash.

Welche häufigen Fehler werden Deiner Meinung nach von Advertisern gemacht und wie könnte man diese vermeiden?

Affiliate Marketing ist der Aufbau von Online-Vertriebspartnern. Und genau so sollte man auch mit Affiliates umgehen. Natürlich muss es Rahmenbedingungen geben, an die sich die Affiliates zu halten haben, trotzdem muss ein gewisser Freiraum eingeräumt werden. Missbrauch/Fraud wird meines Erachtens nicht durch eine Vielzahl verbotener Maßnahmen verhindert, sondern durch einen engen Kontakt und intensiven Austausch sowie durch den Aufbau persönlicher Beziehungen. Viele Affiliates sind sehr kreative Köpfe, die sich nicht nur im starren Korsett der Merchantvorgaben bewegen sollten, sondern von denen der

Merchant lernen sollte, wie er seine Produkte bestmöglich vertreibt. Das bedeutet gleichzeitig mehr Wertschätzung und die Behandlung der Affiliates auf Augenhöhe.

Darüber hinaus gibt es immer noch Merchants, die es gewöhnt sind, in Kampagnen zu denken und ihr Affiliate Programm von heute auf morgen stoppen wollen. Dabei wird nicht beachtet, dass Affiliate Marketing als langfristiges Instrument betrachtet werden sollte. Das Affiliate Management investiert viel Aufwand in Recherche, Aufbau und Überzeugung geeigneter Affiliates. Der Affiliate investiert teilweise ebenso viel Aufwand in die Optimierung der Merchant-Einbindung auf seinen Websites. Da ist es der denkbar größte Fehler gravierende Veränderungen am Programm vorzunehmen, die zu Ungunsten des Affiliates ausfallen oder im schlimmsten Fall das Programm ohne entsprechenden Vorlauf sogar zu pausieren oder zu stoppen. Das widerspricht dem partnerschaftlichen Ansatz, zerstört die Vertrauensbasis und macht den Neustart des Programms beim nächsten Mal logischerweise nicht leichter.

Welche Insights und Tipps kannst Du Affiliate-Managern geben?

Ich weiß nicht, ob ich erfahrenen Affiliate Managern etwas Neues erzähle, wenn ich sage: Sprich mit Deinen Affiliates - hör zu, lass Dir sagen, was sie stört und was man besser machen kann. Der persönliche Kontakt ist das A und O dieses Jobs. Dazu ist aber Kompetenz eine wichtige Grundvoraussetzung – der Affiliate Manager wird vom Affiliate nur als wirkliche Unterstützung empfunden, wenn sich die beiden auf Augenhöhe unterhalten können. Das gilt ebenso für fachliche Fragen zu Online-Themen, wie auch für produktspezifische Fragen des jeweiligen Programms. Wenn das gegeben ist, macht die Zusammenarbeit beiden Seiten Spaß. Der Affiliate bekommt vom Affiliate Manager die Unterstützung, die er braucht, um seine Projekte noch erfolgreicher zu machen und der Affiliate Manager bekommt tiefgehende Einblicke in die Arbeitsweise des Affiliates. Und gemeinsam werden neue Ansätze zur Erfolgsmaximierung entwickelt. Und davon profitiert der Affiliate, das Netzwerk und der Advertiser.

Dazu ist es für jeden Affiliate Manager sicher hilfreich, auch selbst das eine oder andere Eigenprojekt zu betreiben, um die anderen Seiten kennen- und verstehen zu lernen und selbst zu experimentieren, wie sich mit Websites Geld verdienen lässt.

Welche Trends siehst Du in den nächsten Jahren auf die Affiliate-Branche zukommen und worauf sollte man sich vorbereiten?

Das sich verändernde Nutzerverhalten wird sich logischerweise auch auf das Affiliate Marketing der Zukunft auswirken. Da kommen dann also – so leid mir das tut - die Buzzwords Social und Mobile ins Spiel.

Ebenso wie wir unseren Kunden mobile Landingpages und Onlineprozesse nahelegen, so werden wir da auch verstärkt bei unseren Affiliates ansetzen. Denn mittlerweile ist der Anteil des mobilen Traffics schon in einer Region angekommen, in der es sträflich wäre, diesen zu vernachlässigen – das gilt für Advertiser und Affiliates gleichermaßen. Als Netzwerk, wie als Agentur ist es damit unsere Pflicht ein sauberes Tracking für alle Endgeräte sicherzustellen und Kunden und Affiliates mit Rat und Tat bei der Optimierung ihrer Landingpages und Prozesse auf mobile Devices zu unterstützen.

Betrachten wir das Thema Social und Affiliate Marketing, so glaube ich an eine enge Verzahnung von Affiliate Marketing und Empfehlungsmarketing. Die Empfehlung von Produkten in Social Networks wird nicht durch die professionellen Affiliates erfolgen, sondern durch Kunden, die ihren Freunden ein Produkt empfehlen wollen. Um dieses Potential zu nutzen, müssen die Affiliate-Netzwerke verstärkt die Möglichkeit bieten, dass jeder zum Affiliate werden kann. Die technische Infrastruktur besteht ja bereits, lediglich prozessual, in der Ansprache sowie in der Abrechnung sind diese Empfehler anders zu behandeln als die professionellen Affiliates.

Abseits der Trends, die auf dem veränderten Userverhalten basieren, sehe ich eine Verlagerung von den großen Public Networks hin zu spezialisierten Branchen-Netzwerken. Mittelfristig kann ich mir gut vorstellen, dass Private Networks eine deutlich stärkere Rolle zukommt und sich gerade große Brands die Frage stellen werden, wieso sie sich in die Abhängigkeit von Affiliate Netzwerken begeben sollen.

Zu guter Letzt darf man sicherlich den Trend der User Journey Analyse und Attribution Modelling nicht vergessen. Ein seit einiger Zeit schon viel diskutiertes Thema, auf das es meines Erachtens noch keine wirkliche Antwort gibt. Aktuell sehe ich alle - uns als netzeffekt eingeschlossen - viele, viele Trackingdaten sammeln und User Journeys auswerten. Aber daraus automatisiert das ideale - und vor allem faire - Attributionsmodell zu entwickeln ist meines Erachtens noch lange nicht in Sicht. Vielmehr sehe ich die User Journey Daten als interessanten Input für die genauere Betrachtung und zur besseren Bewertung einzelner Maßnahmen. Um aber den tatsächlichen Wertbeitrag jeder einzelnen Maßnahme zum Gesamterfolg bewerten zu können, müsste die gesamte Realität - also inklusive Offline Einflüsse - in Trackingsystemen abgebildet werden. Und da sind wir alle noch ein gutes Stück davon entfernt.

ÜBER WOLFGANG VOGT (NETZEFFEKT GMBH)

Wolfgang Vogt ist Mitgründer und Geschäftsführer der Online Marketing Agentur netzeffekt, wo er die Geschäftsbereiche Affiliate Marketing, Technik und Kreation sowie den Aufbau des Finanz-Affiliate-Netzwerks FinanceQuality verantwortet. Die netzeffekt GmbH wurde 2012 von den heutigen Geschäftsführern Werner Kubitscheck, Bernd Stieber und Wolfgang Vogt gemeinsam mit der Werbeagentur Jung von Matt gegründet. Mit über 35 Mitarbeitern und Standorten in München, Hamburg und Wien bietet das Unternehmen das volle Leistungsspektrum einer Performance Agentur (SEA, SEO, Affiliate Marketing, Conversion Optimierung, Landingpage- und Werbemittelkreation) und ist Betreiber des Finanz-Affiliate-Netzwerks FinanceQuality.

Bereits während seines BWL-Studiums kam der gelernte Versicherungskaufmann im Jahr 2001 zum Online Marketing und baute für die Baufinanzierungs- und Immobilienplattform PlanetHome die Aktivitäten im Suchmaschinen- und Affiliate Marketing mit auf. Im Jahr 2004 gründete er gemeinsam mit Werner Kubitscheck und Bernd Stieber die Zieltraffic GmbH, später Zieltraffic AG, wo er bis April 2012 als Geschäftsführer bzw. Vorstand tätig war.

Kontaktdaten:

Telefon: +49 (0)89 4161464-33
E-Mail: wolfgang.vogt@netzeffekt.de
Website: www.netzeffekt.de, www.financequality.net
Xing: https://www.xing.com/profile/Wolfgang_Vogt

INTERVIEW MIT BARBARA GERBERT

Als eine der wenigen Frauen in der Branche gehörst Du ebenfalls schon zu den Affiliate-Veteranen in unserer Branche. Was fasziniert Dich an Deinen Aufgaben bei einem Affiliate-Netzwerk?

Es ist die Technik, die wir vorantreiben, aber wir werden auch von der Technik getrieben.

Jeden Tag bessere Lösungen zu suchen und zu finden - genau das ist die Faszination und die Herausforderung. Für uns als Netzwerk ist dabei natürlich immer oberstes Ziel, die Umsätze unserer Advertiser und Publisher zu steigern.

Gab es nie Überlegungen, auch einmal auf die Affiliate- oder Advertiser-Seite zu wechseln?

Niemals – denn nirgendwo anders hätte ich mit so vielschichtigen Branchen, Geschäftsmodellen und Menschen zu tun. Gerade die unterschiedlichen Anforderungen aus allen Kanälen, wie man es nur in einem Netzwerk gebündelt erfährt, macht die Arbeit so spannend und abwechslungsreich

Wie bist Du denn eigentlich generell zum Affiliate Marketing gekommen?

☺ Als ich in der Branche angefangen habe, wusste ich noch nicht einmal, was das sein soll – irgendwas mit Klickzählen, dachte ich. Auch die Begrifflichkeit Affiliate Marketing gab es noch gar nicht. Wir sprachen seinerzeit ausschließlich von „Partnerprogrammen". Klingt fast so, als hätte ich bei einer Dating-Agentur gearbeitet, oder? Und affilinet hieß noch imedia.

Spaß beiseite – als leidenschaftliche Bastlerin von Webseiten hatte ich schon immer eine hohe Affinität zur Internetwelt und fand die Branche spannend.

Wie hat sich das Affiliate Marketing seit Deinem Einstand bei affilinet bis zum heutigen Zeitpunkt verändert?

Aus den Jeansträgern und Kellerkindern wurden Businessmädels/-jungs und Marketeers.

Du betreust als Account-Manager seit vielen Jahren die großen Partnerprogramme bei affilinet. Wie hat sich das Know-how der Kunden in den letzten Jahren Deiner Meinung nach geändert?

Affiliate Marketing ist ein wichtiger Bestandteil in den meisten Marketingstrategien geworden. Die Kunden haben einen guten Wissensstand erreicht. Die Vermittlung von Know-how an unsere Kunden ist dennoch wichtig, zumal die Themen und die Technik rund um Affiliate Marketing deutlich ausgefeilter und anspruchsvoller geworden sind.

Was sind Deiner Meinung nach die Erfolgsfaktoren, um ein Partnerprogramm in Deutschland erfolgreich zu machen?

Peoplework ist immer noch das Wichtigste. Eine passende Publisherbasis ist das höchste Gut für den Advertiser. Zudem lebt ein Programm von der ständigen Abstimmung und Kommunikation zwischen Advertiser und Publisher. Nur wenn alle Partner gleichermaßen zum Erfolg beitragen und davon profitieren können, ist ein Programm auch erfolgreich.

Auf welche häufigen Fehler muss man sich in der Betreuung eines Partnerprogramms einstellen und wie kann man diese vermeiden?

Wichtig ist, kreativ zu sein und vieles auszuprobieren. Sicherlich wird nicht alles gleich fliegen, aber aus Fehlern kann man schließlich lernen. Was für das eine Programm ein Fehler sein mag, ist vielleicht für ein andere Programm ein Vorteil. Ständige Optimierung ist bei uns ein ganz normaler Prozess.

Welche Insights und Tipps kannst Du Affiliate-Managern geben?

Wähle ein Netzwerk, bei dem du gut betreut wirst und habe einen guten Draht zu allen Playern in der Branche. Da findet man immer die passenden Tipps für sein Programm.

Welche Trends siehst Du in den nächsten Jahren auf die Affiliate-Branche zukommen und worauf sollte man sich vorbereiten?

Der Weg zu noch mehr Transparenz zeichnet sich jetzt bereits ab. Die Branche wird meines Erachtens noch ausgefeiltere Trackingtechnologien zur exakten Messung und gezielten Provisionierung entwickeln. Es wird eine hochtechnologische Welt mit immer mehr Vermarktungsmöglichkeiten werden.

Warum gibt es Deiner Meinung nach so wenig Frauen in der Affiliate-Branche? Auch, wenn der Anteil in den letzten Jahren gestiegen ist, so ist die Branche doch immer noch männerdominiert?

Widerspruch - die Frauenquote bei affilinet ist richtig Frauenpower-mäßig. Ich denke, dass gerade in dieser Branche die berühmte Multitasking-Fähigkeit der Frauen sehr gefragt ist.☺

ÜBER BARBARA GERBERT (AFFILINET GMBH)

Seit 2002 bei affilinet verantwortlich für die Betreuung der Top-Agenturen.

Was soll ich da noch erzählen – Mutter, Hausfrau und ich kenne nichts anderes als affilinet ☺

Kontaktdaten:

Telefon: 089 / 435710-172
E-Mail: bgerbert@affili.net

INTERVIEW MIT JIM KNOPF

Du bist bereits seit 2005 bei affilinet tätig. Zuvor warst Du bereits u.a. bei InteractiveMedia und Scout24. Was hat Dich denn gerade zu einem Affiliate-Netzwerk verschlagen?

Ganz ehrlich? Ein ehemaliger Kollege hat es mir ermöglicht aus Darmstadt zu entkommen, nicht gerade das Zentrum des Universums, um dann in einem grundsoliden performanceorientierten Unternehmen zu landen und das sogar in München.

Gab es in den letzten Jahren nie Überlegungen, auch einmal auf die Affiliate- oder Advertiser-Seite zu wechseln?

Natürlich ist es verlockend, sich auch einmal auf die andere Seite zu denken. Als Advertiser kann man auf Dienstleister – Agentur oder Netzwerk - einen, nennen wir es einmal „sportlichen Druck“ ausüben. Die Seite der Publisher ist ebenso spannend – hier wird man, sofern man erfolgreich ist, von allen Seiten „verhätschelt“ und „gepäppelt“. ☺

Als Director New Business Advertisers bist Du ja auch für die Akquise neuer Partnerprogramme zuständig. Wie hat sich der Advertiser-Markt in den letzten Jahren generell verändert?

Der Markt ist in den letzten Jahren stark umkämpft. Es besteht hoher Preisdruck und mehr Leistung wird eingefordert – sowohl auf der Advertiser – als auch auf Publisherseite. Durch eine konsequente Ausrichtung von affilinet als Partner und nicht nur als Dienstleister konnte der Servicegedanke gelebt und der Marktplatz kontinuierlich erweitert werden.

Was war Deine kurioseste Geschichte in Deiner Affiliate-Zeit? Bzw. Deine lustigste Partnerprogramm-Anfrage?

Ach je, da gibt es etliche Beispiele. Das geht von „ich möchte ein Programm starten – habe aber noch keine Website“ bis hin zu „wir wollen affili.net von Affiliate-Werbung“.

Ich habe im Laufe meiner Tätigkeit gelernt, jede Anfrage ernst zu nehmen, auch wenn sie etwas seltsam daherkommt. Man kann sich auch einmal täuschen.

Beispielsweise habe ich einen heute sehr bedeutenden Retail-Kunden aufgrund fehlenden Potentials - meine Einschätzung damals - abgelehnt und nur auf Anraten eines Kontakts von mir doch gestartet. Das Unternehmen erwies sich als Senkrechtstarter.

Du bist ja mittlerweile auch für den Aufbau von affilinet in Österreich zuständig. Wie unterscheidet sich denn der österreichische Affiliate-Markt vom deutschen Markt?

Der Markt unterscheidet sich in manchen Bereichen sehr, in anderen nicht. Er unterscheidet sich aber schon allein durch die Größe.

Von der Entwicklung her, erinnert er an den deutschen Markt vor 2-5 Jahre. Die Branche entdeckt den Bereich des Performance Marketings erst jetzt. Überteuerte CPM Buchungen werden in Frage gestellt und es werden alternative Werbemöglichkeiten erschlossen und im Affiliate Marketing gefunden.

Was sind Deiner Meinung nach die Erfolgsfaktoren, um ein Partnerprogramm in Deutschland erfolgreich zu machen?

Wow, willst du jetzt dein Buch sprengen? ☺
Das ist ein Thema über welches man ganze Bücher füllen könnte.

Kurz zusammengefasst:

- Das Produkt muss für den Endkunden passen
- Die Vergütung muss für den Publisher passen
- Der Service muss für alle Beteiligten passen

Auf welche häufigen Fehler muss man sich in der Betreuung eines Partnerprogramms einstellen und wie kann man diese vermeiden?

Ein großer Fehler ist Affiliate Marketing gar nicht zu nutzen. Natürlich gibt es ein paar Stolpersteine. Die wichtigste Erkenntnis ist, dass Affiliate Marketing kein „AdServer" ist, sondern ein People`s Business. Einmischen und Mitreden ausdrücklich erwünscht!

Welche Insights und Tipps kannst Du Affiliate-Managern geben?

Du arbeitest wohl an einer Neuauflage des „Brockhaus". ☺
Insights und Tipps sind schwer zu verallgemeinern. Jede Branche bedarf spezifischer Kommunikationsmaßnahmen.

Sogar jeder Kunde benötigt ein anderes Werkzeug und Herangehen als ein anderer Kunde derselben Branche.

Auch hier der wichtigste Tipp: Kommunikation! Hören Sie auf Ihre Kunden, hören Sie auf Ihre Agentur, hören Sie auf Ihre Publisher und hören Sie auf Ihr Netzwerk.
Nur wer alle Bestandteile im Affiliate Marketing versteht und wertschätzt, kann dauerhaft erfolgreich sein.

Welche Trends siehst Du in den nächsten Jahren auf die Affiliate-Branche zukommen und worauf sollte man sich vorbereiten?

Wie in der „echten Welt“ findet auch im Netz eine Marken- bzw. Shop-Konsolidierung statt. Wenn du in München durch die Fußgängerzone schlenderst, wirst du Ladengeschäfte entdecken, die du ebenso in Düsseldorf, Hamburg und auch in Madrid oder London findest. Auch im Netz wird eine solche Konsolidierung stattfinden. Interessant bleiben dennoch auch hier die „Nebenstraßen“, die „kleinen Gäßchen“. Denn hier findet man Shops, die es sonst nirgendwo gibt. Klein, aber fein.

ÜBER JIM KNOPF (AFFILINET GMBH)

Seit 2007 verantwortet Jim Knopf als Director New Business Advertisers & Agencies den gesamten Neukundenvertrieb bei affilinet in Deutschland und ist für den Aufbau der Firma in Österreich zuständig.

Jim Knopf bringt umfangreiches Know-how im Bereich Online-Marketing und -Vertrieb mit. Nach seinem Einstieg in die Medienbranche bei Antenne 1 Stuttgart sowie der VF Verlagsgesellschaft sammelte er langjährige Erfahrung in der Medienbranche sowie im Projekt-Management beim Aufbau von Internet-Auftritten. Weitere Expertise für Vertrieb und Kooperationen in der Online-Branche gewann Jim Knopf als Key Account Manager bei Scout24-Media und als Cooperations Manager AdSales bei InteractiveMedia.

Kontaktdaten:

Telefon: +49.89.43 57 10-160
E-Mail: jknopf@affili.net
Xing: https://www.xing.com/profile/Jim_Knopf

INTERVIEW MIT ULI BARTHOLOMÄUS

Du bist 2005 nach zweijähriger Tätigkeit bei TradeDoubler zum Wettbewerber affilinet gewechselt und dort seit zwei Jahren nun auch Geschäftsführer. Was fasziniert Dich an Deinen Aufgaben bei einem Affiliate-Netzwerk?

Mich fasziniert es, dass es in unserem Geschäft darum geht, Menschen zusammen zu bringen, Bindungen aufzubauen. Wir sind dabei Partner von Publishern, von Advertisern und von Agenturen. Die Herausforderung unserer Mittlerposition ist: Interessen zu verstehen und alle geschäftlichen Wünsche für diese drei Kundengruppen unter einen Hut zu bringen. Bei uns wird es nie langweilig, denn die Vielfalt und das Tempo der Branche ist beeindruckend. Unterschiedliche Menschen, immer wieder neue Themen, spannende Branchen, innovative Geschäftsmodelle, technologischer Fortschritt – einfach toll!

Gab es nie Überlegungen, auch einmal auf die Affiliate- oder Advertiser-Seite zu wechseln?

Die Arbeit bei affilinet macht mir auch nach acht Jahren riesigen Spaß. Denn ich bin ein großer Freund der ständigen persönlichen und fachlichen Weiterentwicklung. affilinet hat mir diese Entwicklungsmöglichkeiten immer bieten können, und der Team Spirit stimmt hier einfach.

Wie bist Du denn eigentlich generell zum Affiliate Marketing gekommen?

Nach einem kleinen beruflichen Ausflug in andere Gefilde zog es mich zurück ins Internet Business. Bei affilinet wurde ich warm empfangen und hatte das Gefühl, richtig angekommen zu sein.

Wie hat sich das Affiliate Marketing seit Deiner Tätigkeit 2003 bei TradeDoubler bis zum heutigen Zeitpunkt verändert?

Damals wie heute stand die Partnerschaft zu Publishern, Advertisern und Agenturen im Vordergrund. Das „was" hat sich also nicht verändert, das „wie" hingegen schon. Technologien haben sich enorm entwickelt, ob das Targeting-Techniken sind oder Innovationen rund um das Affiliate Management. Und Qualität wird immer wichtiger: Advertiser wissen zunehmend was für sie qualitativer Traffic ist und können dieses Wissen entsprechend mit ihren Publishern teilen und sie für ein Mehr an Qualität belohnen.

affilinet arbeitet als Affiliate-Netzwerk mit vielen Publisher-Modellen zusammen. Wie hat sich die Publisher-Landschaft in den letzten Jahren verändert und welches sind derzeit die besten Erfolgsmodelle?

Derzeit sind Publisher folgender Hauptbereiche besonders erfolgreich: Themen-Websites, Media-Publisher (reichweitenstarkes Premium-Inventar), Gutschein-Publisher und Bonus- und Loyaltyprogramme. Vor ein paar Jahren spielten SEM-Publisher und Preisvergleicher noch eine größere Rolle. In meinen Augen haben sich diese Modelle konsolidiert und spezialisiert.

affilinet ist ja nicht nur in Deutschland aktiv, sondern auch in weiteren europäischen Ländern. Wie unterscheidet sich der deutsche Affiliate-Markt von dem anderer Länder?

Unterschiede bestehen in der Relevanz der Publisher-Geschäftsmodelle und der Relevanz einzelner Branchen. Auch spielt die aktuelle wirtschaftliche Situation eine große Rolle. So ist Spanien momentan alles andere als ein boomender Internet-Markt, wohingegen UK als weit entwickelter Markt nach wie vor eine Menge an Potentialen hat. In Märkten wie Österreich und der Schweiz ist das Performance Marketing noch im Aufbau und bietet vielen Marktteilnehmern beste Chancen.

Was sind Deiner Meinung nach die Erfolgsfaktoren, um ein Partnerprogramm in Deutschland erfolgreich zu machen?

Ganz klar:

- Wettbewerbsfähiges Produkt/Dienstleistung
- Attraktive Vergütungen
- Aktives Management der Publisher - **SIE** sind die eigentliche Vertriebsmannschaft
- Flexibles Programm-Management (u.a. Werbemittel, Reaktion auf Trends, Testen von neuen Ideen)

Auf welche häufigen Fehler muss man sich in der Betreuung eines Partnerprogramms einstellen und wie kann man diese vermeiden?

Ein Affiliate Programm ist kein Selbstläufer, das nach der Einrichtung von alleine funktioniert. Vielmehr bedarf es ständiger Erfolgskontrolle, um die Aktivitäten zu optimieren und die besten Partner herauszufinden. Auch sollte man sich nicht scheuen, technologisch neue Wege zu gehen. Hier gibt es eine Reihe moderner Tools, mit deren Einsatz man seine Kunden sehr bedarfs- und kontextgerecht ansprechen kann. Individualisierte Angebote sind generell weit zielführender als schablonenhaftes Vorgehen.

Welche Insights und Tipps kannst Du Affiliate-Managern geben?

Denkt immer an eure Publisher. Denn sie sind eure „Vertriebsmannschaft" und liefern eurem Angebot die nötige Reichweite. Damit der Traffic auch konvertiert, könnt ihr an vielen Stellschrauben drehen. Hört auf eure Publisher, nehmt deren Feedback ernst und optimiert so euer Angebot.

Der Publisher-Fokus ist also das A und O für den geschäftlichen Erfolg.

Welche Trends siehst Du in den nächsten Jahren auf die Affiliate-Branche zukommen und worauf sollte man sich vorbereiten?

Wir als Affiliate Netzwerk müssen noch mehr dafür tun, dass die Ziele des Advertisers transparent werden, so dass die Publisher zielgerichtet optimieren können. Die Ziele unterscheiden sich von Advertiser zu Advertiser: Einmal ist es die Gewinnung von Neukunden, ein anderes Mal die Erhöhung von Warenkorbwerten oder der Markenaufbau. Dies kann automatisiert erfasst und zur Optimierung an den Publisher weitergegeben werden.

Und was kommt noch? Der Display-Zug fährt gerade in der Affiliate-Branche ein. Wir möchten hier die Weichen in die richtige Richtung stellen und unseren Partnern künftig attraktive Display-Angebote machen. Verkaufsstarke Werbung, die die Vorteile des Displays mit den Vorteilen des Affiliate Marketings kombiniert: Hohe Reichweiten und Premium

Inventar sowie performance-basierte Abrechnung.

ÜBER ULRICH BARTHOLOMÄUS (AFFILINET GMBH)

Ulrich Bartholomäus ist seit 01.04.2011 Geschäftsführer der affilinet GmbH und für das strategische und operative Geschäft in Deutschland und Österreich verantwortlich. Zuvor war er stellvertretender Geschäftsführer bei affilinet und leitete das Bestandskundengeschäft für Advertiser, Publisher und Agenturen. Er startete 2005 bei affilinet mit dem Aufbau des Kampagnen-Geschäfts, 2007 übernahm er die Leitung des Key Account Managements für Advertiser und war hier für die konsequente Weiterentwicklung der Bestandskunden-betreuung verantwortlich.

Kontaktdaten:

E-Mail: ubartholomaeus@affili.net
Xing: https://www.xing.com/profile/Ulrich_Bartholomaeus

Ressourcen

WEITERBILDUNG

Gerade im Affiliate Marketing ist es extrem wichtig, sich ständig weiterzubilden.

Die Online-Branche ist sehr dynamisch und durch die technischen Gegegebenheiten, neuen Publisher-Modellen, ständigen Google-Updates sowie einer Vielzahl von Betrugsmöglichkeiten ist es wichtig, dass man sich als Affiliate-Manager immer auf dem Laufenden hält.

In den folgenden Kapiteln finden Sie deswegen eine Vielzahl von Ressourcen, in denen Sie sich über Neuigkeiten, Trends und Entwicklungen informieren können.

NETWORKING-EVENTS UND KONFERENZEN

Affiliate Marketing ist People´s Business. Das sollten Sie nach dem Lesen des Buches mittlerweile auch schon des Öfteren gelesen haben. Sie arbeiten mit Vertriebs-Partnern zusammen, die Ihr Unternehmen repräsentieren und sind zudem ständig auf der Suche nach neuen Affiliates.

Networking-Events und Konferenzen sind deswegen sowohl zur Weiterbildung, als auch zum Kennenlernen neuer Kontakte eine wichtige Plattform.

Folgende Veranstaltungen möchte ich Ihnen deswegen in alphabetischer Reihenfolge empfehlen.

a4u expo (International)
Die a4u ist eine internationale Affiliate Marketing Konferenz, die zweimal jährlich stattfindet. Im Herbst jeweils in London und im Sommer in wechselnden Städten auf dem europäischen Festland (u.a. schon in München, Barcelona, Amsterdam). Auf der a4u erhalten die Teilnehmer auf über 40 Vorträgen und Workshops intensive Einblicke in die neuesten internationalen Trends und Entwicklungen aus der Affiliate-Branche.
www.a4uexpo.com

active lounge
Die active lounge in Hamburg ist ein Networking-Event, welches von der Affiliate-Agentur active performance organisiert wird. "Work hard – Play hard" ist das Lebensgefühl von Online Marketing Professionals und Grundidee der active lounge. Hier verschmelzen Business und Party zu einem Event. In der active lounge hält sich niemand mit Powerpoint-Präsentationen auf. Das Ziel der Veranstaltung ist: Engere Kontakte, bessere Geschäfte, mehr Spaß.
www.active-lounge.de

Affiliate Conference
Die Affiliate Conference bietet eine Vielzahl von Vorträgen rund um das Hauptthema Affiliate Marketing. Die Affiliate Conference findet als Vorprogramm zur Affiliate NetworkxX im Herbst in München statt und präsentiert dabei der Affiliate-Branche in verschiedenen Themen-Blöcken aktuelle Neuigkeiten und Trends. Die Affiliate Conference ist eine Konferenzreihe für Affiliates, Netzwerk-Mitarbeiter, Advertiser, Affiliate-Manager, Online Marketing Leiter, E-Commerce Leiter und Geschäftsführer aus mittelständischen bis Großunternehmen aus allen Branchen.
www.affiliate-conference.de

Affiliate Management Days (International)
Mit den Affiliate Management Days startete eine neue internationale Konferenzreihe in den USA und UK. Die Besucher-Zielgruppe sind vorwiegend Advertiser und Affiliate-Manager. In den Vorträgen werden daher hauptsächlich Themen wie Affiliate Marketing Strategie, Management und Operations behandelt.
www.affiliatemanagementdays.com

Affiliate Marketing Konferenz Schweiz (International)
2013 fand zum ersten Mal eine Affiliate Konferenz in Zürich statt. Die Konferenz richtet sich vorwiegend an die schweizer Affiliate-Branche und informiert über die neuesten Trends und Insights für Anfänger und Experten.
www.affiliate-konferenz.ch

Affiliate NetworkxX
Bei der Affiliate NetworkxX handelt es sich um einen speziellen Networking-Event zum Thema Affiliate-Marketing. Sinn und Zweck der Veranstaltung ist es, sich locker und zwanglos über Online-Marketing auszutauschen, neue Kontakte zu knüpfen oder mit Kooperationspartnern Erfahrungen zu teilen. Die Teilnehmer setzen sich hauptsächlich aus Agenturen, Affiliate-Netzwerken, Affiliates und Merchants zusammen. Die Veranstaltung findet in München statt. Kommen kann jeder, der für die Branche Interesse hat. Mit über 800 Teilnehmern jährlich ist diese Veranstaltung der größte Event dieser Art im deutschsprachigen Raum. Abgerundet wird die Veranstaltung durch ein Speed-Networking, thematischen Themen-Tischen, Pinnwänden, sowie Verlosungen und Standup-Vorstellungsrunden.
www.affiliate-networkxx.de

Affiliate NetworkxX Specials
Neben der Münchner Affiliate NetworkxX gibt es zudem in unregelmäßigen Abständen noch Spezialevents in anderen Städten, wie z.B. der Affiliate NetworkxX NEW YORK, der Affiliate NetworkxX MALTA und der Affiliate NetworkxX SUMMER.
www.affiliate-networkxx.de/veranstaltungen/

Affiliate Stammtisch Leipzig
Der Stammtisch ist ein Networking Event in Mitteldeutschland für Interessierte an Online-Marketing, SEM, SEO und speziell Affiliate Marketing und findet einmal jährlich statt. Der Hauptzweck des Stammtisches besteht darin, sich bei leckeren Snacks und Getränken mit den anderen Teilnehmern über Projekte, Ideen und Erfahrungen auszutauschen. Abgerundet wir der Event auch durch interessante Vorträge.
www.affiliate-stammtisch.com

Affiliate Summit (International)
Die Affiliate Summit gehört mit jeweils mehr als 4000 Teilnehmern zu den größten Affiliate Konferenzen weltweit und findet zweimal jährlich in den USA statt. Während im August die Affiliate Summit East in Philadelphia stattfindet, findet die Affiliate Summit West immer im Januar in Las Vegas statt. Die Affiliate Summit ist sicherlich die bedeutendste Veranstaltung zum Thema Affiliate Marketing weltweit und bietet an drei Tagen eine Vielzahl von Vorträgen und Workshops.
www.affiliatesummit.com

Affiliate TactixX
Die Affiliate TactixX gehört mit 600 Teilnehmern zu den wichtigsten und größten Konferenzen in Deutschland zum Thema Affiliate Marketing. Einmal jährlich findet die Affiliate TactixX im ICM der Messe München statt und deckt dabei alle Themen wie Affiliate, SEO und Online Marketing ab und bietet den Teilnehmern einen vielseitigen Mix aus Vorträgen, und Panels. Zusätzlich wird ein großer Schwerpunkt auf verschiedene Networking-Möglichkeiten gelegt. So gibt es neben dem Speed Networking „Merchants meet Affiliates" eine über 100qm große Affiliate Meeting Area, die zu interessanten Gesprächen und zum Kennenlernen neuer Geschäftspartner einlädt.
www.affiliate-tactixx.de

affilinet Performance Lounge
In verschiedenen Städten Deutschlands organisiert das Affiliate-Netzwerk affilinet jährlich mit der Performance Lounge ein Networking-Event für Affiliates, Agenturen und Advertiser und stellt dabei u.a. auch Neuigkeiten und Trends aus dem eigenen Netzwerk vor.
www.affili.net

dmexco
Die dmexco findet jährlich im September in Köln statt und zählt zur Leitmesse der digitalen Werbebranche. Auf der Veranstaltung findet man so gut wie alle relevanten Affiliate-Netzwerke und Affiliate-Agenturen und kann dort interessante Gespräche mit den jeweiligen Ansprechpartnern führen.
www.dmexco.de

Hamburger Affiliate-Stammtisch
In unregelmäßigen Abständen findet auch in Hamburg ein Affiliate-Stammtisch statt, der 2007 von Helge Cramer ins Leben gerufen wurde.
www.affiliate-kampagnen.de/affiliate-stammtisch/

OMCap & SES Berlin
Die OMCap & SES Berlin findet einmal jährlich in Berlin statt und informiert dabei vorwiegend über die Themen SEO und SEA. Allerdings gibt es immer auch einzelne Vorträge über Affiliate Marketing. Somit ist die Konferenz auch für Affiliates und Advertiser relevant.
www.omcap.de

Online Marketing Lounge
Die Online Marketing Lounge findet seit 2006 regelmäßig in Berlin statt. Die Networking-Events erfreuen sich großer Beliebtheit und gehören mit hunderten Gästen jährlich zu den Pflichterminen der Berliner Internetbranche. Bei den Abendveranstaltungen steht der ungezwungene Austausch zwischen den Teilnehmern im Vordergrund. Es gibt kein festes Programm oder Vorträge. Die exklusiven Locations schaffen eine kommunikative Atmosphäre.
www.online-marketing-lounge.de

Online Marketing Rockstars
Die OM Rockstars findet einmal jährlich in Hamburg statt. Die Konferenz bietet Fachvorträge für das digitale Marketing, u.a. finden dort regelmäßig auch Vorträge über das Thema Affiliate Marketing statt.
www.onlinemarketingrockstars.de

Performance Night
Früher unter dem Namen "Affiliate Night" bekannt, organisiert die Affiliate-Agentur metaapes traditionell am Vorabend der dmexco in Köln die Performance Night. Die internationale Veranstaltung richtet sich an Managing Directors, Account Manager, Marketing Manager, Affiliate Manager, Publisher, Online Media Planer, Merchants, Advertiser, Developer, Mobile Manager, Social Media Manager, SEA and SEO Professionals, Start-ups, etc.
www.performance-night.de

SEOkomm (International)
Die SEOkomm findet einmal jährlich in Salzburg (Österreich) statt und richtet sich v.a. an SEO Experten und Marketing Entscheider mit knallharten SEO Fakten und Profi-Know-how. Allerdings gibt es auf der Konferenz immer auch Vorträge zum Thema Affiliate Marketing. Somit ist der Event in Österreich also auch interessant für Affiliates und Advertiser.
www.seokomm.at

Tradedoubler Business & Beer
In regelmäßigen Abständen organisiert das Affiliate-Netzwerk Tradedoubler mit Business & Beer einen eigenen Affiliate-Stammtisch für Affiliates, Agenturen und Advertiser.
www.tradedoubler.com/de-de/veranstaltungen/

X-Mas Affiliate Meeting
Pünktlich zum Nürnberger Christkindlesmarkt findet jährlich das von financeAds und webgains organisierte X-Mas Meeting statt. In einer lockeren Umgebung über den Dächern des winterlichen Nürnbergs besteht dann reichlich Gelegenheit, neue Kontakte zu knüpfen, bekannte Gesichter wieder zu treffen oder sich über die Affiliate-Trends im neuen Jahr auszutauschen.
www.affiliate-xmas-meeting.de

zanox Expert Day
Auch das Affiliate-Netzwerk zanox organisiert mit dem zanox Expert-Day sowie dem zanox Global Affiliance Summit mehrmals jährlich Konferenzen und Networking-Events für Affiliates, Agenturen und Merchants.
www.zanox.com

Eine aktuelle Übersicht der Event-Termine finden Sie zudem auch auf
www.AffiliateBLOG.de/event-kalender/

BLOGS UND PORTALE

Blogs und Online-Portale sind sicherlich die einfachste und günstigste Möglichkeit, um sich über Neuigkeiten und Trends aus der Affiliate-Branche zu informieren.

Folgend finden Sie nun eine unsortierte Übersicht an relevanten Informationsquellen, in denen Sie regelmäßig neue spannende Artikel über die Szene erhalten.

www.100partnerprogramme.de
Das Portal von Karsten Windfelder gehört sicherlich mit zu den ältesten und größten Affiliate-Portalen in Deutschland. Das Portal bietet neben einem Blog, auch eine Partnerprogramm-Suche, eine Übersicht von Agenturen und Netzwerken, sowie zahlreiche Insider-Informationen.

www.AffiliateBLOG.de
AffiliateBLOG.de gehört mit über 7.000 monatlichen Besuchern sicherlich zu den größten Informationsquellen rund um das Thema Affiliate Marketing in Deutschland. Neben thematisch sortierten Neuigkeiten über Netzwerke, Advertiser und vielen Statistiken, gibt es auch einen Event-Kalender sowie eine Partnerprogramm-Suche.

www.affiliate-marketing.de
affiliate-marketing.de bietet über eine Partnerprogramm-Datenbank eine große Übersicht von Partnerprogrammen. Zudem gibt es eine Wissensdatenbank und ein Forum.

www.affiliatemarketing.de
Früher gehörte der Blog dem Affiliate-Netzwerk Tradedoubler. Seit 2013 wird dieser nun von affiliate labs betrieben und bietet neben aktuellen Neuigkeiten auch einen Terminkalender, eine Jobbörse und ein Helpdesk für Fragen.

www.affiliatepeople.com
Das Branchen-Netzwerk für Affiliates, Advertiser, Netzwerke und Agenturen. Über das Portal hat man die Möglichkeit neue Kontakte zu knüpfen und sich mit anderen Branchen-Teilnehmern auszutauschen.

www.affiliate-marketing-tipps.de
Der Blog bietet eine Vielzahl von Anleitungen, wie man als Affiliate Geld im Internet verdienen kann. Zudem gibt es eine Grundlagen-Datenbank und Schritt-für-Schritt-Anleitungen für Anfänger.

www.kolumne24.de
Der Blog von Tibor Bauer informiert über aktuelle Trends und setzt sich zudem auch mit kritischen Fragen auseinander. Die Seite bietet gute Diskussionsgrundlagen und zudem ein großes Wissenslexikon.

www.affiliatepraxis.de
Der Blog vermittelt in unregelmäßigen Abständen Event-Recaps, Verlosungen und Diskussions-Themen aus der Affiliate-Branche.

www.affiliate-24.de
In seinem Blog affiliate-24.de informiert Robert Eberhard in unregelmäßigen Abständen über News und Trends aus der Affiliate-Branche.

www.affiliate-auf-weltreise.de
Nils Römeling gibt in seinem Weltreiseblog hilfreiche Tipps und Infos, wie man als Affiliate in der ganzen Welt arbeiten und gleichzeitig Urlaub machen kann. Interessante Infos für örtlich ungebundene Affiliate-Marketer.

www.eisy.eu
Soeren Eisenschmidt gibt in seinem Blog regelmäßig Tipps aus der Sicht eines Affiliates. Zudem gibt es SEO-Infos und zahlreiche Case-Studys.

www.projecter.de/affiliate-blog/
Die Leipziger Agentur Projecter informiert in ihrem Unternehmensblog regelmäßig über neue Trends und Aktionen aus der Affiliate-Welt und bietet monatlich auch eine interessante Zusammenfassung der wichtigsten Themen.

www.affilinet-inside.de
In ihrem Unternehmsblog informiert das Affiliate-Netzwerk affilinet zum einen über Neuigkeiten aus ihrem eigenen Netzwerk und zum anderen auch über allgemeine Branchen-Entwicklungen.

blog.zanox.com/de/zanox/
Auch das Affiliate-Netzwerk zanox betreibt einen Unternehmensblog und diskutiert dabei auch einmal über allgemeine Themen aus der Branche. Zudem findet man interessante Artikel über Aktionen der Advertiser.

www.selbstaendig-im-netz.de
Das Portal richtet sich an Existenzgründer, Freelancer, Selbständige und auch an Affiliates, die online Geld verdienen möchten. Auf der Seite gibt es u.a. Anleitungen wie man Online-Werbung effektiv einsetzen kann. Zudem gibt es einige interessante Interviews mit Affiliate-Marketern.

www.seo-trainee.de
Der Blog richtet sich zwar größtenteils an die SEO-Szene, doch in unregelmäßigen Abständen findet man auch interessante Interviews mit Affiliate-Marketern sowie Recaps und Verlosungen zu Affiliate-Events.

www.onlinemarketing.de
Das Branchen-Portal informiert mit täglich frischen Nachrichten, Tipps und Tricks aus der Welt des Online Marketings. Zudem gibt es Informationen und Interviews aus der Affiliate-Branche.

www.internetworld.de
Das Online-Portal der Fachzeitschrift Internet World Business informiert über neue Entwicklungen aus der Online-Welt. Regelmäßig wird dabei auch über Neuigkeiten der Affiliate-Netzwerke, Agenturen und Advertiser berichtet.

www.ibusiness.de
iBusiness bietet eine große Datenbank an Statistiken, Studien, Dossiers und Neuigkeiten aus der Online- und auch Affiliate-Welt. Zudem wird in Kooperation mit 100partnerprogramme.de einmal jährlich ein Ranking der besten Affiliate-Netzwerke und Affiliate-Agenturen erstellt.

www.adzine.de
Das Magazin für Online-Marketing informiert in Fachartikeln über alle Bereiche der Online-Werbung, u.a. auch über Affiliate Marketing.

www.shopanbieter.de
Das Portal für den Internethandel informiert vorwiegend über den Versandhandel und regelmäßig auch über Neuigkeiten der Affiliate-Netzwerke und der Advertiser.

www.t3n.de
Das Magazin für digitales Business berichtet täglich über die Entwicklungen aus der Online-Branche. Dabei werden auch regelmäßig Themen aus der Affiliate-Welt diskutiert.

blog.affiliatetip.com (International)
Shawn Collins ist der Gründer der Affiliate Summit Konferenz und informiert in seinem Blog über die wichtigsten Trends und Informationen aus dem Affiliate Marketing in den USA. Der Blog ist daher eine gute Möglichkeit, um sich auch über internationale Entwicklungen zu informieren.

www.amnavigator.com/blog/ (International)
Geno Prussakow betreibt in den USA einen der aktuellsten Affiliate-Blogs. Man findet dort interessante Insights und Trends.

Weitere Netzwerk-Blogs, die allerdings vorwiegend über Aktionen der eigenen Advertiser berichten:
www.tradedoubler.com/de-de/blog/
clix.superclix.de/aktuell/
blog.cj.com
blog.webgains.de
blog.financeads.net

Eine aktuelle Übersicht der Blogs und Portale finden Sie zudem auch auf
www.AffiliateBLOG.de/ressourcen/blogs/

Dort werden regelmäßig neue Blogs mit aufgenommen.

ZEITSCHRIFTEN

Neben den Online-Portalen sollte man auch auf Informationen in den Printformaten nicht verzichten. Oftmals findet man darin exklusive Artikel und Insights.

Internet World Business
Die IWB ist eine Fachzeitschrift für Internet-Entscheider und erscheint alle zwei Wochen am Montag. Man findet darin v.a. hochwertige Branchennews, exklusive Interviews und gut recherchierte Hintergrundberichte.

lead DIGITAL
Das Fachmagazin gehört zum W&V-Verlag und erscheint alle 14 Tage. In der Zeitschrift steht die digitale Geschäftswelt im Fokus - von Online bis Mobile. Mit praktischem Hintergrundwissen und den neuesten Branchentrends.

Website Boosting
Das Magazin richtet sich an alle, die erfolgreich eine Webpräsenz, einen Shop oder ein Portal planen oder betreiben wollen und erscheint sechsmal jährlich. Die Artikel werden größtenteils von Branchen-Experten geschrieben und sind daher sehr fundiert recherchiert.

Suchradar
Das Magazin fokussiert sich vorwiegend auf die Themen SEO und SEM und bietet daher vor allem den Affiliates wichtige Informationen für ihr Business.

webselling
Die webselling erscheint zweimonatlich und spricht unternehmerisch denkende Leser im beruflichen Umfeld an. Das redaktionelle Konzept richtet sich an Geschäftsführer, leitende Angestellte, Shopbetreiber, Marketingverantwortliche und CEOs in kleinen und mittelständischen Unternehmen – kurz: An professionelle Entscheider im E-Commerce.

T3N-Magazin
Das T3N-Magazin erscheint viermal im Jahr und informiert über News aus den Bereichen E-Business, Social Media, Web 2.0 und Open Source. Oftmals findet man allerdings auch interessante Beiträge für Affiliates und Advertiser.

FeedFront Magazine (International)
Das FeedFront Magazin ist eine Fachzeitschrift speziell zum Thema Affiliate Marketing und erscheint vierteljährlich. Eine interessante Lektüre, um sich über Trends und Insights aus den USA zu informieren.

PODCASTS

Podcasts sind eine gute Möglichkeit, um sich auch audiomäßig über Neuigkeiten und Trends zu informieren.

Affiliate MusixX
Der Podcast informiert einmal im Monat über wichtige Themen aus der Affiliate-Branche. Zudem gibt es Interviews mit interessanten Gesprächspartnern aus der Affiliate-Welt und Mitschnitte aus Konferenzen.
www.affiliate-musixx.de

Radio4SEO
Der Podcast-Sender Radio4SEO vereint neun verschiedene Podcast-Formate zu den Themen SEO, SEA, Social Media und Guerrilla Marketing. Wöchentlich gibt es hierzu einen anderen Podcast. Auch Affiliate MusixX läuft auf Radio4SEO.
www.radio4seo.de

OMReport
Andre Alpar interviewt regelmäßig interessante Personen aus der Online-Welt und berichtet in seinem Podcast über neue Trends und Insights.
www.omreport.de

WebmasterRadio (International)
Auf dem amerikanischen Podcast-Sender WebmasterRadio gibt es mit Affiliate Marketing Insider, Affiliate Marketing Today, Affiliate Wire und Affiliate Buzz insgesamt vier Podcast-Formate zum Thema Affiliate Marketing, die man sich regelmäßig anhören sollte, um auch über internationale Entwicklungen informiert zu sein.
www.webmasterradio.fm

GeekCast.fm (International)
Neben seinem Blog und der Affiliate Summit Konferenz betreibt Shawn Collins aus den USA auch einen Podcast zum Thema Affiliate Marketing und informiert dort wöchentlich über interessante Tipps und Tricks.
www.geekcast.fm

Affiliate ABCs (International)
Ebenfalls aus den USA kommt der Podcast von Deborah Carney, die regelmäßig über neue Infos für Affiliates und Advertiser berichtet.
www.affiliateabcs.com

BÜCHER UND EBOOKS

Und zu guter Letzt gibt es auch auch noch einige Bücher und eBooks zum Thema Affiliate Marketing, die man einmal gelesen haben sollte.

Affiliate Marketing eBook
Das eBook der Leipziger Online-Marketing-Agentur Projecter gehört derzeit zu den umfangreichsten und aufwändigsten eBooks zum Thema Affiliate Marketing in Deutschland. Es enthält sowohl Informationen für Einsteiger, als auch Insider-Infos für Advertiser und Agenturen und sollte daher von jedem Affiliate-Marketer auf jeden Fall einmal gelesen werden.
www.projecter.de/affiliate-ebook.html

Die heimlichen Internet-Gewinner: Interviews mit erfolgreichen Affiliates
Stefan Rüttinger hat in seinem Buch Interviews mit 12 erfolgreichen Affiliates veröffentlicht, die nicht nur eine zusätzliche Einnahmequelle für sich im Internet erschlossen haben, sondern größtenteils davon hervorragend leben können. In ausführlichen Interviews werden die heimlichen Internet-Gewinner vorgestellt und beantworten dabei Fragen nach ihren Entwicklungen, ihren Erfolgsrezepten sowie ihren Plänen und Prognosen für die Zukunft.
www.amazon.de/Die-heimlichen-Internet-Gewinner-Interviews-erfolgreichen/dp/3833435992

Das Reise eBook ´13

Der Affiliate Nils Römeling reiste einmal um die Welt, arbeitete und verdiente damit seinen Lebensunterhalt. Reisen, online arbeiten und gleichzeitig Geld verdienen? Eine Illusion? Für viele ist es tatsächlich ein Traum. Doch dieser kann in Erfüllung gehen. Man muss es nur wagen, den Mut beweisen! In diesem Ebook erzählt er, wie er zwei Jahre um die Welt reiste, 33 Länder und sechs Kontinente bereiste und trotzdem nicht Pleite nach Hause kam. Denn online arbeiten kann man fast überall auf dieser Erde. Er zeigt Ihnen, wie dies geht!
www.reise-ebook.com

webselling: Das große Online Marketing Praxisbuch

In dem über 700-seitigen Buch von Andre Alpar und Dominik Wojcik finden Sie konstruktive und sofort umsetzbare Anleitungen für wirklich lohnende Online-Marketing-Maßnahmen. Ob Suchmaschinenoptimierung, Usability, Newsletter-Marketing, Social Media und v.a. auch Affiliate Marketing - jeder wichtige Themenkomplex eines umfassenden Online-Marketings wird in diesem Praxisbuch ausführlich behandelt.
www.ombuch.de

Leitfaden Online Marketing

Torsten Schwarz erstellte einen Leitfaden mit über 1000 Seiten an Wissen und Know-how aus der Online-Welt. Neben vielen weiteren Online-Disziplinen werden auch zahlreiche Affiliate-Themen beschrieben, wie z.B. neue Publisher-Modelle im Affiliate Marketing.
www.absolit.de/Leitfaden-Online-Marketing.htm

Erfolgreiche Websites: SEO, SEM, Online-Marketing, Usability
Auf über 800 Seiten beschreiben Esther Düweke und Stefan Rabsch was man für einen erfolgreichen Webauftritt benötigt. Zahlreiche Praxisbeispiele zeigen anschaulich den Weg zu einer besseren Webpräsenz und beantworten die Fragen: Wie nutze ich alle Marketing-Kanäle? Wie verbessere ich die Suchmaschinen-Präsenz meiner Website? Wie gestalte ich die Benutzerführung? Inkl. SEO, SEM, Online-Marketing, Affiliate-Programme, Google AdWords, Web Analytics, Social Media-, E-Mail-, Newsletter- und Video-Marketing, Mobiles Marketing u.v.m.
www.galileocomputing.de/2442

Erfolgreiches Social Media Marketing
Es handelt sich dabei zwar nicht um ein Affiliate Marketing-Buch, doch nachdem Social Media auch als Traffic-Lieferant im Performance Marketing immer wichtiger wird, möchte ich Ihnen deswegen auch dieses Fachbuch von Reto Stuber empfehlen. Auf 640 Seiten finden Sie praxiserprobtes Know-how für erfolgreiches Social Media-Marketing.
www.socialmediabuch.com

Google+ Einstieg und Strategien für erfolgreiches Marketing und mehr Reichweite
Auch mit dem Thema Google+ sollte man sich in der nächsten Zeit beschäftigen, denn das soziale Netzwerk des Suchmaschinenriesen wird immer wichtiger. Björn Tantau beschreibt deswegen eindrucksvoll wie man Google+ als Marketinginstrument nutzen und erfolgreich einsetzen kann.
www.bjoerntantau.com

Landingpages eBook "Welcome to the System"
Absolut nicht fehlen in der Auflistung von wichtigen Büchern darf natürlich die Bibel zum Thema Landingpage-Optimierung von Karl Kratz.
www.landingpage-ebook.de

Eine aktuelle Übersicht von Büchern finden Sie zudem auch auf
www.AffiliateBLOG.de/ressourcen/buecher/

Dort werden regelmäßig neue Bücher und eBooks mit aufgenommen.

Danksagungen

DANKSAGUNGEN

Natürlich dürfen auch in diesem Buch die offiziellen Danksagungen nicht fehlen. Ich möchte dieses letzte Kapitel nutzen, um mich bei Wegbegleitern und Freunden aus der Affiliate-Szene zu bedanken, die mich in den letzten Jahren unterstützt, fasziniert und beeindruckt haben.

Karsten Windfelder - liefert auf 100partnerprogramme.de seit über 10 Jahren wertvolle Inhalte und News für die Affiliate-Branche

Ron Hillmann - gab mir 2002 hilfreiche Tipps zum Einstieg ins Affiliate-Business

Ulrich Roth - beantwortete mir 2003 zahlreiche Fragen zu meinen Affiliate-Seiten und gab mir dabei wertvolle Tipps

Erwin Müller sen. - lieferte mir 2003 als Chef den entscheidenden Impuls, die ersten Affiliate-Programme für die Erwin Müller Versandhaus GmbH aufzusetzen

Barbara Gerbert - eine der loyalsten Konstanten der Affiliate-Netzwerke

Thomas Hegenauer - übergab mir 2006 den Affiliate-Stammtisch München und ebnete mir damit den Einstieg ins Event-Business

Claus Kreitmeier - einer meiner ersten Mitarbeiter bei explido, langjähriger Freund und einer der zuverlässigsten Kollegen, die ich kenne

Marcus Seidel - Gründer von Adcell und vielen weiteren Unternehmen und genau so ein Workaholic wie ich

Allen Interview-Partnerinnen und -Partnern in diesem Buch:
Andrea Schmidt, Cem Selina, Christian Laukat, Elena Lapschin, Eva Stojanoff, Fabian Schleicher, Benjamin Spies, Jennifer Diehl-López, Jörg Middelkamp, Julius Ewig, Matthias Feifel, Michaela Plyaskin, Patricia Führ, Sven Metzger, Claus Kreitmeier, Alf Konhäuser, Dino Leupold von Löwenthal, Andre Alpar, Karsten Windfelder, Viengmany Thun Vongpraseut, Uli Truckenbrod, Wolfgang Vogt, Barbara Gerbert, Jim Knopf, Ulrich Bartholomäus

Den Gast- und Co-Autoren in diesem Buch:
Alexander Kube, Jens Altmann, André Velte, Mario Szirniks, Marvin Liebner, Wolfgang Polzer

BUCHEMPFEHLUNG „VOM JOB IN DIE FREIHEIT"

Kennen Sie auch schon mein Buch „Vom Job in die Freiheit"?

Sie haben auch schon einmal darüber nachgedacht aus Ihrem Beruf auszusteigen? Damit sind Sie nicht alleine. Über 2,6 Millionen Menschen planen derzeit einen Jobwechsel.

In meinem Buch beschreibe ich meinen Aufstieg vom Auszubildenden zum Teamleiter einer 30-köpfigen Abteilung mit 70 Kundenkampagnen und einem zweistelligen Millionenbudget. Damit verbunden waren, neben einem beachtlichen Lebensstandard, aber auch die Nachteile des Berufs. Ich habe mich deswegen für einen Ausstieg aus dem Hamsterrad und den Weg in die Selbständigkeit entschieden.

In diesem Buch finden Sie eine große Anzahl von Tipps und Tricks, wie auch Sie aus Ihrem Beruf aussteigen können und mit welchen Lösungen Sie sich ein neues Leben mit mehr Zeit, Glück und Freiheit aufbauen können. Des Weiteren finden Sie in dem Buch sechs Bonus-Kapitel von Unternehmern die ebenfalls eine eigene Firma gegründet haben oder sich auch eine Auszeit aus dem Beruf genommen haben, um durch die Welt zu reisen.

Lassen Sie sich inspirieren von interessanten Geschichten und Erlebnissen, aus unterschiedlichen Blickwinkeln und Sichtweisen, die auch Sie motivieren sollen, sich über Ihr Leben Gedanken zu machen.

Erhältlich bei Amazon als eBook und Taschenbuch.
www.affiliateblog.de/vom-job-in-die-freiheit/